부자의 습관

이하연 편저

도서출판 한글

머리말

부자는 고민으로 방황하지 않는다. 고민에 잡혀 먹히면 스스로를 잃기 때문이다. 성공할 사람은 실수를 두려워하지 않고 작은 일에 얽매이지 않는다. 그러나 절대 불가항력 앞에서는 무릎을 꿇는다. 그리고 마음의 평화를 얻기 위하여 한계절손의 지시를 내리고 적대감을 버린다. 사람에게서 당한 것에 노하기 전에 스스로를 사랑하는 자세를 취한다.

부자는 저절로 되는 것이 아니다. 부자가 된 사람들은 잠재의식을 활용하고 목적을 향하여 쉬지 않는 끈기를 가지고 도전한다. 뿐만 아니라 어떤 실패도 교훈으로 삼고 웃음을 잃지 않고 좌절하지 않으며 자기 일에 공격적이며 나쁜 버릇은 과감히 버린다.

부자는 자신을 못 믿을 때 신을 의지한다. 모든 부자들은 신념이 칼보다 강하여 마귀도 물리칠 수 있는 용기로 도전한다. 무엇보다 두렵고 어려운 문제를 먼저 해치운다. 그렇게 함으로써 공포증을 물리치고 자기 목적을 달성할 수가 있는 것이다.

부자는 생각이 건강하다. 모든 병은 마음으로 고칠 수 있다는 신념으로, '건강한 마음은 건강한 육체를 만든다'는 것을 믿는다. 인간에게 가장 강한 적은 약한 의지와 고민이다. 그 적을 마음으로 물리치지 못하면 육체로 물리칠 수 없다. 고민이 있기에 인간은 존재하는 것이라고 믿고 스스로 물리칠 수 없을 때는 시간에 맡긴다. 운이 없어서가 아니라 노력이 부족하여 성공하지 못하는 경우가 더 많다. 운이 없다고 생각되면 운을 포기하고 노력과 신념으로 도전한다.

일 원을 보고 십 리를 가는 사람은 웃어도, 그것을 비웃는 사람은 부자가 될 수 없고, 오늘 100원을 비웃는 자는 내일 100원 때문에 운다는 교훈을 가슴에 새기고 부자가 하는 좋은 점을 흉내만 내도 당신은 부자가 될 수 있다.

목차

제1장

부자는 고민을 먼저 정복한다

지나치게 재면 기회가 달아난다

*중요한 문제를 결정할 때 시간을 제한하여
하도록 하면 잠재적 창의력을
각성시킬 수 있다.*

매사에 결정을 못 내리고 망설이는 습관이 있는 사람을 만났다. 그는 시사 평론을 쓰는 사람이다. 세상은 번개처럼 변하는데 그는 원고를 잘 쓰려고 어물거리다가 발표할 기회를 놓치고 말았다. 그리고 급변하는 세상을 원망했다. 기회를 놓치는 것은 결단력 부족 때문이다. 나는 그에게 이런 이야기를 들려주었다.

예화 1. 너무 재지 말라

미국 국립박물관의 초대 관장이었던 조셉 헨리가 남긴 구둣방 회고담은 아주 유명하다.

소년시절 그는 배우를 동경하는 시골뜨기였다. 당시에는 제화공업이 기업화되어 있지 않아 구두 살 때는 구둣방에 가서 주문하며 완성되기를 기다려야 했다.

그는 할머니의 승낙을 받고 구두를 주문했는데 당시는 구두의 스타일이 두 가지밖에 없었다. 앞이 둥근 것과 네모진 것, 그런데 조셉 소년으로서는 그 어느 것으로 해야 좋을지 도무지 결단이 서지 않았다. 구둣방 주인은 구두를 만들기 시작했다. 소년은 매일 구둣방에 가서 어느 것으로 할까 하고 생각하였지만 좀체로 결정을 할 수가 없었다.

그렇게 어물어물하는 동안 구둣방 주인은 구두를 다 만들어 버렸다. 말할 여지도 없이 제조된 구두는 한 짝은 끝이 둥글고 한 짝은 네모로 되어 있었다. 그 짝짝이 구두는 우유부단한 결과가 어떤 것인가를 상기시켜주는 기념물이 되었다. 그는 집무실에 그것을 놓고 일생 교훈으로 삼았다.

예화 2. 결단은 빠르게

장기꾼은 대개 다음 수에 많은 시간을 소모한다. 심리학자는 장기를 빨리 두는 방법으로 결단력 치료에 응용한다. 한 수에 소비하는 시간을 제한하여 일정한 시간 이상은 쓰지 못하도록 한다. 그렇게 하여 그 시간 내에 다음 수를 정하도록 훈련시킨다.

이와 같이 하여 어떤 중요한 문제를 결정할 때에도 시간을 제한하여 하도록 하면 잠재적 창의력을 각성시킬 수 있게 된다.

결정의 대부분은 사소한 일이므로 동전을 던져서 결정 내는 경우도 있다.

예화 3. 결단은 단호히

레이트는 남들이 두고두고 생각하기 쉬운 문제에 대해 의식적으로 동전 던져 보기를 했다. 한번은 어느 편집자가 그가 쓴 기사에 흥미를 느끼고 그것을 게재할 수 있게 허락해 달라는 요청이 왔다. 그가 제안한 원고료는 너무 쌌다. 그래서 그는 이렇게 말했다.

"돈 문제로 의논하거나 감정을 해치기는 싫소. 급사를 시켜서 동전을 던지게 해 봅시다. 만약 앞이 나오면 당신에게 그 기사를 단 1달러에 제공하겠소. 그러나 뒤가 나오면 그 대신 지금 제안한 원고료의 곱을 치러야 하오."

동전을 던져졌다. 앞이 나왔다. 편집자는 눈을 크게 뜨고 원고를 가지고 갔다. 그러나 그는 결국 손해를 보지 않았다. 왜냐하면 그 일이 있은 후 편집자의 호감을 얻어 원고를 좋은 값으로 팔게 되었기 때문이다.

중요한 문제를 두고 지나치게 망설이고 결정을 내리지 못하면 기회를 잃어, 차라리 생각을 안 하니 만도 못하게 된다. 결단을 내릴 때는 단호히 처리한다.

실수를 두려워하지 말라

결단을 지체시켜 시간을 낭비하면 그만큼
귀중한 실행의 기회를
놓치고 만다

실수는 상상외로 꼼꼼한 사람에게서 더 많이 나타난다. 지나치게 완벽을 기하려고 사소한 것에 몰두하다가 기회를 잃기 때문이다. 실수하지 않을까 하는 걱정 때문에 일도 해 보기 전에 완성을 포기하고 낙망하는 사람을 만났다. 나는 그에게 이런 이야기를 들려주었다.

예화 1. 결정은 과감히

회사 경영자는 지나치게 주저하는 태도를 가져서는 안 된다. 판단에 자신감이 생기면 과감히 일을 추진해야 한다. 알버트 하버드는 이렇게 썼다.

"경영자는 많은 결정을 내려야 하지만 올바른 결정이란 그 중에 일부에 지나지 않는다."

제임스 버크 듀크는 9세 때부터 일하지 않으면 안 되었다. 그는 아버지와 함께 12필의 눈 먼 노새에 마차를 달고 장사를 하며 노드 캐롤라이나 구석구석을 누비고 다녔다.

청년시절의 그는 씹는담배를 물고 개와 걷는 아주 보잘것없는 젊은이였다. 이 시골티가 졸졸 흐르는 젊은이가 몇 년 후에는 담배회사를 만들어 미국 전체의 연초업계를 지배하게 되었다.

버크 듀크는 사소한 일로 속을 끓여가며 오래 생각하는 것을 싫어했다. 실수를 하더라도 그것을 오래 두고 고민하며 잠 못 이루는 짓은 결코 하지 않았다. 그에게 이러한 에피소드가 있다.

어느 날 담배장사를 하면서 도무지 발전이 없는 그의 오랜 친구와 우연히 만났다. 그는 자기 실정을 이야기하고 상대의 의견을 물었다. 듀크는 상상외의 대안을 제시했다. 듀크의 이야기를 듣고 친구는 말했다.

"나는 친구와 둘이 하고 있는데 겨우 2개의 상점이지만 근심 걱정이 끊일 사이가 없다. 그런데, 그것을 2,000개 이상이나 열다니, 그건 큰 오산이야, 듀크."

"오산이라고?" 듀크는 큰 소리로 반문하고,

"실수쯤이야 나는 일평생 해왔네. 일일이 고민할 수 있나. 실수를 했다고 해서 일을 중지하려고 생각한 적은 없네. 계속해 일해야 하고 그 이상의 일을 해야 한단 말야."

듀크는 서슴지 않고 그 소매연쇄점을 이끌고 활약하여 마침내 1주에 1,000만 달러의 이익을 올리는 대기업으로 발전시켰다.

일화 2. 오직 전진하라

리버휴 움경의 명문구에 「실수를 하지 않는 사람은 큰 일을 하지 못한다」라는 말이 있다. 또 1차세계대전에 페르샤의 종교적 지도자로서 명성을 날렸던 메르세르 추기경은 이렇게 말했다.

"뒤를 돌아보고 자기가 걸어온 길에서 만족을 얻으려고 하지 말라. 전진하라, 오직 전진하라."

결단을 지체시켜 시간을 낭비하면 그만큼 귀중한 실행의 기회를 놓친다. 그 뿐만 아니라 우유부단은 언제나 심신을 피로하게 한다. 지나치게 재는 버릇이 있는 사람은 특히 그렇다. 이를테면 물건 사러 갔을 때 빨리 사지 않고 꾸물거리고 흥정하다 보면 몇 시간의 물건 사기가 완전히 지치게 만들어 버린다.

경우에 따라서는 신경쇠약을 유발시키는 수도 있다. 미국 독립전쟁 당시의 영국왕 조지 3세의 경우가 바로 이에 해당한다. 조지 3세는 그 일생 중에 다섯 번이나 미친 적이 있다.

일화 3. 우유부단하지 말라

멀쩡할 때의 그는 성실한 노력가였다. 그는 최선을 기울여서 훌륭한 왕이 되고자 힘썼다. 어려서부터 그의 어머니는 그에게 이렇게 가르쳤다.

"조지야, 너는 왕답게 행동해야 한다."

그리고 어머니는 그가 무엇을 하든지 칭찬은 해주지 않았다. 이렇게 자란 그는 항상 완전한 왕, 결함이 없는 통치자가 되려고 몰두한 나머지 신경쇠약에 걸리고 말았다.

그는 조금이라고 판단하기 곤란한 문제에 직면하면 즉시 진퇴양난에 빠져 결단성 없는 것을 탄식하며 자학했다. 자기가 행하는 일에 결점을 발견하여 우울해 하다가 마침내는 미쳐 버렸던 것이다. 그는 수십 번이나 광기의 발작으로 남과 자해를 방지하기 위하여 구속되지 않으면 안 되었다.

결국 그는 우유부단한 습관으로 말미암아 일생에 5번이나 미친 사람으로 살아야 할 처지에 빠졌던 것이다. 만약 그가 좀더 결단력이 강한 사람이었더라면 — 만약 그만큼 집요한 책임감을 가지고 있지 않았더라면 아마 광기의 발작으로 고민하는 불행은 없었을 것이다.

지나치게 주저하지 말고 크게 보고 과감한 판단을 한 다음에 목적을 이루기 위한 노력에 시간을 쓰고 정력을 쏟아야 한다.

고민을 버려라

고민을 잊어야 한다. 바쁜 일을 시작하라.
그것이 세상에서 가장 값싼 치료법이며
가장 좋은 약이다

D. 카네기는 고민에 빠진 많은 사람들을 고민에서 해방시킨 사람이다. 그가 쓴 책에 다음과 같이 썼다.

예화 1. 고민거리는 멀리하라

"마라온 J 다그라스(그가 개인적 사정으로 자기의 이름을 발표하지 말라고 부탁하였기 때문에 그는 여기에서 그의 본명을 쓰지 않았다)가 그의 학급의 한 학생으로 있을 때를 잊지 않고 있다. 그때 다그라스는 성인 교육반에서 자기의 경험담 하나를 이야기하였다. 그가 동료에게 이야기한 것은 자기 가정에서 한 번도 아니고 두 번씩이나 비극이 일어났다는 이야기였다.

첫째 비극은 그가 가장 귀여워하던 다섯 살 난 아이가 죽은 것으로 그와 아내는 처음 당하는 이 고통을 견딜 수 없다고 생각하였다. 그러나 그의 말에 의하면 "하나님 덕분으로 열 달만에 또 계집아이가 태어났으나 그 아이는 또 닷새가 못 되어 죽어버리고 말았다"는 것이다.

두 차례에 걸친 이 불행은 그들 부부에게 너무나 큰 충격이었다. "나는 어쩔 줄을 몰랐습니다. 먹지도 못하고 잠도 제대로 못 자고 쉬어도 쉬는 것 같지 않았습니다."라고 아이 아버지는 말하는 것이었다.

마침내 그는 의사를 따라갔다. 어떤 의사는 잠자는 약을 권하고 또 어떤 의사는 여행을 권하였다. 그는 이 두 가지를 다 시험해 보았으나 하나도 효과가 없었다.

"나의 몸은 마치 톱니바퀴 틈에 끼어 들어간 것 같았고 톱니바퀴가 점점 나의 몸을 끌어당기는 듯싶었습니다."

그리고 그는 또 아래와 같이 이야기를 계속하였다.
"그러나 다행히 나에게는 네 살 먹은 사내 아이 하나가 남아 있습니다. 그 아이가 결국 나의 문제를 해결하여 주었습니다. 어느 날 오후 내가 슬픔에 잠겨 홀로 앉아 있으려니까 그 아이가 나에게 와서 「아버지 나 배 하나 만들어 주어」하고 졸랐습니다. 나는 사실 배를 만들 흥미도 없었을 뿐더러 아무것도 하기 싫었습니다. 그러나 어린것이 보채는 통에 하는 수 없이 항복하였습니다. 장난감 배를 만드는 데는 세 시간이나 걸렸습니다. 배 만드는 일이 끝났을 때 나는 그것을 만드는 세 시간 동안에 내가 여러 달 경험하지 못하였던 마음의 휴식과 평화를 맛보았다는 것을 깨달았습니다. 이와 같은 발견은 나로 하여금 깊은 잠에서 무슨 생각을 하게 하였으며 그 생각은 내가 여러 달만에 처음으로 하여보는 참된 생각이었습니다. 나는 사람이 계획과 생각을 필요로 하는 무슨 일에 바쁠 때는 걱정 근심을 할 여유가 없다는 것을 알았습니다. 나의 경우에 있어서는 배를 만드는 일이 나의 걱정 근심을 완전히 없애 주었던 것입니다. 그래서 나는 바쁜 생활을 하기로 결심하였습니다. 그 이튿날 밤 나는 이 방 저 방으로 돌아다니며 내가 해야 할 일거리의 일람표를 작성하였습니다. 수리해야 할 것이 수십 가지나 있었습니다.

책상 층대, 덧문, 찬장 문고리, 자물쇠, 새는 물통 따위가 있었습니다. 놀라울 만큼 나는 내가 손을 대야 하는 일거리 242종류를 2주일에 걸쳐 일람표에 써놓았습니다. 그 후 2년 동안 나는 그 대부분을 마쳤으며 그밖에 나의 생활을 자극성 있는 사무로 기울이게 되었습니다. 즉 1주일 동안에 이틀 밤은 뉴욕에 있는 성인 교육반에 나가고 내가 사는 구역의 공공사업을 돌보았으며 현재 학교 위원회의 회장으로 있을 뿐만 아니라 여러 가지 회의에 출석도 하며 적십자사와 기타 여러 기관을 위하여 수금도 하여 주고 있습니다. 나는 지금 너무 바빠서 걱정 근심할 여유가 없는 형편입니다."

걱정 근심할 여가가 없다! 이것이야말로 바로 윈스턴 처칠이 전쟁이 최고조에 이르렀을 때 하루에 열 여덟 시간씩 일을 하면서 말한 것과 똑같은 말이다. 누가 처칠에게 막중한 책임을 맡아 걱정되지 않느냐고 물었을 때 그는 "나는 너무도 바빠서 걱정 근심할 시간이 없다"고 말하였던 것이다.

예화 2. 목적이 확고하면 고민이 달아난다

차레스 컷터링도 그가 자동차의 자동 발화기를 발명하기에 착수하였을 때 그와 똑같은 경험을 하였던 것이다. 컷터링씨는 최근 은퇴할 때까지 제너럴 모터스연구협의회 책임자로 있었다. 그러나 그의 연구 시절에는 너무 가난하여 풀을 쌓는 헛간을 연구실로 사용하였고 식료품 잡화상을 할 때에는 자기 아내가 피아노 교습을 하여 벌어놓은 1천 5백 불을 사용하였으며 그 후 그는 자기의 생명 보험금을 저당하고 5백 불을 사용할 수밖에 없었다.

내가 그의 아내에게 그러한 시절에 걱정 근심을 하지 않았느냐고 물었을 때 그는,

"물론입니다. 나는 너무 걱정이 되어 잠을 이루지 못할 지경이었습니다. 그러나 컷터링은 그렇지 않았습니다. 그는 연구에 몰두하였기 때문에 근심할 여유가 없었습니다."

라고 대답하였다.

예화 3. 한꺼번에 두 가지는 생각할 수 없다

위대한 과학자 파스튜어는 "도서실과 연구실에서의 평화"라는

말을 하였다. 무슨 이유로 그러한 곳에 평화가 있을 것인가? 도서실이나 연구실에 있는 사람은 흔히 자기 일에 몰두하여 자기 자신에 따르는 걱정 근심은 할 여유가 없는 까닭이다. 연구하는 사람은 좀처럼 신경쇠약에 걸리지 않는다. 그들은 그 따위 잡념에 사용할 시간이 없기 때문이다.

그러면 왜 단순히 바쁘다는 것 하나가 그처럼 사람의 걱정 근심을 없애 주는 것일까? 그것은 한 개의 법칙 즉 일찍 심리학에서 발견한 기초적인 법칙에 의지하기 때문이다. 그 법칙이란 누구나 막론하고 아무리 훌륭한 사람이라 할지라도 일정한 시간 내에 절대로 한 가지 이상의 생각을 할 수 없다는 법칙이다. 당신이 만일 이 법칙을 믿을 수 없다면 여기에서 그것을 한번 시험하여 보기 바란다. 당장 그 자리에서 벽에 기대어 눈을 감고 같은 순간에 자화상과 내일 일을 한꺼번에 생각하여 보라.

양쪽을 번갈아 생각할 수는 있으되 동시에 두 가지는 생각하지 못할 것이다. 그렇다면 감정의 영역에 있어서도 이와 똑같은 현상이 일어날 것이 사실이다. 우리는 어떠한 활기 있는 일에 신이 나서 열심히 일하면서 그와 똑같은 시간에 걱정 근심으로 어깨가 처져서 느려빠진 행동을 취할 순 없을 것이다. 한 개의 감정이 생기면 다른 한 개의 감정은 사라지는 것이 자연의 법칙이다.

이러한 단순한 발견에 의하여 전쟁중 군부의 정신병 학자들은 여러 가지 기적을 행하였던 것이다.

예화 4. 작업요법

병사가 전지에서 소위 사이코 뉴로츠(심리적 신경과민)라는 경험에 의하여 충격을 받고 돌아오면 군의들은 "신경 집중하는 일을 시키라"고 처방하였다. 그리하여 신경적 충격을 받은 병사들은 깨어 있는 시간 전부를 전문 직종에 종사하게 하든지 아니면 낚시질, 사냥, 공차기, 골프, 촬영, 원예, 무용 따위의 야외 운동에 몰두하게 만들었다. 이와 같이 함으로써 그들이 겪은 무서운 경험을 생각할 시간이 없었던 것이다.

작업요법은 작업을 일종의 의약과 같이 처방에 쓰는 정신의학에서 사용하는 용어다. 그러나 이것은 결코 새로운 것이 아니고 옛날 희랍의 의사가 그리스도 탄생 5백년 전에 이미 주장했던 것이다.

예화 5. 걱정거리보다는 일거리를 생각하라

퀘이커 교도는 벤 프랑클린 시대에 필라델피아에서 이 방법을 사용하고 있었다. 1774년에 퀘이커 요양소를 찾았던 어떤 사람 하나가 정신병 환자들이 그 곳에서 삼을 부지런히 짜고 있는 것을 보고 크게 놀래어 이 가엾은 환자들이 착취를 당하고 있는 것으로 생각하였던 것이다. 그러나 퀘이커 교도는 환자들에게 가벼운 작업을 시킴으로써 실지로 병을 낫게 한다고 설명하였으며 그렇게 하는 것이 실제로 신경을 안정시키는 것이었다.

어떤 정신병 환자는 바쁜 일이 병든 신경에 가장 좋은 약이라고 했다. 헨리. W. 롱펠로우는 이러한 사실을 그의 아내가 죽었을 때 몸소 경험하였던 것이다.

그의 아내가 어느 날 밀초의 밀을 녹이고 있을 때 그녀의 옷자락에 불이 붙었다. 롱펠로우는 아내의 부르짖는 소리를 듣고 빨리 끄려 하였으나 시간이 늦어 그만 아내는 불에 타 죽고 말았다. 롱펠로우는 이 무서운 경험의 기억으로 말미암아 거의 실신할 지경에 이르렀다. 그러나 다행히 그에게는 그가 뒷바라지해 주어야 할 세 아이가 있었다. 자기 자신의 슬픔에도 불구하고 롱펠로우는 자녀에 대하여 한꺼번에 아버지와 어머니 노릇을 하게 되었다.

아이들을 데리고 거닐기도 하고 그들에게 이야기도 하여 주며 그들과 더불어 유희를 하기도 하였다. 그리하여 아이들을 위한 시를 써서 영구히 남겨 놓았으며 그는 단테를 번역하였다. 이러한 모든 의무가 그를 바쁘게 하여 자기 자신을 전혀 잊고 마음의 평화를 도로 찾게 하였다.

테니슨은 자기의 가장 친한 친구 아더 할램을 잃었을 때 "나는 절망 속에 내가 시들기 전에 행동 속에 내 자신을 묻고 고뇌를 잊어야 하겠노라"고 말했다.

사람은 대체로 눈 코 뜰 새 없이 자기 일에 열중하고 있을 동안에는 "행동 속에 자신을 잊는 것이 그리 어렵지 않다. 그러나 일이 끝난 뒤에는 또 위험한 고비가 닥쳐온다. 걱정 근심의 무서운 악마가 찾아오는 것은 바로 여가를 얻어 가장 즐겨야 할 때이다.

이러한 때야말로 나의 장래가 어떻게 될 것인가, 나의 상사가 오늘 나에게 말한 그 말속에 "무슨 의미"가 포함되지나 아니 하였는가, 내가 이렇게 시들어 버리지나 않을까 하는 따위의 근심을 갖기 시작하는 때이다.

바쁘지 않은 때의 인간은 마음이 진공상태로 들어간다. 물리과 학생이면 누구나 "자연은 진공을 방치하지 않는다"는 것을 알 것이다. 진공에 관한 가장 가까운 실례로는 백열등의 전구를 깨뜨리면 빈자리에 자연이 공기를 몰아 넣게 된다.

이와 마찬가지로 자연은 또 인간의 빈 마음을 채우게 된다. 무엇으로? 대개는 감정으로. 왜? 원시적 기력과 동적 정력이 걱정과 공포와 증오와 질투와 선망의 여러 가지 감정을 거기에 몰아 들이기 때문이다. 그리고 이러한 감정은 인간의 마음에서 모든 평화스럽고 행복한 생각과 정서를 쫓아내는 경향이 있다.

콜롬비아 사범대학 교육과의 제임시. L. 머셀 교수는 가장 적절한 표현으로 다음 같은 말을 하였다.

"걱정 근심이 우리를 불안하게 만들기 쉬운 때는 우리가 활동하고 있을 때가 아니고 일이 끝났을 때다. 이때의 인간의 마음은 혼란을 일으켜 여러 가지 쓸데없는 염려를 하게 되며 그것을 확대하여 자칫하면 잘못된 길로 빠자게 된다. 그리하여 마음이 마치 브레이크 없이 달리는 자동차와 같이 함부로 달려가다가 베어링을 태우거나 자동차 자체를 망쳐버리기도 한다. 그러므로 걱정 근심을 고치는 방법은 무엇이든 건설적인 일을 하여 마음을 쉬지 않게 하는 것이다."

한창 전쟁 중에 시카고에서 어떤 부인 한 사람이 "걱정 근심을 고치는 방법은 무슨 건설적인 일을 하여 마음을 쉬지 않게 하는 데 있다는 것을 자기 자신이 체험하였다"고 말하였다. 카네기는 이 부인과 그 남편을 미쵸리주에 있는 농장을 찾아갈 때 열차식당에서 만났다.

이 부부는 그에게 자기 아들이 진주만 공격이 있던 이튿날 군대에 들어갔다는 이야기를 하였다. 부인은 자기 외아들을 걱정하여 거의 건강을 해칠 지경에 이르렀다는 것이다. 자기 아들이 어느 곳에 있을까? 무사히 있을까? 부상을 당하지는 않았을까? 죽지는 않았을까? 하는 걱정으로.

그가 그 부인에게 어떻게 고민을 정복하였느냐고 물었을 때 그녀는 "그저 자기 자신을 바쁘게 하였습니다"라고 대답하고 자기는 처음으로 하녀를 내보내고 모든 집안 일을 자기 자신이 처리함으로 바쁜 생활을 하기로 작정하였다고 말하였다.

"내가 걱정되는 것은 내가 머리를 쓰지 않고 거의 기계적으로 집안 일을 할 수 있다는 것이었습니다. 그리하여 나는 잠자리를 볼 때나 그릇을 씻을 때에 역시 걱정을 하게 되었습니다. 나는 하루의 모든 시간이 정신적으로나 육체적으로나 바쁜 시간이 되도록 어떠한 새로운 일이 필요하다는 것을 깨달았습니다. 그리하여 나는 어떤 큰 백화점의 판매원 직을 얻게 되었습니다. 손님이 모여들어 나를 둘러싸고 물건값과 물건의 대소와 빛깔 같은 것을 물어 보는 통에 나는 그만 일 속에 파묻히게 되었습니다. 나의 눈앞에 있는 의무 이외는 아무것도 생각할 여유가 없었으며 저녁때가 되면 나의 아픈 다리를 쉬는 것 이외에는 아무 생각도 못했습니다. 저녁을 먹고 난 다음에는 잠자리에 들어가 즉시 세상 모르게 되기도 하여 나는 걱정을 할 시간을 갖지 못하였습니다."

이 부인은 존 카우퍼 파워스가 그의 저서 《불유쾌한 감정을 잊는 방법》이라는 책에서 말한 바 "인간이 자기에게 할당된 어떤 직업에 몰두할 때에는 어떤 유쾌한 안정감과 내부적 평화와 행복한 마비상태가 그의 신경을 부드럽게 하여 준다"는 의미를 스스로 발견하였던 것이다.

예화 6. 고민할 시간을 일을 하라

그렇게 된다면 얼마나 고마울 것인가! 세계적으로 유명한 여류 탐험가 오사 존슨 여사는 카네기에게 자기가 어떻게 걱정 근심과 슬픔에서 해방되었다는 것을 이야기하여 주었다.

그녀는 체험기 《나는 모험과 결혼하였다》라는 책을 쓴 인물이기도 하다.

이 세상에서 모험과 결혼한 사람이 있다고 하면 이 여사가 바로 그 사람이다. 존슨은 열 여섯 살 때 결혼했다. 캔사스 출신의 이 부부는 25년간에 걸쳐 세계를 여행하고 아시아와 아프리카의 사라져 가는 야만 활동을 활동사진으로 만들어 미국에 돌아와 사진을 보여 주었다. 여행을 강행하였던 그들은 덴버에서 비행기를 타고 태평양 연안을 향하다가 비행기가 산맥에 부딪쳐 남편은 즉사하고 오사 여사는 병석에서 일어나지 못하리라는 의사의 선언을 받을 만큼 상처를 입었다.

그러나 의사들은 오사 존슨이 어떠한 사람이란 것을 알지 못하였던 것이다. 3개월 후에 여사는 휠체어에 앉아서 많은 군중에게 강의를 하였으며 실지로 그는 환자로 있는 동안 백 번이나 강연을 하였는데 모두다 휠체어에 앉아서 한 강연이었다.

이와 같이 강연하 이유를 물었을 때 "내가 그렇게 한 것은 슬퍼하고 걱정할 시간이 없도록 하기 위한 것이었습니다"라고 대답하였다.

오사 존슨 여사는 약 일세기 전에 테니슨이 읊은 "나는 절망 속에 시들지 않기 위하여 행동 속에 나를 잊어야겠다"라는 시에 나타난 바와 똑같은 진리를 발견하였던 것이다.

예화 7. 몸이 쉬면 고민이 파고든다

바이어드 제독도 그가 남극을 덮은 거대한 빙하, 만년빙, 즉 자연의 천고의 비밀을 감추고 있는 만년빙, 미국과 구라파를 합한 것보다도 더 큰 미지의 대륙을 덥고 있는 만년빙 속에 문자 그대로 파묻혀 있는 조그마한 오두막 속에서 다섯 달 동안이나 홀로 살고 있을 때 이와 똑같은 진리를 발견하였던 것이다.

바이어드 제독은 그곳에서 혼자 다섯 달을 살았다. 백마일 이내에는 자기 이외의 어떤 종류의 생물도 살지 않았다. 추위는 지독하여 바람이 그의 귓전을 스치고 지나갈 때 그의 입김이 얼어서 달그락거리는 소리를 들을 수 있었다, 바이어드 제독은 그의 저서 《고독》에서 그와 같이 정신이 산란하고 가슴이 찢어지는 듯한 어둠 속에서 다섯 달 동안 생활한 모든 이야기를 전해주고 있는 바 그가 보낸 모든 낮은 밤과 같이 어두웠으며 그는 정상적 정신을 유지하기 위하여 바쁜 일을 만들어 시간을 보낼 수밖에 없었다고 고백했다. 그는 말하였다.

"저녁이 오면 나는 등불을 끄기 전에 내일 일을 계획하는 습관이 생겼다. 다음 날의 내 시간을 활용하는데 있어서 한 시간은 연료통을 고치는 데, 또 한 시간은 식료품을 둔 구멍 속 좌우 벽에 매달은 책장을 깨뜨리는데, 그리고 사람이 끄는 썰매에 실은 깨진 다리를 수리하는 데 두 시간을 배정하였다.

이와 같이 함으로써 조금씩 시간을 보낼 수 있다는 것은 참으로 놀라운 일이었다.

"여기에서 나는 내 자신을 이기는 이상한 힘을 얻었다. 만일 이러한 힘이나 이와 같은 다른 무슨 힘이 없었던들 나의 그 날 그 날은 아무 목적 없는 것이 되었을 것이고, 목적이 없으면 이러한 모든 날이 언제나 그러한 것과 같이 나의 모든 날도 그대로 나를 썩어 버리게 하였을 것이다."

만일 당신과 나의 걱정할 일이 있다면 우리는 재래의 여러 가지 좋은 일을 의약으로 사용할 수 있을 것이다. 이러한 말을 한 것은 다른 사람도 아니요, 바로 하버드 대학 전 임상의학 교수이며 사계의 권위인 고 리차드 L 캐봇트 박사다. 캐봇트 박사는 《사람은 무엇으로 사나?》라는 저서에서 아래와 같이 말하였다.

"지나친 의심과 주저와 불안정과 공포에서 오는 무서운 정신 마비에 걸린 수많은 사람들이 일을 함으로써 그것을 고치는 것을 볼 때 나는 의사의 한 사람으로서 기쁨을 느꼈던 것이다. 우리의 일이 우리에게 주는 용기는 마치 에머슨이 영원히 빛나게 만든 금반지와도 같다. 만일 몸을 바쁘게 하지 않고 가만히 앉아서 이것저것을 생각하게 된다면 다윈이 지적한 웝버 집버(새 이름인데 여기에서는 잡념을 비교해서 말한 깃의 새끼를 치게 하는데 웝버 집버는 잡귀와 같아서 우리의 마음을 공허하게 한 다음 행동력과 의지력을 파괴하는 것이다.)의 피해를 당하게 된다.

어느 뉴욕의 한 사업가가 잡념이 생길 여유가 없을 만큼 자기를 바쁘게 하여 이 웝버 집버를 퇴치한 사실이 있었다. 그는 전에 성인 교육반의 한 학생이었는데 그가 걱정 근심을 정복한 이야기가 하도 재미있고 인상적이었기 때문에 그에게 학과가 끝난 후 늦은 저녁 식사를 같이 하기를 청하여 자정이 넘도록 식당에 앉아서 그의 경험담을 들었다. 그의 이야기는 아래와 같다.

예화 8. 불면증을 몰아내라

"18년 전에 나는 걱정되는 문제로 말미암아 불면증에 걸려 고생을 한 적이 있습니다. 당시 나의 신경은 극도로 긴장되어 있었고 자주 신경이 예민해지고 짜증이 났습니다. 나는 신경쇠약에 걸리고 있다는 것을 알았습니다. 내가 이 지경에 이르기까지는 이유가 있었습니다. 나는 당시 뉴욕시 웨스트 브로드웨이 418번지에 있는 크라운 푸르쓰 앤드 엑스트렉회사의 출납계로 있었습니다. 우리는 개론관에 넣은 딸기에 50만 불을 투자하고 있었는데 과거 20년간이나 이러한 딸기의 개론관을 아이스크림 제조업자에게 팔아 왔던 것입니다. 그런데 우리의 판로가 별안간 막히게 되었습니다. 그것은 내쇼날 데어리와 보르텐스와 같은 대규모의 아이스크림제조 업자들이 급속도로 생산을 증가시켜 통에 넣은 딸기를 삼으로써 돈과 시간을 절약하고 있었기 때문이었습니다. 여기 있어서 팔지 못하는 딸기에 5십만불을 투자하고 있었을 뿐만 아니라 앞으로 12개월에 백만 불 어치의 딸기를 더 구입한다는 계약을 하고 있었던 것입니다. 우리는 이미 은행으로부터 35만 불을 빌리고 있었는데 우리는 이 부채를 갚을 수도 없었고 계약을 고칠 수도 없었습니다. 나의 걱정은 무리가 아니었습니다. 나는 우리의 공장이 있는 캘리포니아주 와트슨빌로 달려가 사장에게 사태가 변경된 것과 우리가 파산에 직면하고 있는 사실을 알려 주기에 노력하였습니다. 그러나 사장은 나를 믿지 않고 도리어 모든 사고가 뉴욕 사무소의 서투른 판매 전략에 있다고 나를 나무랐습니다. 여러 날을 두고 설명한 결과 마는 마침내 그 이상 딸기를 포장하지 않을 것과 새로 들어오는 딸기를 샌프란시스코에 처음 개설되는 딸기시장에서 판매하도록 사장을 이해시켰습니다. 그리하여 우리의 문제는 대개 해결되었습니다. 그러면 응당 나의 걱정도 거기에서 끝났어야만 할 것입니다. 그러나 나는 그렇지 못하였습니다. 왜냐하면 걱정 근심은 일종의 버릇으로 그것이 암처럼 커가고 있기 때문이었습니다. 나는 뉴욕에 돌아오자 여러 가지 문제를 다시 걱정하기 시작했습니다. 이태리에서 들어오는 매실, 하와이에서 흥정하는 파인애플 따위에 관한 걱정이었습니다. 나는 극도로 신경이 과민하여져서 잠을 이루지 못했습니다. 위에서 말한 바와 같이 나는 쇠약해지고 있었습니다.

절망 끝에 나는 불면증을 고치고 고민을 물리치는 한 가지 생활방법을 택하였습니다. 나는 바쁜 놈이 되기로 작정하였습니다. 나의 마음으로 하여금 나의 모든 능력을 요구하는 여러 가지 문제에 사로잡히게 하여 걱정할 여유가 없도록 하였습니다. 전에는 하루에 일곱 시간밖에 하지 않던 일을 지금은 하루에 15-17시간씩 하기 시작했습니다. 또 매일 아침 여덟 시에 사무소에 나가 거의 자정까지 있었습니다. 새로운 여러 가지 의무와 책임을 맡았습니다.

밤중에 내가 집에 돌아올 때는 지칠 대로 완전히 지쳐서 그만 잠자리에 들어가자마자 세상 모르게 잠이 들었습니다.

나는 이렇게 하기를 3개월이나 계속하였습니다. 이 때에는 벌써 나의 걱정하는 버릇이 없어지고 말았습니다. 그리하여 나는 하루에 일곱 시간 내지 여덟 시간씩 하는 평상시의 사무 상태로 돌아갔습니다. 이것은 벌써 8년 전에 일어난 사실입니다. 그러나 나는 그 후 한 번도 불면증이나 걱정으로 고통을 받은 일이 없었습니다.

죠지 버나드쇼의 말이 옳다. 그는 이것을 요약하여 이렇게 말했다. "사람이 비참하게 되는 까닭은 그가 시간의 여유를 가지고 자기가 행복하고 안 한 것을 이리저리 생각해 보는 데 있다."

그러므로 이런 생각을 하지말고 두 손에 침을 뱉고 바쁘게 일을 하면 혈액은 순환하기 시작하고 정신은 해맑게 되어 삽시간에 몸에서 용솟음치는 적극적 생활력이 마음속에 있는 걱정 근심을 깨끗이 씻어 줄 것이다.

바쁜 일을 시작하라. 그것이 이 세상에서 가장 값싼 치료법이며 가장 좋은 약이다.

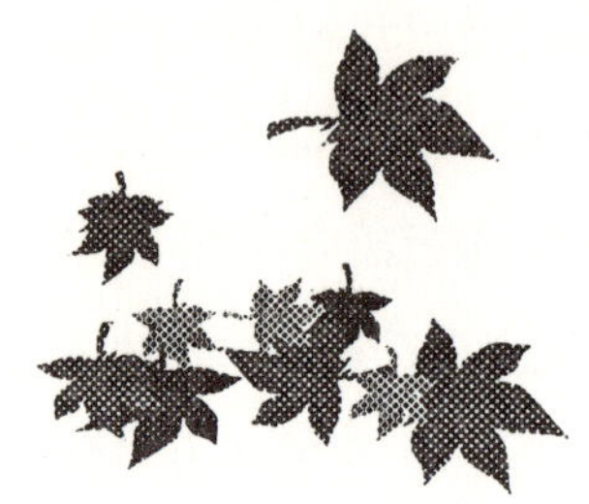

작은 일에 매이지 말라

*걱정 근심의 습관이 우리를 정복하기
전에 우리가 먼저 정복하는
노력을 해야 한다*

나를 찾아오는 사람 중에 지나치게 꼼꼼한 사람이 있다. 그는 어떤 일을 앞두면 밤잠을 설쳐가면서 고민을 하는데 줄거리보다는 세부적인 사소한 일에 얽매여 정작 해야 할 일을 못 한다고 한다. 그래서 들려준 이 한 토막 이야기는 오래도록 잊지 못할 것이다.

일화 1. 죽음 앞에서 목의 부스럼을 걱정하지 말라

이 이야기는 뉴저지주 메이풀음시의 하이랜드의 거리 14번지에 사는 로버트 무어씨의 경험담이다.

"나는 1945년 3월에 나의 일생을 통하여 가장 큰 교훈을 받았습니다" 라는 말로 시작하여 그는 아래와 같은 이야기를 하였다.

"나는 이 교훈을 인도차이나 연안에서 가까운 26피트 바다 속에서 얻었습니다. 그때 나는 잠수함 베이아 S・S 38호를 타고 있는 88명의 선원중 한 사람이었습니다. 우리는 레이다에 의하여 일본군의 조그마한 호송선 한 척이 우리를 향하여 오는 것을 알았습니다. 새벽이 점점 가까워오자 우리는 그 호송선을 공격하기 위하여 물 속으로 들어갔습니다.

우리는 잠망경을 통하여 일본군의 호위 구축함 한 척과 유조선 한 척과 수뢰 부설함 한 척을 발견하였습니다. 우리는 호위구축함에 대하여 세 개의 수뢰를 발사하였으나 맞지 않았습니다. 각 수뢰의 기계에 고장이 생겼던 것입니다.

일본 구축함은 공격받은 것을 알지 못하고 그대로 우리를 향하여 왔습니다. 우리는 다시 맨 뒤에 따르는 수뢰 부설함을 공격할 준비를 하고 있었습니다. 이때 별안간 그 부설함은 선수를 돌리어 직접 우리를 향하여 왔습니다. (일본군 비행기 한 대가 60피트 바다 속에 있는 우리를 발견하고 무전으로 우리의 위치를 수뢰함에 알려 주었던 것이다)

우리는 탐지 당하지 않기 위하여 150피트 수심까지 내려가 폭뢰에 대한 대비를 하였습니다. 그리고 또 창구 하부 가장자리에 볼트 한 개를 박는 동시에 우리의 잠수함이 절대로 소리를 내지 않도록 송풍기, 냉각기, 기타 모든 전기 장치의 작동을 정지시켰습니다.

2분이 지난 후 마침내 지옥문은 열렸습니다. 다섯 개의 폭뢰가 우리의 주위에서 폭발하여 우리를 바다 밑바닥 바닥 270피트 수심까지 몰아 내렸습니다.

우리는 소름이 끼쳤습니다. 물 속에서 1,000피트가 못 되는 가까운 거리로부터 공격을 받는 것은 위험한 일이며 500피트 이내면 대개 치명적인 것입니다. 그런데 우리는 물 속에서 500피트 되는 거리 즉 안전이라는 점으로 보아 겨우 다리가 잠길만한 거리에서 공격을 받고 있는 것입니다. 15시간에 걸쳐 이 일본 수뢰함은 계속하여 폭뢰를 발사하였습니다. 폭뢰가 잠수함으로부터 17피트 이내에서 폭발한다면 그 진동만으로도 잠수함에 구멍이 뚫리게 되는 것입니다. 수십 개의 폭뢰가 우리에게서 50피트 거리밖에 안 되는 곳에서 폭발하였습니다. 우리는 "안전을 위하여" 침상에 조용히 누워 소리를 내지 말라는 명령을 받았습니다. 나는 너무도 무서워서 숨을 쉴 수가 없었습니다. "꼼짝없이 죽었구나!" 송풍기와 냉각장치를 정지시켰기 때문에 잠수함 속의 온도는 100도가 넘었습니다.

그러나 나는 공포로 몸이 떨려서 스웨터와 털 재킷을 입었음에도 벌벌 떨리기 시작하였고 위아래 이빨은 서로 마주치며 온 몸에 식은땀이 쭉 흘렀습니다.

일본 배의 공격은 15시간이나 계속되었습니다. 그러다가 갑자기 뚝 그쳤습니다. 결국은 일본 수뢰함이 폭뢰의 재고를 다 쓰고 자리를 떠난 것이었습니다. 이와 같이 공격을 받는 15시간이 거의 1,500만 년이나 되는 것같이 생각되었습니다. 지나간 나의 일생이 되풀이하여 나의 머릿속을 지나갔습니다. 나는 전에 내가 저지른 문제를 전부 생각해 보았습니다. 나는 해군에 들어오기 전에 은행 서기로 있었습니다. 나는 그때 나의 급료가 적은 것과 승진할 기회가 적다는 것을 오랫동안 걱정한 일이 있었습니다. 나는 또 집 한 채가 없는 것, 새 차를 사지 못하는 것, 아내에게 새 옷을 사주지 못하는 것 같은 문제를 걱정하였습니다. 언제나 잔소리가 많고 핀잔을 잘 하는 나의 윗사람을 미워하였으며 저녁때가 되어 우울한 기분으로 집에 돌아오면 사소한 문제로 나의 아내와 얼마나 다투었던가! 뿐만 아니라 나는 자동차 사고로 이마 위에 보기 싫은 상처를 가진 것을 항상 부끄럽게 생각하였던 것입니다.

이러한 모든 문제가 몇 해 전에는 크나큰 걱정의 대상이 되었던 것입니다. 그러나 폭뢰가 이 몸을 당장에 저 세상으로 보내려고 하는 이 마당에 있어서는 그 따위 걱정은 모두가 하잘것없는 것들이었습니다. 나는 그때 그 자리에서 이렇게 스스로 맹세하였습니다. 내가 다시 해와 달을 보게 되는 때는 다시는 걱정을 하지 않겠다고. 절대로! 절대로! 절대로! 나는 잠수함에서 당한 공포의 15시간 동안 시라큐스대학에서 4년 동안 책에서 배워 아는 것 이상으로 삶의 기술을 깊이 배웠습니다.”

우리는 가끔 인생의 큰 불행에 용감히 직면하면서도 역시 사소한 문제 즉 “목 위에 부스럼”으로 마음 태우는 일이 많다.

예를 들면 사무엘 퍼피스가 하리뷔인 경이 런던에서 목을 잘리던 광경을 그의 일기에 기록하였는데 하리뷔인 경은 참수대에 오르자 사형 집행인에게 그의 목숨을 살려달라고는 애원하지 않고 자기 목 뒤에 있는 아픈 부스럼을 다치지 말라고 부탁하였다는 일화는 유명하다.

이와 같은 실례는 또 바이어드 제독이 무섭게 춥고 깜깜한 북극 땅에서 밤을 지내는 동안 발견하였던 것인데 제독의 일행들은 큰 문제보다도 "목 뒤에 부스럼"에 더 마음을 태우고 있었다는 것이다. 그들은 위험과 곤란과 가끔 영향 80°가 되는 추위를 그다지 불평 없이 참을 수 있었다. 그러나 바이어드 제독은 다음과 같이 기록하였다.

"침대에서 같이 자는 친구 중에는 남의 옷자락이 자기 자리에 조금 걸쳤다는 이유로 서로 말도 하지 않는 사람, 푸레췌리스트라는 사람은 음식을 삼키기 전에 엄숙한 태도로 스물 여덟 번씩 씹는 꼬락서니가 비위에 맞지 않는다고 해서 그 사람이 있을 때에는 음식을 먹지 않았다. 북극 땅 캠프 속에서 그와 같은 사소한 일이 훈련받은 사람들까지도 제 정신을 잃게 하였던 것이다."

여기서 바이어드 제독에게 부부간에 그러한 사소한 문제가 그들의 정신을 어지럽게 하여 이 세상 비극의 절반을 만들고 있다는 것을 그 기록에 추가하여 주도록 부탁하고 싶다.

이러한 문제에 관하여 권위자들은 말하고 있다. 예를 들면 시카고시의 죠세프 샤바드 판사는 재혼에 관한 사건을 40,000건이나 처리한 사람인데 그는 "대부분의 불행한 부부생활에는 그 배후에 사소한 문제가 숨어 있다." 라고 말하였고 뉴욕의 지방 검사 프랭크 S. 호 간호사는 또 이런 말을 했다.

"우리 법정에서 처리하는 형사사건의 절반이 사소한 문제로부터 일어나는 것이다. 술집에서의 시비, 친구끼리의 말다툼, 모욕적인 언사, 경멸하는 말투와 실례되는 행동 등등의 사소한 문제가 격투와 살인의 원인이 된다. 그와 같이 잔인하고 나쁜 사람은 흔치 않은 것이다. 이 세상 모든 비극의 절반은 자존심을 조금 상하거나 업신여기거나 허영심을 약간 해치는 따위의 사소한 문제로부터 일어난다"

에리너 루즈벨트 여사가 처음 결혼하였을 때 그는 새로 들어온 쿡이 음식을 잘못 다루기 때문에 며칠 동안이나 걱정하였다. 그러나 지금 만일 그런 일이 있다면 나는 일소에 붙였을 것이라고 루즈벨트 여사는 말하였다. 그렇다. 이 말이야말로 어른의 마음에서 우러나온 말이다. 무서운 독재자였던 캐더린 대제도 쿡이 음식을 더럽혔을 때 웃어 버리고 말았던 것이다.

예화 2. 법은 사소한 일에 얽매이지 않는다

어느 날 D. 카네기는 시카고시에 있는 친구의 집에서 식사를 한 적이 있었다. 그때 남자 주인이 고기를 베다가 어떤 잘못을 한 모양이었다. 그러나 카네기는 그것을 몰랐고 설령 알았다 하더라도 대수롭지 않은 일이었다.

한데 그 집 안주인은 그것을 보자마자 바로 손님 앞에서 자기 남편을 몰아내며 "존! 좀 정신을 차려요! 당신은 음식도 제대로 먹지 못해요?" 이렇게 말했다는 것이다. 그리고는 손님을 향하여 "저이는 언제나 저렇답니다. 도무지 그런데 관심이 없어요" 하고 퉁명스럽게 말하였다.

혹 그 주인이 고기를 잘못 베었을는지 모른다. 그러나 사실 이런 아내를 데리고 20년이나 살아 온 그 남편이 오히려 훌륭하게 보였다. 솔직히 말해 그런 여자의 잔소리를 들으면서 산해진미를 먹는 것보다는 차리리 마음놓고 먹을 수 있는 자리에서 맛없는 음식을 먹는 편이 좋을 것이다.

이러한 일이 있은 지 얼마 안 되어 카네기 부부는 몇 사람의 친구를 집으로 청하여 저녁을 같이 하게 되었다. 친구들이 도착할 때쯤 되어 그의 아내는 석 장의 식탁보 빛깔이 다른 것과 맞지 않는 것을 발견하였다.

그 아내는 그때의 심정을 남편에게 이렇게 말하였다.

"나는 쿡이 있는 곳으로 달려갔습니다. 그러나 그 냅킨을 다른 것과 바꿀 시간이 없었습니다. 그만 울고 싶더군요. 어쩌자고 이런 바보 같은 짓을 해서 분위기를 깨뜨리게 하였을까? 이러한 생각이 머리에 떠올랐습니다. 그러다가 나는 다시 생각해 보았습니다. 무얼 그까짓 것을! 나는 그대로 식당에 가서 저녁을 즐기기로 작정하였습니다. 나는 손님들이 나를 신경질적이요, 나쁜 성질을 가진 여자라고 생각하는 것보다는 차라리 되면되면한 부인이라고 생각하는 것이 낫다고 생각하였습니다. 하여간 내가 이렇게 처리한 것에 대하여 손님들 중에는 한 사람도 냅킨에 주의한 사람이 없었습니다."

유명한 법률 격언에 "법은 사소한 일에 얽매지 않는다"라는 말이 있다. 걱정 있는 사람도 마음의 평화를 원한다면 역시 그래야만 할 것이다.

대개는 이러한 경우에 사소한 문제에서 오는 고통을 피하는 데는 오직 문제의 중요성을 바꾸는 것, 즉 마음을 새롭고 유쾌한 관점으로 돌리는 것이 필요하다. 《파리를 보았다면》이라는 책과 그 밖의 십여 종류의 책을 쓴 미국의 호모 크로이는 그와 같이 하기 위한 훌륭한 실례를 우리에게 보여주고 있다. 그는 뉴욕에 있는 자기 아파트에서 책을 쓰고 있는 동안 그곳에서 라디에이터가 털털거리는 소리에 미칠 지경에 이르렀었다.

그가 책상에 앉았을 때 스팀이 끓는 데 따라 그의 마음도 끓었던 것이다. 그러나 호머 크로이는 자기 책에서 아래와 같이 말하였다.

"그러는 동안 나는 친구 몇 사람과 함께 캠프 생활을 떠났다. 내가 활활 타오르는 불꽃 속에서 큰 나뭇가지가 후드득 후드득 타고 있는 소리를 들을 때 그 소리가 얼마나 라디에이터 소리와 흡사한가를 생각하여 보았다. 나는 왜 이것을 좋아하고 저것을 싫어할까?

나는 집으로 돌아와 스스로 이런 말을 해보았다. 「불에 타는 나뭇가지 소리는 듣기도 좋다. 라디에이터 소리도 저와 같다. 나는 자리라! 그리고 잡음을 잊으리라!」 사실 나는 그대로 실행하였다. 며칠 동안은 라디에이터 소리에 정신이 끌렸으나 얼마 안 가서 그것을 전혀 잊어버리게 되었다."

사소한 걱정도 대개는 이러하다. 우리는 걱정 근심을 싫어하며 또 그로 말미암아 속을 태우고 있으나 그러한 걱정 근심은 모두가 걱정되는 문제의 중요성을 과장하는 데서 빚어지는 것이다.

디스라엘리는 말하였다. "인생을 소극적으로만 살기에는 너무나 짧다;Life is too short to be little." 라고 이 말에 대하여 앙드레 모로아는 디스 위크 잡지에 아래와 같이 썼다. "이 말이야말로 여러 가지 쓰라린 경험에서 나를 도와 주었던 것이다. 우리는 우리가 엄숙히 여기고 잊어버려야 할 사소한 문제로써 가끔 우리의 마음을 썩이기도 한다. 우리는 이 세상에서 앞으로 몇 십 년밖에 살지 못할 인간임에도 불구하고 세월이 가면 모두 잊어버리고 말 불유쾌한 문제를 너무 심각하게 생각함으로써 다시 못 올 많은 시간을 헛되이 버리고 있는 것이다. 우리는 우리의 생활을 가치 있는 행동과 감정에 위대한 사랑과 진정한 애정과 영원한 사업에 바치기로 하자. 인생을 작게 살기에는 너무도 짧다.

루드야드 키플링과 같은 인물도 어느 때 "인생을 소극적으로만 살기에는 너무도 짧다"는 말을 잊은 적이 있었다. 결과는? 그의 처남을 상대로 버몬트 역사에서 가장 유명한 법정 싸움을 했으며 그 싸움은 하도 유명하여 루드야드 키풀링의 버몬트 싸움이란 책까지 나오게 되었다. 이야기는 이러하다.

예화 3. 사소한 일에 시간을 빼앗기지 말라

키풀링은 버몬트의 여자 캐로린 바레스티어와 결혼한 후 버몬트 주 부라틀보로에 아름다운 집 한 채를 짓고 거기에서 여생을 보내기로 작정하였다. 그의 처남 비티 바레스티어는 키풀링의 좋은 친구가 되어 함께 일하고 같이 놀았다.

그러는 동안 키풀링은 바레스티어가 그 땅에서 풀을 깎아 가도 좋다는 양해가 있었던 것이다. 어느 날 바레스티어는 키풀링이 그 풀밭에서 화원을 만드는 것을 보았다. 바레스티어는 화를 내며 키풀링에게 대들었다. 키풀링도지지 않고 응수하였다. 버몬트의 초록빛 산맥이 검푸른 빛으로 변하였다.

그 후 며칠이 안 되어 키풀링이 자전거를 타고 들을 달릴 때 그의 처남은 마차 한 대와 몇 마리의 말을 몰고 길을 건너갔다. 그러는 동안 별안간 키풀링을 밀쳐서 자전거에서 떨어지게 하였다. 여기에 있어서 키풀링은 "그대의 모든 것을 빼앗기고 또 그 위에 그에 대한 책망까지 당할 때에 그대는 혹 냉정한 머릴 가질는지 모르지만"이라는 문구를 쓴 키풀링은 자기 머리의 냉정을 잃고 선서와 함께 바레스티어를 고소하고 그의 체포를 요구하였다.

평판 높은 재판이 시작되자 대도시로부터 신문기자들이 모여들고 그 기사가 세상에 보도되었다. 그러나 사건은 해결되지 못하고 이 싸움으로 말미암아 키플링 부부는 여생을 위하여 고향을 버리게 되었다. 이것은 모두 사소한 문제, 즉 한 대의 마차에서 시작된 감정이 가져온 고통이었다.

패리클스는 수세기 전에 "여러분! 우리는 너무 오래 사소한 일에 사로잡혀 있었다" 라고 말하였다. 과연 우리도 그와 같이 사소한 일에 사로잡혀 있는 것은 아닌지.

예화 4. 작은 고민에 지면 큰 꿈을 잃는다

해리 에머슨 박사가 말한 아주 재미있는 이야기 한 토막이 있다. 그것은 큰 나무 하나가 생명을 걸고 싸워 온 싸움의 이야기다.

콜로라도 롱스퍼크산 허리에 큰 나무 한 개가 죽어 없어진 흔적이 남아 있다. 자연 과학자의 말에 의하면 이 나무는 400년을 살아 있던 나무라는 것이다. 콜롬버스가 산살바돌에 상륙하였을 때 씨가 떨어져서 102명의 청교도가 프리마우스에 정주할 시절에 반쯤 자랐다. 그러한 기나긴 세월을 두고 이 나무는 열 네 번이나 벼락을 맞았고 수없는 눈보라에 부대꼈으며 4세기에 걸쳐서 무서운 폭풍의 매를 맞았다. 이 모든 시련을 겪고서도 이 나무는 살아났던 것이다. 그러나 어느 날 나무 벌레의 한 무리가 이 나무를 공격하여 마침내 그것을 쓰러뜨리고 말았다. 이 벌레는 나뭇가지를 깊이 파고 들어가 보잘것없는 이빨로 쉴 새 없는 공격, 나무의 내부로 파고들어 나무의 힘을 파괴하였다.

그리하여 세월도 시들게 못하고 벼락도 부수지 못하고, 폭풍도 것을 꺾지 못하였던 이 거대한 나무는 마침내 사람의 손톱으로 죽여버릴 수 있는 작은 벌레 앞에 쓰러지고 말았던 것이다.

인간도 이 싸우는 나무와 같은 것은 아닐까? 그리 흔치 않은 인생의 폭풍과 눈보라와, 우레와 벼락을 그럭저럭 견뎌 나가면서도 사소한 걱정 근심의 벌레, 즉 손가락으로 없앨 수 있는 조그마한 벌레로 말미암아 우리 마음을 좀 먹게 하는 것은 아닐까?

걱정 근심의 습관이 우리를 정복하기 전에 우리가 먼저 정복하는 노력을 해야 할 것이다.

고민에 매이지 말라

*평균감손의 법칙에 의하여 좀처럼 일어나지
않는다는 이 한 줄의 어구는 고민을
90%나 줄여준다*

하지 않아도 될 걱정을 하는 사람이 의외로 많다. 그런 사람을 만나면 다음 이야기를 들려준다.

예화 1. 공연한 고민은 하지 말라

데일 카네기가 미주리주 농촌에서 자랄 때 이야기다.

어느 날 어머니와 매실나무 구덩이를 파던 카네기가 별안간 울기 시작하였다. "데일, 대체 왜 우는 거냐?" 그의 어머니가 묻자 그는 훌쩍거리면서 "암만해도 내가 산 채로 땅에 묻힐 것만 같아요" 하고 대답하였다.

실은 그 시절에 그의 마음은 여러 근심 걱정으로 가득 차 있었다. 천둥이 치면 벼락을 맞지 않을까 걱정하였고 불경기가 오면 굶지나 않을까 걱정하였으며 혹시 죽어서 지옥에나 가지 않을까 걱정하였다.

그뿐 아니라 그보다 나이가 많은 샘 하이트라는 아이가 큰 귀를 자르겠다고 위협을 하였기 때문에 정말로 그렇지나 않을까 걱정하였고, 그가 계집아이들에게 모자에 손을 대고 가벼운 인사를 할 때 혹 그들이 웃지나 않을까 걱정하였다. 만일 결혼하자는 여자가 없으면 어찌할까? 결혼을 하면 먼저 아내에게 무슨 말을 하는 것이 좋을까? 그리고 또 이러한 생각도 하여 보았다.

'우리가 어떤 시골 교회에서 결혼식을 올린 후 마차 지붕 주위에 색실을 늘어뜨리고 농장으로 돌아올 때 나는 대체 어떤 이야기를 주고받게 될까? 무슨 이야기를 어떻게 한담?'

그는 하늘이라도 무너지는 듯한 그러한 중대한 문제를 여러 시간 밭 뒷길을 걸어가면서 생각하여 보기도 하였다.

그러나 세월이 흘러가자 그는 차차로 크게 생각하던 문제가 거의 99%도 실지로 일어나지 않는다는 것을 알게 되었다.

예를 들어 그는 위에서 말한 바와 같이 일찍 벼락을 무서워하였으나 국민안전 보호기관의 조사에 의하면 벼락에 맞는 일은 백에 한 번밖에 없다는 것을 알았다.

그가 산 채로 땅에 묻힐 것 같다는 걱정은 우스운 생각이었다.

송장을 썩지 않게 보존하기도 백에서 한 명 있기가 어려운 일이다. 그럼에도 불구하고 그는 일찍이 그것이 무서워서 울기까지 하였던 것이다.

백 사람 중에 한 사람이 암으로 죽는다. 따라서 그가 무슨 걱정을 해야 했다면 벼락을 맞거나 산 채로 묻히는 것을 걱정하지 말고 차라리 암을 걱정했어야 할 것이다.

지금까지 말한 것은 청년들의 걱정 근심에 관한 것이다. 그러나 성년층의 여러 가지 걱정 근심도 대개 우스꽝스러운 것들이다. 만약에 마음만 태우지 말고 평균감손의 법칙(the law averages)에 의하여 우리의 걱정 근심에 어떠한 정당성이 있는가 없는가를 발견하기에 힘쓴다면 아마 걱정근심을 10분의 9는 당장 없앨 수 있을 것이다.

예화 2. 평균 감손의 법칙을 이용하라

세계에서 가장 유명한 보험회사인 런던의 로이드회사는 좀처럼 일어나지 않는 일을 걱정하는 인간을 이용하여 수백만 불의 재산을 모았다. 런던의 로이드 회사는 사람들이 걱정하고 있는 재난이 과연 절대로 일어나지 않을 것인가를 고객들과 내기하고 있다. 그러나 회사측에서는 그것을 내기라고 하지 않고 보험이라고 부른다.

사실 그들은 평균 감손의 법칙에 의하여 내기를 하고 있는 것이다. 이 거대한 보험회사는 평균감손의 법칙에 의하여 사람이 상상하는 것처럼 그렇게 일어나지 않는 재난을 대상으로 보험을 운영함으로써 과거 2백 년 동안 강대하여 왔고 앞으로도 우리의 인간성이 변하지 않는 한 5천 년 동안은 그대로 세력을 유지할 것이다.

평균 감손의 법칙을 조사하여 보면 거기에서 발견되는 여러 가지 사실에 놀라는 때가 많다. 예를 들면 만일 내가 지금부터 5년 이내에 케티버그의 전쟁과 같은 무서운 싸움을 해야만 하겠다면 응당 나는 크게 놀라 될 수 있는 대로 나의 생명보험금을 전부 찾을 것이며, 유언을 생각하여 두는 동시에 이 세상의 모든 자기 문제를 꼼꼼히 정리한 다음 "필연코 내가 그 전쟁에서 살아날 수 없을 것이므로 몇 해 남지 않은 나의 여생을 가장 유효하게 쓰겠다"는 말을 할 것이다.

그러나 평균 감손 법칙에 의하면 평화시에 있어서 50세로부터 55세까지 사람들 중 평균 1,000명을 단위로 해서 죽는 사람의 수효가 케티스버그에서 싸운 병사 163,000명중 1,000명을 단위로 해서 죽는 사람의 수효와 똑같다는 것이다.

D. 카네기는 집필을 가나디안 럭키 산중에 있는 호숫가 제임스 심프슨이 경영하는 남 티가 하숙에서 한 일이 있었다. 그런데 어떤 여름에 그가 그곳을 찾았을 때 그는 거기에서 샌프란시스코시 퍼시픽 거리 2298번지에 사는 알버트. H. 살링거 씨 내외를 만났다.

살링거 부인은 아주 점잖고 명랑한 성품이어서 한번도 걱정하여 본 일이 없는 것 같은 인상을 그에게 주었기 때문에 그는 어느 날 저녁에 그 부인과 화롯가에 마주앉아 과거의 어떠한 문제를 걱정하여 본 일이 있느냐고 물었다. 부인은 "걱정하여 본 일이 있느냐고요?" 하고 한번 반문한 다음 아래와 같이 이야기를 하였다.

"나는 옛날에 고민으로 거의 파멸상태에 이르렀던 적이 있습니다. 내가 고민을 정복하는 방법을 터득할 때까지 11년 동안을 나는 내가 만든 지옥에서 살았습니다. 나는 몹시 신경질이었으며 성을 잘 냈었습니다. 그리고 늘 무섭게 긴장하는 마음으로 생활하였습니다. 매주일 산 메테오에 있는 집에서 버스를 타고 샌프란시스코까지 장을 보러 나가기도 했는데 흥정을 하는 동안에도 잡다한 고민을 버리지 못하였습니다. 혹 전기 다리미를 그대로 전깃줄에 꽂아놓고 오지 않았는가, 집에 그 동안 불이 나지 않았는가, 그렇지 않으면 어린 자식들이 자전거를 타고 다니다가 자동차에 치지나 않았는가, 따위의 별별 생각을 하였습니다. 장 보는 중에도 나는 그런 걱정 때문에 식은땀을 흘리면서 바깥으로 뛰어 나와 버스를 잡아타고 그대로 집으로 돌아와서 모든 것이 여전한가를 살펴보기도 하였습니다. 이러한 이유로 나는 첫 번째 결혼이 실패로 돌아가고 말았습니다. 둘째 남편은 법률가였는데 그는 침착하고 조직적인 인간이어서 무슨 일에 있어서나 절대로 걱정을 하지 않는 사람이었습니다. 내가 흥분하고 걱정하기 시작하면 그는 으레 나를 보고 이렇게 말하였습니다.

"진정하오, 우리가 평균 감손의 법칙에 비추어 봐서 그러한 일이 일어날 것인가 아닌가를 생각해 봅시다"라고.

실례의 하나로서 나는 뉴멕시코주 알부퀴르크에서 칼스바드카빈스로 가던 때를 기억하고 있습니다. 그때 우리 내외는 자동차로 험한 길을 달리고 있었는데 도중에서 무서운 폭풍우를 만났습니다. 자동차가 쭉쭉 미끄러져 걷잡을 수가 없었기 때문에 나는 틀림없이 양쪽 길가에 있는 구렁으로 빠질 것으로만 생각하였습니다. 그러나 남편은 다음과 같은 말을 나에게 하여 주었습니다.

"내가 지금 상당히 천천히 운전하고 있으니까 무슨 큰 사고는 나지 않을 게요. 설령 구렁에 빠진다 하더라도 평균 감손의 법칙에 의하여 다치지는 않을 것이오."

남편의 그와 같은 침착하고 자신 있는 태도는 내 마음을 가라앉혀 주었습니다. 또 어떤 여름에 우리는 가나디안 록키 산맥에 있는 토우퀸 계곡에서 캠프생활을 한 일이 있었습니다. 어느 날 저녁해발 7,000피트 이상에서 캠프를 하고 있었는데 그때 폭풍이 몹시 불어 우리 천막이 산산이 찢어졌습니다. 밧줄로 천막을 나무 바닥에 단단히 매어 놓았지만 바깥 천막은 바람에 흔들리며 소리를 치고 있었습니다.

나는 우리의 천막이 당장에 찢어져서 하늘로 날아갈 것으로 생각하였습니다. 그때 남편은 이렇게 말하는 것이었습니다.

"여보 마누라, 우리는 부류스 티스의 여행 안내자와 더불어 여행을 하고 있으니까 그들이 잘 처리하여 줄 것이오. 그들은 이 산중에서 과거 60년 동안 천막을 치고 있었으며 또 이 천막은 여러 계절을 통하여 이곳에 쳐 있었으나 아직껏 바람에 날려 떨어진 일이 없었소. 그리고 또 평균 감손의 법칙에 의하면 그것이 오늘 저녁에 날려갈 리는 없을 것이오. 설령 그것이 날아간다 하더라도 우리는 다른 천막으로 옮겨갈 수 있소. 그러니 안심하오."

나는 그대로 안심하였습니다. 따라서 그 날 밤을 달게 잘 수가 있었습니다. 몇 해 전에 또 소아마비라는 전염병이 캘리포니아주의 일부를 휩쓴 적이 있었습니다. 그전 같으면 물론 나는 신경질이 되었을 것입니다. 그러나 남편은 나에게 냉정한 태도를 취하도록 권고하였습니다. 우리는 모든 예방책을 취하여 아이들을 군중으로부터 격리시키고 학교와 영화관에도 보내지 않았습니다. 그리고 보건국에 문의한 결과 과거의 캘리포니아주 전체를 통하여 그 병에 걸린 아이는 1,835명에 지나지 않는다는 것과 그 병이 유행하는 보통 때에 있어서 그 병에 걸리는 아이의 수효가 대개 2~300명 정도라는 것을 알게 되었습니다. 물론 이만한 숫자도 비참한 것이지만 평균 감손의 법칙에 의하여 어떠한 한 아이가 이 병에 걸리는가는 극히 적다는 것을 알았습니다.

「평균 감손의 법칙에 의하여 좀처럼 일어나지 않는다」는 이 한 줄의 어구는 나의 근심 걱정을 90%나 줄여 주었으며 과거 20년 동안 나의 생활을 자신도 도저히 상상할 수 없을 만큼 아름답고 평화스럽게 만들어 주었습니다."

일화 3. 걱정과 불행은 상상에서 온다

미국 역사에서 가장 위대한 인디안의 투사인 조오지 크르크장군은 그의 자서전 77페이지에서 "아메리카 인디안의 걱정과 불행은 거의가 그들의 상상에서 오는 것이며 실지로 오는 것이 아니다"라고 말하였다.

사실 자신이 과거 수십 년 동안을 회고하여 보더라도 역시 모든 걱정 근심은 마음에서 온다는 것을 알 수 있다. 짐 그란트도 역시 과거에 자기의 경험이 그러하였다는 것을 고백하였다. 짐 그란트는 현재 뉴욕시 프랭클린 거리 204번지에 있는 제임스 A 그란트 회사를 소유하고 있다. 모든 프로디다와 그랩푸르쓰를 한번에 열 또 열 다섯 개의 화차로 운반하기도 하였다 한다. 그는 자기가 항상 다음과 같은 생각으로 마음을 태운 적이 있었다고 고백하였다. 즉 어디서 화차가 전복하면 어찌할까? 우리의 과실이 길가에 쏟아지면 어찌할까? 물론 과실에 대하여 보험을 들어놓기는 하였으나 과실이 제때에 도착하지 않아서 시장에서 손해나 보지 않을까 하는 것이 그의 걱정이었다. 그는 너무도 걱정한 나머지 위궤양이 되지 않았는가 하여 의사를 찾아가기까지 하였다.

그러나 의사는 그에게 신경과민 이외에는 아무데도 나쁜 데가 없다고 대답하였다는 것이다. 짐 그란트는 아래와 같이 말하였다.

"나는 그때 새로운 사람이 되어 나 자신에게 이렇게 물어 보았습니다. '여보게 짐 그란트군, 그대가 지나간 수 년 동안에 취급한 과실의 화차가 몇 대나 되는가?' 대답은 아래와 같았습니다. '25,000대 가량입니다.' 다음으로 나는 또 이렇게 물었습니다. '그러면 그 중에서 전복된 화차가 몇 대나 되었나?' 나는 여기에서 '아마 다섯 대인 모양입니다'라고 대답하였습니다. 이어서 나는 다음과 같이 정리해 보았습니다."

'겨우 다섯 대! 25,000대 중에서 다섯 대란 말이지? 그것이 무엇을 의미하는가를 그대는 아는가? 5,000대에 비하여 한 대의 비율! 즉 다시 말하면 평균 감손의 법칙에 의하여 또는 경험에 의하여 그대의 화차 한 대가 전복되는 동안에 5,000대가 무사히 통과하였다는 말일세, 그런즉 그대가 여기서 걱정할 필요가 무엇이 있단 말인가?'

다음에 나는 내 자신에게 이렇게 말하였습니다.

"그러나 다리가 무너지면 어찌할 것인가?"

그리고 내 자신에게 이렇게 물어 보았습니다.

"실지로 다리가 무너져서 화차를 손해 본 것이 몇 대나 되는가?"

대답은 "하나도 없습니다"

끝으로 나는 내 자신에게 이렇게 말하였습니다.

"그렇다면 그대가 절대로 무너진 일이 없는 다리 때문에 또는 그

5,000번에 한 번밖에 없는 철도사고 때문에 위궤양이 되도록 걱정한다는 것이 어리석지 아니한가?"

짐 그란트는 또 다음과 같이 말하였다.

"그렇게 생각하고 보니 내가 어리석었다는 것을 깨달았습니다. 그리하여 나는 당장 그 자리에서 평균 감손의 법칙으로 하여금 나의 걱정을 도맡아 주도록 하고 그 후로는 '나의 위궤양' 때문에 고생을 한 일이 없습니다. 알 스미스가 뉴욕주의 지사가 되었을 때 나는 그가 '자기의 정적으로부터 받는 공격에 대하여 기록을 조사하여 봅시다'라는 말을 몇 번이나 거듭하여 대답하는 것을 본 일이 있지요."

앞으로 걱정되는 일이 일어났을 때는 현명한 이 노인 알 스미스의 지혜를 빌어 기록을 조사함으로써 거기에 어떠한 원인이 있는가를 조사해 보아야 할 것이다. 이것이 바로 프 P. 데릭 J. 말즈레트가 자기의 무덤 속에 들었다는 생각에서 공포를 느끼고 있을 때에 사용한 방법인 바 그가 뉴욕의 특수 성인 교육반에서 말한 이야기는 아래와 같다.

"1944년 6월 초순에 나는 오마하 해안 근처에 길게 뚫려 있는 참호 속에 누워 있었습니다. 나의 소속부대는 제999 신호대였는데 우리는 그 때 막 노르만디에 돌입할 준비를 끝마쳤던 것입니다. 나는 길게 뚫려 있는 참호 속의 장방형의 구멍을 보고 '이것이 꼭 나의 무덤과 같다'고 스스로 말하였습니다. 그리고 내가 거기에 드러

누워 잠을 자려 하자 나도 정말로 그 구멍이 한 개의 무덤과 같이 생각되어서 부지중에 나는 '이것이 필연 무덤일 것이다'라고 말하였습니다. 독일 비행기는 오후 11시부터 내습하여 폭탄을 퍼붓기 시작하였습니다. 나는 사지가 뻣뻣하여질 만큼 무서웠습니다. 처음 2,3일 저녁은 전연 잠을 이루지 못하였고 4,5일 저녁부터는 거의 신경쇠약에 걸리게끔 되었습니다. 따라서 내가 무슨 방법을 취하지 않는 한 나는 거의 미치게 될 것으로 생각되었습니다. 그리하여 나는 닷새 저녁이 지난 후에도 아직껏 나와 나의 동료대원들이 살아 있다는 것을 생각하여 보았습니다. 그 동안 부상한 대원은 두 명뿐이었는데 그들은 독일군의 폭탄에 의한 것이 아니고 우리 쪽의 대공 포화의 파편으로 부상된 것이었습니다. 여기에서 나는 걱정을 버리고 건설적인 일을 하기로 결심하였습니다. 그리하여 나는 폭탄의 파편을 막아낼 수 있도록 내가 있는 참호 위에 두꺼운 나뭇조각으로 지붕을 만들었습니다. 나는 우리 부대가 널리 흩어져 있는 광활한 지역을 생각하여 본 후 내 자신에게 이와 같이 길고 좁은 참호 속에서 내가 죽는 것은 직격탄에 맞을 때 뿐이요, 또 직격탄에 맞는 기회는 1,000번의 폭격에 대하여 한 번도 못된다는 것을 계산하여 보았습니다. 이처럼 여러 날 저녁을 생각한 나는 차차로 마음이 진정되어 공습이 진행되는 동안에도 잠을 잘 수 있었습니다."

평균감손의 법칙을 이용하면 근심 걱정을 90%나 줄일 수 있다

절대 불가항력 앞에는 무릎을 꿇어라

*역경에 처하여 무슨 방법이 있을 때는
그 방법을 사용하고 없을 때는
역경을 잊어버려라*

칙령(勅令)이라는 임금의 명은 절대적이라 누구도 거역할 수 없는 명이다. 겨울이 너무 춥다고 인간의 힘으로 여름으로 바꿀 수 없듯이 인간에게는 절대적인 불가항력이 있는데 그것을 자기 의지로 거부하려는 사람을 만날 때가 있다. 그런 사람을 위하여 들려주고 싶은 말이다.

예화 1. 걱정해서 해결될 일은 없다

D. 카네기가 어렸을 때 당한 이야기다. 그는 동네 친구들과 놀다가 실수를 하여 손가락을 부러뜨렸다.

그는 놀라 소리쳐 울었다. 꼼짝없이 죽을 것만 같았다. 그러나 손이 나은 후부터 그는 조금도 손을 걱정한 일이 없다. 걱정한다 해서 무슨 소용이 있겠는가? 그는 불가피한 사정을 그대로 받아들였다. 그는 언제나 그의 왼쪽 손에 엄지손가락밖에 없다는 사실을 한 달에 한 번도 생각하여 본 일이 없었다.

몇 해 전에 그는 뉴욕의 어떤 사무소 건물 속에서 화물 승강기를 운전하는 사람 하나를 만났는데 그는 왼쪽 손이 팔목에서부터 끊어져 버린 것을 보고 그에게 팔이 없는 것이 걱정되지 않느냐고 물었다.

"아니올시다. 별로 생각한 일이 없습니다. 나는 아직 총각이므로 바늘귀를 꿸 때만 생각할 뿐입니다."라고 대답하였다. 어떠한 사정을 막론하고 그것이 불가피한 경우인 때에는 그것을 그대로 받아들이고 자신을 거기에 맞추어 나감으로써 우리가 얼마나 속히 그것을 잊어버리게 되는가를 생각하여 볼 때 참으로 놀라지 않을 수 없다.

그는 가끔 폴란드 암스텔담에 있는 15세기 사원의 폐허 위에 새겨 있는 문구를 되새긴다고 했다. 프란다스의 말로 「그것은 그러하다. 다른 것이 될 수 없다」라는 문구였다.

인간은 수십 년의 인생을 살아가는 동안 거의 다 그러한 불유쾌한 사정에 부닥치고 있다. 그렇다고 해서 그 사정이 다른 사정으로는 변할 수도 없다.

인간에게는 선택이 있을 따름이다. 선택이란 그러한 불가피한 사정을 받아들여 자신을 거기에 맞추어 나가든지 그렇지 않으면 반기를 들어 생활을 파멸의 구렁으로 몰아넣고 결국에 이르러 신경쇠약이 되어 버리거나 하는 것뿐이다.

예화 2. 상황을 받아들이기에 주저하지 말라

미국의 유명한 철학자 윌리암 제임스가 말한 현명한 충고 한 토막이 있다.

"상황을 그대로 받아들이기에 주저하지 말라. 상황을 그대로 받아들이는 것은 불행을 정복하는 최선의 방법이다. 아무튼 어떠한 사정을 막론하고 그것으로 모든 것이 불행하게 되지는 않는다. 그에 대한 감정을 결정하는 것이 곧 그 상황에 대응하는 방법이다. 예수는 너희 마음속에 천국이 있다고 하였다. 지옥도 역시 우리 마음 속에 있는 것이다. 불가피한 상황에서 괴로워한다고 사정이 바뀌지는 않는다. 다만 마음을 천국으로 고쳐야 할 것이다."

그는 일찍 그에게 닥쳐온 불가피한 사정을 받아들이려고 하지 않은 때가 있었다. 어리석게도 그것을 원망하고 배척하였다. 그리하여 결국 불면증에 걸렸고 원하지 않던 문제가 닥쳐왔다. 10년 동안이나 고통을 당한 나머지 그는 처음부터 변경하지 못할 것으로 알고 있던 그 상황을 거부하지 않고 그대로 받아들이며 이렇게 고백했다.

오, 밤과 폭풍과 주림과
조소와 역경과 실패를 당할 때
마치 나무와 짐승이 하는 것처럼 순응할지어다.

그는 11년 동안이나 소와 함께 생활하였다. 그러나 그는 한번도 자기의 암소가 날이 가물어 목장이 마른다고, 눈발이 세고 일기가 춥다고, 자기가 사랑하는 황소가 다른 어린 암소를 마음에 두고 있다고 해서 성내는 것을 보지 못하였다.

모든 짐승은 밤과 폭풍과 주림을 유순한 자세로 받아들인다. 그러므로 짐승은 신경쇠약이나 위궤양에 걸리는 법도 없고 정신 이상을 일으키는 일도 없다.

그러면 인간에게 닥쳐오는 모든 불행에 대하여 그것을 그대로 순종해야 한다고 주장하는 것일까? 절대로 그렇지 않다. 그것은 운명론에 불과한 것이다.

어떠한 사정에 있어서 고칠 수 있는 것이라면 싸워서 그것을 고쳐야 한다. 그러나 상식으로 생각하여 보아 그 사정이 그러한 사정이어서 다른 사정으로 변경시킬 수 없는 것이라면 맑은 정신에 호소하여 '앞뒤를 돌아보거나, 안될 일은 굳이 생각하지 말아야 한다'는 것이다.

콜롬비아대학의 고 하우케스 학장은 아래와 같은 마더구즈의 시 한 토막을 자기의 표어로 하고 있다고 말하였다.

하늘 아래 모든 병에는
치료하는 방법이 있기도 하고 없기도 하니
방법이 있거든 그것을 찾아보고
방법이 없을 때는 차라리 생각지 말라.

이 외에도 미국의 사업가들은 모두가 불가피한 사정 앞에서는 무릎을 꿇고 걱정 근심을 떠나서 생활할 수 있었다는 사실이 조사에 의해 밝혀졌다. 만일 그들이 그와 같이 안 했더라면 긴장한 생활 속에 몸만 상했을 것이다. 이런 결론이 나오는데는 아래와 같은 몇 가지 실례가 있기 때문이다.

페네이 연쇄점의 창시자인 O. L페네이 씨는 이런 말을 하였다.

"나는 재산 전부를 잃는다 할지라 걱정을 하지 않을 것입니다. 왜냐하면 걱정을 한댔자 소득이 없다는 것을 잘 알고 있기 때문입니다. 나는 내가 할 수 있는 최선을 다하고 그 결과는 하나님의 처분에 맡길 뿐입니다."

헨리 포오드 씨도 이와 똑같은 의미로—"내가 사건을 처리할 수 없을 때는 사건 차례로 사건을 처리하게 합니다."라고 말하였다.

거부 크라이슬러 회사 사장 K. T. 켈러 씨에게 어떤 방법으로 걱정 근심을 잊느냐고 물었을 때 그는 이렇게 대답하였다.

"나는 역경에 처하면 무슨 방법이 있을 때는 그 방법을 사용하고 없을 때는 역경을 잊어버리고 맙니다. 나는 절대로 내일을 염려하지 않습니다. 왜냐하면 현재 살아 있는 사람이 장차 일어날 일을 예측할 사람은 아무도 없다는 것을 알고 있기 때문입니다. 장래에 영향을 끼칠 요소는 너무도 많은데 이러한 요소가 어떻게 생기는가를 알고 말할 수 있는 사람은 없습니다. 그런데 무엇을 걱정합니까?"

K.T. 켈러에게 누가 그를 철학자라고 부른다면 그는 약간 거북하게 생각할 것이다. 그는 다만 훌륭한 사업가일 뿐이다. 그러나 그가 가진 생각이 우연히도 19세기 전에 에픽티터스가 로마에서 말한 철학과 일치되고 있다. 에픽티터스는 로마 시민에게

"행복으로 가는 길이 오직 하나가 있으니 그것은 우리의 힘의 한계를 넘는 모든 것을 걱정하지 않는 데 있다"고 가르쳤던 것이다.

예화 3. 불가피한 사정과 타협하라

사라 번하쯔 즉 사라는 불가피한 사정과 타협할 줄 아는 여자로 훌륭한 본보기였다. 그는 반세기에 걸쳐 사대륙을 무대로 한 연극 배우로서의 여왕이었고 세계에서 가장 귀여움을 받은 여배우였다. 그러나 그가 71세가 되어 건강이 쇠약해졌을 때 그의 재산도 전부 없어졌으며 그의 의사였던 파리의 푸치 교수는 그 여자의 다리를 잘라야 된다고 말하였다.

그 여자는 대서양을 건너는 동안 폭풍을 만나 갑판 위로 떨어지는 통에 맞아 다리를 다쳤던 것이다. 정맥염이 심하여지고 너무 다리가 아팠기 때문에 의사는 그의 다리를 자를 수밖에 없다고 말하

였다.

그러나 의사는 성미가 급하고 경기가 있는 '신의 사라'에게 그런 말을 하기가 무서웠다. 그러한 무서운 이야기는 필경 그 여자의 신경질을 폭발시킬 것으로 알았던 것이다. 그러나 의사의 생각이 잘못이었다. 사라는 한참 동안 의사를 쳐다본 다음 침착한 목소리로 "그렇게 해야 한다면 그렇게 할 수밖에 없지요."라고 말하였다. 그것이 그녀의 운명이었다.

그가 병원 이동 침대에 실려 수술실로 들어갈 때 그녀의 아들이 옆에 서서 울었다. 사라는 자기 아들에게 밝은 표정으로 손을 흔들며 유쾌한 말로 "기다리고 있어라. 곧 돌아오마."라고 말하였다. 수술실로 가는 동안 그는 연극의 한 장면을 암송하고 있었다.

그녀에게 '그것은 자기 자신을 위로하기 위함이냐?'고 물었다. 대답은 전혀 달랐다.

"아니올시다. 의사와 간호부를 즐겁게 하려는 것입니다. 수술 때문에 그들이 긴장하고 있을 테니까……."

수술이 끝나고 건강이 회복된 사라는 세계 일주 여행을 떠나 또다시 7년 동안 관람자들을 매료시켰다.

엘로 맥코르믹크는 리더스 다이제스트 논문에서 '우리가 불가피한 사태와 싸우기를 포기할 때 우리의 정력은 해방되어 더 좋은 것을 창조할 수 있다'고 하였다.

누구를 막론하고 한편으로 불가피한 사정과 싸우면서 또 한편으로 새로운 생활을 창조할 만큼 감정과 원기를 가진 사람은 없을 것이다. 두 가지 중에서 한 가지를 택해야 한다. 불가피한 눈바람에 그대로 머리를 숙이고 있을 수도 있고 거기에 저항하여 스스로 부서질 수도 있는 것이다.

예화 4. 머리 숙이는 법을 익혀라

D. 카네기는 그가 소유하고 있는 미조리주 농장에서 한 가지 사실을 발견했다. 그는 그 농장에 수많은 나무를 심었는데 얼마 안 되는 동안에 굉장한 속도로 나무가 자랐다. 그러자 눈보라가 치기 시작하여 나무의 작고 큰 가지가 무거운 얼음덩이로 눌리게 되었다.

그런데 나무들은 공손히 머리를 숙이고 그 무거운 짐을 받아들이려 하지 않고 이에 반항하여 그 짐을 떠받치고 있다가 그만 가지가 꺾여지고 줄기가 부러져 죽어버리고 마는 것이었다. 이러한 나무는 북방의 수풀이 가진 지혜를 배우지 못한 까닭이었다. 그는 푸른 가나다 숲 사이를 지나 수백 마일의 여행을 한 일이 있는데 거기에서 눈이나 얼음으로 부러진 소나무나 전나무를 보지 못했다고 한다. 푸른 그 나무들은 어떻게 머리를 숙여야 하며 어떻게 가지를 아래로 내리뜨려야 하는 것을 알고 있었던 것이다.

유도 선생은 제자들에게 "몸을 버들가지와 같이 구부리고 참나무같이 세우지 말라"고 가르친다.

자동차 타이어는 길과 맞설 때 많은 피해를 입는 것이다. 처음에는 타이어 제조업자들이 도로의 충격에 저항할 수 있는 타이어를 만들려고 하였다. 그러나 그러한 타이어는 얼마 안 되어 발기발기 찢어져 버렸다. 그러므로 다음에는 도로의 충격을 그대로 흡수하는 타이어를 만들었다. 이 타이어는 도로의 충격을 견뎌 나갈 수 있었던 것이다. 현대를 사는 우리가 만일 험난한 인생 행로의 충격을 그대로 흡수하고 거기에 보조를 맞춰 나가는 방법을 알고 있다면 보다 긴 인생과 더욱 평탄한 생활을 즐길 수가 있을 것이다.

그러나 만일 인생의 충격을 흡수하는 대신 그것에 반항한다면 우리에게 무엇이 찾아올 것인가? 우리가 만일 '버들가지와 같이 구부리는 것을 싫어하고 참나무와 같이 뻗대기를 고집한다면' 우리에게 어떤 일이 생기게 될 것인가? 대답은 간단하다. 마음 속에 끊임없는 혼란을 일으켜 걱정하고 근심하고 긴장하고 흥분하여 신경과 민중에 걸리게 될 것이다. 한 걸음 더 나아가 만일 가혹한 현실 세계를 거부하고 자신이 만든 꿈의 나라 속에 들어간다면 결국은 정신병자가 되는 수밖에 없을 것이다.

예수가 십자가에 못 박힌 사건 후에 역사를 통하여 가장 유명한 죽음은 소크라테스의 죽음일 것이다. 지금으로부터 앞으로 일만 세기를 지나더라도 사람들은 역시 플라톤이 이 죽음의 장면을 그린 불후의 문장 즉 문학 중에서 가장 감격스럽고 아름다운 문장을 읽고 찬미할 것이다. (소크라테스의 죽음/플라톤저/ 책 끝에 부록으로 게재.)

예화 5. 불가피한 상황은 받아뜰여라

아덴의 어떤 사람들이 늙고 맨발의 소크라테스를 시기하여 이유 없는 죄명으로 그를 재판한 후 사형에 처하게 하였다. 소크라테스와 친분이 있는 간수가 소크라테스에게 독약을 주어 마시게 할 때 그 간수는 "불가피한 사정이니 그대로 곱게 받아 들이라"고 말하였다. 그리하여 그는 침착한 태도로 신성한 죽음을 맞이할 수 있었던 것이다.

"불가피한 사정을 곱게 받아 들이라"는 이 말은 그리스도가 탄생하기 399년 전 말이지만 이 말이야말로 걱정과 근심이 산처럼 쌓인 오늘날도 역시 받아들일 말이다.

"불가피한 사정은 곱게 받아들이도록 하라!"

카네기는 근 8년 동안 고민을 극복할 수 있는 방법을 찾기 위하여 그에 관한 책과 잡지와 논문을 수없이 읽었다고 한다. 이 문구는 세면대 거울에 붙어 놓고 세수를 할 때마다 바라보고 마음의 고민을 씻어 내야 할 것이다. 이 문구는 뉴욕시 120가 브로드웨이에 있는 유니온신학교 응용기독교 교수 라인홀드 니버 박사가 쓴 기도문에서 나온 말이다.

주여, 어찌할 수 없는 사정은
그대로 받아들이도록 맑은 정신을 허락해 주소서
제가 고칠 수 있는 것은 고칠 수 있도록 용기를 허락해 주소서

그리고 옳고 그른 것을 판단할 수 있는
명철한 지혜를 허락해 주소서.

어떤 사정이든 불가피한 경우는 그것을 순순히 받아들이고 자기를 거기에
맞추어 나감으로써 고민을 해결할 수 있다.

한계절손의 지시를 내려라

한계절손의 원칙은 주식 시장에서도 사용할 수 있고
경제 문제 이외의 모든 고민에 대하여
한계절손을 응용할 수 있다

무엇인지 알 수 없지만 큰 손해를 입어 죽고 싶다는 사람을 만났다.
너무 심각하기에 부모님이라도 돌아가셨느냐고 하였더니 그러면 좋
게요 했다. 아니 이 세상에 부모님이 돌아가신 것보다 더 심각하고
슬픈 일이 또 있습니까? 하고 묻자 그는 주가가 갑자기 폭락함으로
빈털터리가 되다시피 했다고 말했다. 아무리 증권이 소중하기로 부
모님보다 중요할 수는 없는 것이 아닐까.
너무 어이없는 소리에 나는 놀랐다. 그리고 이왕 당한 일에 대하여
는 한계절손의 법칙을 이용하라고 설명하였다.

예화 1. 한계절손의 이해

세상에서 돈 모으는 방법을 알고 있다고 한다면 아마 수백만 인

간이 그것을 알고자 모여들 것이다.

뉴욕시에 사무소를 가지고 있는 투자상담인 차레 T. M. 로버트 씨는 이렇게 말했다.

"나는 몇몇 친구들이 주식 시장에 투자하라고 나에게 빌려준 2만 불을 가지고 텍사스주에서 뉴욕으로 나왔습니다. 나는 주식에 대하여 비결을 알고 있었지만 어쩐지 한 푼도 남기지 못하고 손해를 보았습니다. 물론 어떤 것은 이익도 보았으나 결국 남은 것은 빈손 뿐이었습니다. 내 돈 잃은 것은 그리 아깝지 않았으나 친구들(설령 여유가 있었다 할지라도)의 귀한 돈까지 날려버린 것이 더 괴로웠습니다. 실패한 후에는 그들과 대면하는 것이 두려웠습니다.

그러나 한편으로 놀란 것은 그들 모두가 뛰어난 노름꾼이라는 점이었습니다.

나는 주식 매매에서 단판 승부를 하였다는 것과 요행과 남의 의견에 의지하여 왔다는 사실을 알았습니다. H. I. 필립이 말한 바와 같이 나는 '귀를 믿고 주식 매매를 하여 왔던 것입니다.'

나는 비로소 나의 잘못을 생각하고 내가 다시 주식시장에 나가기 전에 깊은 연구를 하여 보기로 결심하였습니다. 그리하여 나는 가장 성공한 투기사 한 사람을 찾아가서 그와 교분을 맺었습니다. 그는 부르톤 S. 캇슬스라는 사람으로 여러 해 동안 주식 시장에서 성공하였다는 평판이 높은 사람이고 또 그러한 성공이 다만 기회와 요행으로 이루어진 것이 아니라는 것을 알고 있었던 만큼 그에게서 많은 지식을 배울 수 있다고 생각하였습니다.

캇슬스씨는 과거에 내가 주식 매매를 어떻게 하여 왔는가에 대하여 몇 마디 질문한 다음 그 매매에 있어서 가장 중요하다고 생각하는 원칙을 말하여 주었습니다. 그는 나에게 이렇게 말하였습니다.

"나는 모든 주식 매매에 있어서 한계절손(Stop-Loss' Order)이라는 지시를 내리고 있습니다. 기령, 내가 한 장의 주권을 50불에 샀다고 하면 나는 곧 거기에 45불이라는 한계절손의 지시를 내립니다. 이것은 즉 그 주권이 그 가격 이하로 5점까지 내렸을 때 자동적으로 방매하게 되어 손해를 5점에 그치게 하는 것입니다."

노련한 그는 다시 아래와 같이 말을 계속하였습니다.

"주식 매매에 있어서 계획을 잘 세우면 당신의 이익을 10점 25점 또는 50점까지도 올릴 수 있을 것이요, 따라서 당신의 손해를 5점에서 끊음으로써 당신은 전체 매매에서 절반 이상의 실수를 한다 하더라도 역시 많은 돈을 모을 것이오."

나는 이 원칙을 즉시 활용하여 사용하여 본 결과 나의 후원자뿐만 아니라 내 자신을 위해서도 수천 불의 손해를 방지할 수 가 있었습니다.

그 후 얼마 안 되어 나는 그러한 한계절손의 원칙을 주식 시장의 경우뿐 아니라 경제 문제 이외의 모든 고민에 대하여 한계절손의 지시를 내리는 동시에 나에게 닥쳐오는 여러 불리한 문제와 원통한 일에도 응용하고 있습니다. 이 방법은 놀라울 정도로 효과를 나타내고 있습니다. 예를 들면 나는 흔히 어떤 친구 한 사람과 점심을 같이하는 일이 있었는데 그 친구는 좀처럼 시간을 지키지 않는 친구였습니다. 그래서 나는 언제나 점심때가 되면 그를 기다리기 위하여 반시간 동안이나 애를 태우기도 하였던 것입니다. 그러나 나는 마침내 나의 시간 손해에 대한 한계절손의 지시를 내리고 그 친구에게,

"빌군! 나는 지금 그대를 기다리는데 10분간의 한계절손의 지시를 내릴 작정일세. 그대가 만일 앞으로 10분 이상 시간을 초과할 때는 우리의 회식은 파장이 될 줄 알게. 나는 그대로 이 자리를 떠날 것일세." 이렇게 말하여 해결했습니다.

예화 2. 한계절손의 지시를 내리지 못한 결과

지금으로부터 1세기 전 월덴 폰드 해안 수풀 속에서 올빼미가 슬피 우는 어느 날 밤이었다. 헨리 도로우는 자기가 손수 만든 잉크로 거위 날개의 뾰족한 끝을 적셔 일기를 썼는데 그 일기 속에 다음과 같은 구절이 적혀 있다.

"어떤 물건값은 내가 인생이라고 부르는 것과 같은 가치로 교환된다."

물건을 지나치게 비싼 가격을 치르고 사는 것은 어리석은 일이라는 말이다. 길버트와 설리반은 아름다운 말과 화려한 음악을 만

들 줄은 알았지만 그들 자신의 쾌락을 만들어 내는 데는 실패하였다. 그들은 페이센스, 피나포어, 미카도 등 온 세계 사람을 즐겁게 하는 훌륭한 경가극을 창작하면서도 자기들의 감정은 다스리지 못하였다. 그들은 하찮은 융단 한 장 값 때문에 일생 동안 마음의 담을 쌓고 불행하게 살았다.

설리반은 그들이 경영하는 새 극장에 쓰기 위하여 융단 한 장을 주문하였다. 길버트는 그 청구서를 보고 펄쩍 뛰며 설리반을 상대로 소송을 제기하였다. 그리하여 두 사람은 법정에서 싸우고 일생을 두고 서로 말을 하지 않았다.

설리반이 새로운 연출을 위하여 한 개의 음악 작품을 썼을 때는 그것을 우편으로 길버트에게 보냈고 길버트도 역시 그것을 써서 우편으로 설리반에게 보냈다.

어느 날 그들이 관중의 갈채에 보답하기 위하여 함께 무대 위에 섰을 때 그들은 무대 양쪽으로 돌아서서 반대 방향으로 절을 하였을 뿐 서로 얼굴을 대하지 않았다. 결국 그들은 자기들의 좋지 않은 감정에 대하여 링컨이 말한 것과 같이 한계절손의 지시를 내리지 못하였던 것이다.

남북 전쟁중에 링컨은 그의 몇몇 친구가 링컨의 정적을 비난하고 있는 것을 보고 다음과 같은 말을 하였다.

"여러분은 나보다도 더 많은 개인적 감정을 가지고 있는 것 같소. 어쩌면 내가 제일 개인적 감정이 없는 것 같소만 나는 그러한 감정 싸움은 필요치 않다고 생각하오. 사람이 반생을 싸움으로 허비할 수는 없는 것이오. 나는 어떤 사람을 막론하고 나에게 공격을 그친다면 나는 그와의 과거 감정은 절대로 생각하지 않겠소."

예화 3. 혼자의 판단으로 결정하지 말라

벤자민 프랭클린은 그가 일곱 살 적에 범한 잘못을 70년 동안이나 기억하고 있었다. 그는 일곱 살 적에 피리 한 개에 지나치게 매혹을 느낀 나머지 장난감 파는 가게에서 자기가 가지고 있던 동전 전부를 판매대 위에 쌓아놓고 값도 물어보지 않은 채 피리를 가져갔던 것이다.

"나는 피리가 너무 좋아서 집에 돌아오는 길로 피리를 불며 온 집안을 돌아다녔다"라고 그는 70년 후에 어떤 친구에게 써 보낸 일이 있다.

그러나 그의 형과 누이들은 바가지를 쓰고 산 피리를 보고 낄낄거리고 웃었고 프랭클린은 제 분을 못 이겨 울었다. 그 후 여러 해가 지나 프랭클린이 세계적 인물이 되어 프랑스 대사가 되었을 때 그는 이렇게 말했다.

"피리를 너무 비싸게 샀던 것이 결국은 즐거움보다 뉘우침을 가져왔다."

그러한 교훈은 프랭클린에게 값진 교훈이 되었다. 그는 아래와 같이 말하였다.

"내가 나이를 먹고 사회에 나와 사람들의 행동을 살펴 볼 때 모두가 피리를 지나친 값을 주고 사는 사람이 너무 많다는 것을 알았다. 인간의 불행은 대부분이 물건의 가치를 잘못 평가하는 데서 온다. 즉 피리의 값을 과다하게 치르는 데서 생긴다."

길버트와 설리반도 그들의 피리에 비싼 값을 치렀거니와 세계에서 가장 걸작인 두 가지의 소설 즉 《전쟁과 평화》와 《안나 카레니나》를 저술한 불멸의 레오 톨스토이도 역시 그러하다. 대영백과사전에 의하면 레오 톨스토이는 그의 말년 20년 간이 '아마 전세계에서 가장 존경을 받은 사람'이었을 것이라고 한다.

그가 세상을 떠나기 전 20년 간 즉 1890년부터 1910년까지 사이에는 그를 찬미하는 사람들이 그의 얼굴을 한번 보고 음성을 한번 듣고자 심지어는 그의 집까지 순례하였으며 말하는 한 마디 한 마디를 마치 계시와 같이 수첩에 기록하였다고 한다.

그러나 그의 사생활을 들여다볼 때 톨스토이의 지능지수는 70세 때도 오히려 일곱 살짜리 프랭클린보다 못하였던 것이다. 말하자면 그의 지각은 0점이었다.

여기서 하는 이야기는 이렇다. 톨스토이는 그가 사랑하는 어떤 처녀와 결혼하였다. 그들은 행복을 크게 느껴 함께 무릎을 꿇고 하늘이 주신 그들의 즐거운 생활이 길이길이 계속되도록 하나님께 기도하였다. 그러나 그 아내는 선천적으로 질투심이 강한 여자로 나이가 들면서 항상 농부 차림을 하고 수풀까지 나와 남편의 일거

일동을 감시했다. 그래서 그들은 무섭게 싸우기도 하였다. 부인의 질투는 점점 심해져서 나중에는 그의 자녀까지 시기하여 총을 들어 자기 딸의 사진을 쏘았고 아편이 들어 있는 약병을 입에 대고 마루 위를 뒹굴면서 자살한다고 위협하기 때문에 아이들은 무서워서 방 한편 구석에 몰려가 비명을 지른 적도 있었다.

이에 대하여 톨스토이는 어떻게 하였을까?

"나는 차라리 집안 세간을 때려부수는 사람을 나무라지 않을 것이다. 그런 사람은 오히려 성질이 단순하고 선량한 것이다."라고 했으며 톨스토이는 그보다도 나쁜 점이 있었다. 그는 자기 일기를 철저히 보관하고 있었는데 그 일기 속에서 모든 허물을 아내에게 돌렸던 것이다. 이 일기야말로 한 개의 피리였다.

그는 후세 사람들로 하여금 자기를 이해하고 그의 아내를 비방하도록 하려는 것이었으나 그에 대하여 그의 아내는 어떻게 하였을까? 그녀는 그 일기를 찢어서 불살라 버리고 자기의 일기를 쓰기 시작하였는데 그녀는 일기에서 톨스토이를 악한으로 만들었다. 그뿐 아니라 그녀는 《누구의 잘못이냐?》라는 제목의 소설까지 썼는데 거기에서 그녀는 자기 남편을 집안 귀신으로, 자기를 순교자로 만들었다.

대체 그들이 무슨 목적으로 그와 같이 하였을까? 무슨 이유로 이 두 사람은 하나밖에 없는 가정을 톨스토이가 말한 것처럼 '정신병원'으로 만들었을까? 물론 거기에는 여러 가지 이유가 있을 것이나 그 중의 하나는 자기 자신을 인상 깊게 하자는 욕망인 것이다. 그러나 후세 사람들이 그들의 잘잘못을 저 세상까지 가서 시비할 것을 기대했다면 큰 착각이다. 후세들은 그들대로 자신의 문제에 골몰하기 때문에 톨스토이에 관해서는 1분도 생각할 시간적 여유가 없는 것이다.

가엾게도 이 두 사람은 피리에 얼마나 비싼 값을 치렀는가? 그들은 어느 쪽을 물론하고 '그만 두자'는 한마디를 할 수 있는 지각이 부족했기 때문에 불행하게 살았던 것이다.

사소한 문제에 즉시 한계절손의 지시를 내리고 "이것은 우리가 생활 낭비를 하고 있을 뿐이니 당장 그만 두자"는 말을 했더라면 좋았을 텐데 그 말을 할 용기가 없었기 때문에 50년간 그들은 생지옥에서 살았던 것이다.

마음의 진정한 평화를 가져오는 가장 큰 비결은 평가에 대한 지각이 바를 때이다. 고민이 나를 파괴하기 전에 내가 먼저 그것을 파괴하는 사람만이 성공할 수 있다.

생각은 운명을 결정한다

생각하는 바가 운명을 만든다.
따라서 심적 태도는 운명을
결정하는 요소이다

"나는 운이 나쁜가 봐요. 하는 일마다 제대로 안 되기 때문에 언제부터인지 무슨 일에나 해보기도 전에 부정적인 생각을 못 버리고 자신이 없어요."
찾아온 40대 청년이 이렇게 말했다. 이런 사람은 흔히 만난다. 대개가 어떤 일을 앞두고 긍정적으로만 생각하는 사람보다 부정적인 면을 우려하는 사람이 많다. 나는 부정적인 생각에 빠져 있는 그에게 이런 이야기로 생각을 바꿀 것을 권했다.

예화 1. 지금 생각하는 생각이 가장 중요하다

카네기는 어느 날 라디오 대담에서 "당신이 배운 교훈 중에서 무엇이 가장 좋은 교훈이었느냐?"는 질문을 받고 아주 간단히 대답했다. "내가 배운 교훈 중에서 가장 훌륭한 교훈은 우리가 생각하는 그 생각이 중요하다"고 생각한다고 했다.

내가 만일 당신이 무엇을 생각하고 있는지를 안다면 나는 당신이 어떤 사람인가도 알 수 있다. 생각하는 바가 바로 운명을 결정하는 것이다. 따라서 마음가짐은 운명을 결정하는 요소이다. 에머슨은 "한 사람이 온종일 생각하고 있는 것이 곧 그 사람이다"라고 했다.

그가 조금도 의심할 것 없이 절대적으로 자신을 가지고 있는 것이 무엇인가를 알아내는 것이 중요하다. 그가 어떤 생각을 하고 있는가를 알 수 있다면 그 문제를 해결할 수 있을 것이다.

로마제국을 통치하던 위대한 철학자 말커스 올레류스는 이것을 간단하게 '운명은 생각이 만든다'라고 했다.

행복한 생각을 하면 행복해지고 비참한 생각을 하면 비참해지며 무서운 생각을 하면 공포에 떨고 심약한 생각을 하면 병이 들어온다. 실패할 것이라고 생각하면 영락없이 실패하고 슬픈 생각을 하면 모든 사람이 울리게 만든다.

노만 빈센트 필 박사는 다음과 같이 말했다.

'그것이라고 생각하는 그것이 아니고 생각하는 것이 바로 그것이다.'라고.

모든 것을 관습적인 폴리아나 태도(헬리만 부인의 소설에 나오는 여주인공의 성격을 말한 것으로서 아무 것이나 덮어놓고 낙관하는 태도)를 취하라는 것은 아니다. 불행히도 인생은 그렇게 단순한 것이 아니다. 그러므로 소극적인 태도를 취하지 말고 적극적인 태도를 취하고 중요하지 않은 것에는 관심도 둘 필요가 없다는 말이다.

관심과 걱정의 차이는 어떤 것일까?

'교통이 번잡한 길을 건너갈 때는 동작에 관심을 갖지만 걱정은 하지 않는다. 관심이라는 것은 문제의 성질을 알아서 냉정한 태도로 대책을 취하는 것이고 걱정이라는 것은 쓸데없이 헤매는 것을 말한다.'

인간의 심리적 작용은 믿을 수 없을 정도로 체력에 영향을 끼친다. 영국의 유명한 정신병 학자 J. A 헤드휠드는 504페이지나 되는 심리와 체력이라는 책자에서 놀라운 실례를 들고 있다.

'세 사람을 선택하여 심리적 암시가 그들의 체력에 어떠한 영향을 끼치는가를 시험하기 위하여 그들로 하여금 역량계(力量計)를 쥐게 하고 그것을 측정해 보았다.'

그의 저서에 따르면 그는 시험해 볼 사람들에게 역량계를 쥐어주고 세 가지 다른 조건 밑에서 시험할 때, 그들이 쥐는 평균 힘은 101 파운드였다. 그러나 그들에게 최면술을 쓰고 그들의 힘이 매우 약해졌다는 말을 하였을 때 그들은 보통 체력의 3분의 1도 못되는 29파운드밖에 쥐지 못하였다.

세 명 중 한 사람은 현역 권투 선수였는데 그에게 최면술을 쓰고 힘이 대단히 세어졌다고 하자 그가 쥐는 힘은 평균 142 파운드에 이르렀다. 결국 그들의 마음이 자기 자신의 힘에 대한 적극성으로 가득 찼을 때 그들의 실지 체력도 500 파운드나 증가하였다. 우리의 심적 작용은 이처럼 놀라운 힘을 가지고 있는 것이다.

마음의 평화와 생활에서 얻는 즐거움은 절대로 어느 곳에 있다던가, 우리가 누구인가에 있는 것이 아니고 어떠한 심적 태도를 가지고 있는가에 달려 있다는 것, 외부적 조건이 운명에 영향을 끼치지 못한다는 것이다.

예화 2. 역경 속에서도 즐거운 것을 생각하라

이에 대한 실례로써 늙은 잔 브라운 사건을 들어 보기로 한다. 브라운은 하퍼스 선두에 있는 미국 병기고를 점령하고 노예를 선동하여 폭동을 일으키려 했다는 죄명으로 교수형을 당한 사람이다. 그가 관 위에 앉아 교수대로 끌려갈 때 그 옆에 앉아 있던 간수가 신경질이 되어 애를 태우고 있었지만 늙은 브라운은 침착하고 냉정한 태도로 버지니아주의 블루 닛시 산맥을 바라보면서,

"오! 아름다운 산천이여! 나는 일찍이 이곳을 구경할 기회가 없었노라." 하고 편안한 태도로 말하여 듣는 사람을 감탄케 하였다.

처음으로 남극에 도착한 영국인 로버트 스코트와 그 일행도 그러하다. 그들이 돌아오는 길은 아마 인간이 경험한 여행중에서 가장 참혹한 것이었던 것으로 알려졌다. 식량과 연료는 떨어졌고 지구 한 끝을 내리 휩쓰는 무서운 눈보라는 열 하루 동안이나 밤낮으

로 계속하였다. 찬바람은 무섭게 불고 극지의 얼음은 발을 얼려 그들은 한 발자국도 떼어놓을 수가 없었다.

스코트와 그 일행은 모두 죽기를 각오하였으며 또 이러한 비상시를 생각하여 준비한 약간의 아편을 가지고 있었다. 아편 덩어리 한 개만 있으면 그들은 모두 고통을 모르고 곱게 잠들어 영원히 깨지 않을 수가 있었다.

그러나 그들은 아편 대신에 '쇠 장단을 치고 유쾌한 노래를 부르면서' 죽었다. 이러한 사실은 그들이 죽어서 8개월이 지난 후 수색대가 그들의 시체 속에서 아편을 발견함으로써 모든 것을 알았다.

용기와 침착성과 창의력만 기른다면 관을 타고 교수대로 가더라도 산천 경치를 감상할 수 있고 주림과 추위로 죽어 가면서도 '유쾌한 노래'로 천막을 뒤흔들 수도 있다. 린톤은 3백년 전에 눈이 먼 몸으로 이와 같이 진리를 발견하였던 것이다.

> 마음은 언제나 제 자리에 있건만
> 그 마음 속에서
> 우리는 지옥을 천당으로 만들 수도 있고
> 천당을 지옥으로 만들 수도 있다.

나폴레옹과 헬렌 켈러는 이 말을 실증하여 주었다. 나폴레옹은 인간이 보통 열망하는 모든 영예와 권력과 재산을 가지고 있었지만 센트 헬레나에서 '나는 일생을 통하여 행복한 날이 엿새도 없었노라'고 하였고 헬렌 켈러는 눈멀고 귀먹고 벙어리 신세였지만 '나의 인생은 참으로 아름답다'라는 감탄사를 남겼다.

'그대의 생을 통하여 누구에게 어떤 것을 배운 것이 있느냐 묻는다면 대답은 그대만이 그대에게 행복을 가져온다'라는 말이 정답이다. 이 말은 에머슨이 그의 논문 「자립」의 마지막 구절에서 밝힌 것이다. 그것을 다시 한번 반복한 것뿐이다.

'정치적 승리나 자기 땅값의 앙등, 질병에서 회복되는 것과 같은 좋은 일이 있다던가 기다리는 친구가 돌아오거나 그 밖의 어떤 외부적 사건이 일어났을 때 그대는 신이 나서 이제야 나의 세상이 왔나 보다 하고 생각할는지 모른다. 그러나 그것을 그대로 믿어서는 안 된다. 그대에게 진정한 행복을 가져다주는 것은 오직 그대 자신일 뿐이다'

스토이크파의 위대한 철학자 에픽티터스는 '몸에서 종기와 부스럼을 없애는 것보다 마음속의 잘못된 생각을 고치기에 더욱 힘써야 한다'고 하였다.

에픽티터스는 19세기 전에 이 말을 하였거니와 현대의 의학계에서도 이 말을 애용하고 있다. G. 캔드 로빈슨 박사는 죤스 홉킨스 병원에 입원한 환자 중 5명 중 4명은 일부 정신적 긴장과 과로에서 생긴 병으로 고생하고 있다고 하였다. 이러한 현상은 신체 기관의 고장에서도 볼 수 있다.

'결국 이러한 고장의 원인은 사람이 자기의 환경과 생활에 따르는 여러 가지 문제를 서로 조화시키지 못하는 데서 생기는 것이다'

라고 로빈슨 박사는 말하였다.

예화 3. 사건보다 번민이 더 무섭다

프랑스의 위대한 철학자 몽테뉴는 다음과 같은 말을 그의 생활의 표어로 삼았다,

'인간은 당한 사건보다 그 사건에 대한 자신의 번민으로 더욱 해를 받는다'

여기서 사건에 대한 번민이란 자신이 가지고 있는 것이다. 응용심리학의 제일인자인 윌리암 제임스 씨는 일찍이 아래와 같은 의견을 발표하였다.

'행동이 감정을 따르는 것같이 보이지만 실지는 행동과 감정은 병행하는 것이다. 그러므로 인간은 직접 의지의 지배를 받는 행동을 조절함으로써 그렇지 않은 감정을 간접적으로 조절할 수 있다' 다시 말하면 '하고자 하는 마음만으로는 우리의 감정을 고칠 수 없으며 행동이 고쳐질 때에 감정은 자동적으로 고쳐진다'는 것을 윌리암 제임스씨는 말한 것이다.

제임스씨는 또 '그러므로 유쾌한 감정이 사라졌을 때 자발적으로 그러한 감정을 일으키는 최고의 방법은 즐거운 태도로 일어나 앉아 마치 유쾌한 일이 닥쳐올 것처럼 행동하고 말하는 데 있다' 고 하였다.

과연 이러한 방법이 효과가 있는 것인가? 시험하여 보라. 얼굴

에 너그러운 웃음을 띠고 가슴을 활짝 펴 등을 뒤에 기대면서 한 번 숨을 길게 쉰 다음 노래를 한 곡조 불러 보라. 그러면 윌리암 제임스씨가 무슨 말을 하였는가를 깨달을 것이다.

D. 카네기는 조그만 책 한 권을 읽고 그의 삶에 깊은 감화를 받은 일이 있었다고 한다. 그것은 제임스 알렌의 《사람은 생각하는 대로》라는 책인데 거기에는 다음과 같은 말이 있었다.

'사람은 스스로가 사물과 자기 이외의 다른 사람들에 대한 자기의 생각을 고치는 데 따라 사물과 다른 사람이 자기에게 대하는 태도도 달라진다.'

인간은 자기가 원하는 것을 밖에서 끌어들이는 것이 아니고 자기가 가지고 있는 그것을 끌어들이는 것이다. 인간의 목적을 이루어주는 신은 자신 속에 있는 것이다. 사람의 모든 성공 여부는 그 자신이 생각한 결과이다.

출세와 성공은 오직 자기의 의식을 고상하게 하는 데 있으며 사상을 높이지 않으면 한갓 약하고 비겁하고 가엾은 인간이 되고 만다.

창세기에는 조물주가 인간에게 이 지구 전체를 지배할 권리를 주었다고 씌어 있다. 참으로 위대한 선물이다. 그러나 그건 내 자신에 대한 선물이다.

배은망덕에 노하지 말라

만일 자녀가 배은망덕한다면 누구의
잘못일까? 부모의
잘못일 것이다

텍사스주에서 어떤 사업가 한 사람이 대단히 성이 나서 펄펄 뛰다가 D. 카네기를 만나자 15분만 기다려 주면 이야기를 하겠노라고 미리 예고한 다음 말을 시작하였다.

그는 자기가 데리고 있는 서른 네 명의 회사원에게 크리스마스 보너스 만 불을 풀어 매인당 300불씩 분배하여 주었으나 고맙다는 말을 한 사람은 한 명도 없었다는 것이다.

"그 자들에게 단돈 한 푼이라도 보태준 것이 도리어 후회가 됩니다."라는 말을 하며 그는 불평을 늘어놓는 것이었다.

'성난 사람의 마음은 언제나 독으로 가득 차 있다'라고 공자는 말하였다. 이 사업가의 마음도 독으로 가득 차 있었다. 그는 60세 가량이었다. 생명 보험회사의 통계를 보면 현재의 나이와 80세 사이의 차이의 3분의 2보다 조금 더 살 수 있다는 것이다. 그렇다면 이 사업가는 오래 산다고 하더라도 앞으로 14년이나 15년밖에는 못 살 것이다. 그럼에도 불구하고 이 사업가는 이미 지나간 사건을 후회하고 분개함으로써 얼마 남지 않은 그의 여생을 부질없이 소모하고 있었다.

그는 분개하고 후회하는 대신에 차라리 어째서 자기가 남의 감사를 받지 못했는가를 자신에게 물어야 했다.

이 사업가가 혹 사용인을 값싼 급료로 지나치게 부려먹지나 않았는가, 또는 회사원들이 크리스마스 상여금을 선사금으로 생각하지 않고 그것을 자기들 자신이 벌어 놓은 보수로 알지는 않았는가, 아니면 그 사업가가 너무 엄격하고 인정이 없기 때문에 사원들이 감히 그 회사의 이익을 결국 세금으로 빼앗길 것을 알고 생색이나 내기 위하여 사원에게 상여금으로 주지는 않았는지 도무지 이유를 모를 노릇이다.

또 한편으로 생각하여 볼 때 그의 회사원이 개인주의이며 인색하고 예의를 모르는 사람들인지도 모를 것이다. 하여간 그 내용은 자세히 알지 못하지만 다만 알고 있는 것을 새뮤얼 존슨이 말한 바 '감사의 마음은 높은 교양에서 우러나오는 것으로서 저속한 인간에게는 이것을 찾아볼 수 없다'라는 말이 있다는 것이다. 가령 사람의 생명을 구조하였다면 그대는 그 사람으로부터 감사할 것을 기대하는가? 혹 그러할지도 모른다.

그러나 새뮤얼 라이 보윗즈는 그가 판사가 되기 전에 유명한 형사, 변호사로 있었는데 그의 변호사 시대에 78명의 사형수를 죽음으로부터 건져주었던 것이다. 그러면 그 중에서 새뮤얼 라이윗즈에게 감사의 말은 고사하고 크리스마스 카드 한 장이라도 보낸 사람이 몇 명이나 될까? 한 장도 없었다.

그리스도는 하루 저녁에 문둥병 환자 열 명을 고쳐 주었다. 그 중에서 몇 명이 그리스도에게 감사의 뜻을 표하였던가? 오직 한 명뿐이었다. 누가복음에 그리스도가 제자를 돌아보고 '나머지 아홉 사람은 어디 있느뇨?' 하고 물었을 때 그 아홉 사람은 감사의 말도 하지 않고 모두 달아나 버렸던 것이다.

더구나 금전 문제에 있어서랴! 금전관계는 더욱 허무한 것이다. 차레스 슈와브는 자기가 어느 때 어떤 은행 회계 한 명이 공금을 횡령하여 투기를 한 것을 구해 주었다는 이야기를 하였는데 그는 그 회계가 횡령한 은행돈을 대신 갚아 주어 그 회계가 감옥에 가지 않도록 하였다는 것이다. 그때 그 회계는 슈와브에게 감사하였던가?

한동안은 그러했으나 그 후 그는 결국 슈와브를 배반하고 그에게 욕하며 비난하였던 것이다. 감옥에서 건져준 바로 그 사람을!

만일 친척에게 백만 불을 주었다고 하면 그 친척으로부터 감사의 말을 들을 줄로 아는가? 앤드루 카네기가 바로 그러한 일을 당하였던 것이다.

만일 앤드루 카네기가 죽은 후 얼마 안 되어 그의 무덤에서 다시 살아 나왔다면 그는 자기가 돈을 주었던 그 친척이 자기를 저주하는 것을 보고 깜짝 놀랐을 것이다. 왜냐하면 노 앤드루 카네기는 13억 6천 5백만 불을 자선사업에 남겨 놓았으면서 그 친척에게는 (친척 본인의 말에 의하면) 단 백만 불만 주고 폐적까지 하였다는 것이다.

이것에 세상 인심이다. 인간성은 언제나 인간성 그대로 내려왔고 앞으로도 아마 변하지 않을 것이다. 왜 이러한 진리에 대하여 저 로마제국의 가장 현명한 통치자의 한 사람이었던 마커스 아우리우스와 같이 현실적인 태도를 취하지 못하겠는가? 아우리우스는 그의 일기에 아래와 같은 말을 기록하였다.

'나는 오늘 또 말 많고 이기주의적이며 자기 본위적이며 배은망덕한 사람들을 만나게 될 것이다. 그러나 나는 절대로 놀라지도 않고 마음을 상하지도 않을 것이다. 왜냐하면 나는 도무지 이러한 사람이 없는 세상을 상상할 수 없기 때문이다.'

이것이 옳은 말이다. 만일 배은망덕에 대하여 불평을 말한다면 그것은 누구의 허물일까? 인간성의 잘못일까? 또는 인간성이 어떻다는 것을 우리가 모르는 까닭일까? 남이 감사하기를 기대하지 말자. 그리하여 혹 감사하는 사람이 있으면 의외의 기쁨으로 그것을 맞이하고 설혹 감사하지 않더라도 그것으로 말미암아 마음을 상하지 말자. 강조하고 싶은 한 토막 문구는 아래와 같다.

'인간의 천성은 감사할 줄을 모른다. 그러므로 인간의 감사를 기대하면 가슴 아픈 경험을 하게 될 것이다.'

한 뉴욕에 사는 어떤 부인 하나가 자기가 고적하다는 이유로 언제나 불평 불만을 늘어놓고 있었다. 왠지 그 부인의 친척은 한 사람도 그에게 가까이 하지 않았다. 거기에는 이유가 있었다. 혹 누가 그 부인을 찾아가면 그는 언제나 전 날 자기가 어린 조카들에게 하였다는 이야기를 여러 시간 동안 늘어놓곤 했다. 그는 자기 조카들을 기를 때에 홍역과 귀앓이에서부터 감기 기침에 이르기까지 모든 병을 간호하여 주었으며 여러 해 동안 기숙도 시켜 주었고 그 중의 한 명은 실업학교에 보내주었으며 질녀 하나는 결혼할 때까지 집도 한 채 장만하여 주었다는 것이다.

그러면 그의 조카들이 지금 그 부인을 방문하는가? 물론 이따금 방문하는 일이 있지만 그것은 다만 의무적으로 하는 방문이다. 그들은 사실 방문하기를 싫어한다. 그들은 자기 아주머니가 자기들을 빗대놓고 하는 원망의 소리를 여러 시간 앉아서 들어야 하기 때문이다.

그러나 이 부인이 자기 조카들로 하여금 자기를 찾아오도록 그들을 꾸짖고 볶아대기 못하게 되었을 때는 이미 그 자신에 대한 어떠한 증세가 생기기 시작하였다. 그는 심장병에 걸려 있었던 것이다.

심장병에 걸렸다는 것이 참말일까. 의사의 말에 의하면 이 부인의 심장은 심계항진으로 말미암아 신경질적 심장이 되었다는 것이었으며 또 이 심장병은 감정에서 시작된 것이므로 의사의 힘으로는 어떻게 할 수 없다는 것이다.

사실 이 부인이 원하는 것은 자기에 대한 상대방의 사랑과 관심이었다. 그럼에도 불구하고 그는 이것을 감사라고 부르고 있다. 그러나 자기가 그것을 요구하기 때문에 절대로 감사나 사랑을 받을 수 없는 것인데 이 부인은 남의 감사와 사랑을 자기가 당연히 받을 것으로 생각하고 있는 것이다.

세상에는 이 부인과 같이 남에게서 배은망덕과 무시를 당하고 고적한 심사를 이기지 못하여 병든 부인들이 수없이 많다. 남의 사랑을 받기 위한 유일한 방법은 남에게서 아무 보수도 바람도 없이 이쪽에서 무조건 베푸는 길뿐이다.

아리스토틀은 말하였다. '이상적인 사람은 자기가 남에게 은혜를 베풀기를 좋아하고 남에게 은혜 받기를 부끄러워한다. 왜냐하면 남에게서 친절을 받는 것은 자기의 저열함을 표시하는 것이기 때문이다.'

카네기가 강조하는 요점 한 토막.

'누구나 행복하게 되기를 원한다면 남의 감사나 배은망덕을 완전히 잊어버리고 오직 우리가 남에게 무엇을 베풀어주는 것으로써

마음속에 즐거움을 느껴야 한다.'

부모된 사람들은 지나간 수만 년 동안 자녀들에게서 받는 배은망덕으로 말미암아 가슴 아픈 때가 많았었다. 셰익스피어의 《리어왕》도 '배은망덕한 자식은 뱀같이 독하도다'라고 탄식하였던 것이다.

그러나 우리가 자식을 그렇게 교육하지 않고서 어떻게 그들에게 감사를 기대할 수 있을까? 배은망덕은 자연스런 것으로 마치 들풀과 같으나 감사하는 장미와 같이 물을 주어 이것을 기르고 사랑하며 가꿔야만 하는 것이다.

만일 자녀가 배은망덕한다면 누구의 잘못일까? 부모 자신의 잘못일 것이다. 부모가 자녀에게 남에 대한 감사를 가르쳐 주지 않고 어떻게 그들이 감사할 것을 기대할 수 있을까?

카네기는 시카고의 어떤 사람이 자기 양자에게 배은망덕을 당한 사실을 예로 들고 있다.

어떤 제사공장에서 부지런히 일하는 한 사람이 있었는데 그는 일주일간의 수입이 40불밖에 안 됐다. 그는 어떤 과부와 결혼을 하였는데 그 부인이 남편을 졸라서 은행으로부터 돈을 빌려 자기가 데리고 들어온 두 아들을 대학에 보내도록 하였다. 그는 일주일에 40불밖에 안 되는 급료로 먹고 때고 입을 뿐만 아니라 은행빚까지 갚아 나가게 되었다. 이렇게 4년간 계속하는 그는 막벌이꾼처럼 노동을 하면서도 한번도 불평을 하지 않았다.

그러면 과연 그는 감사의 말을 들었을까? 아니다. 그의 아내는 당연한 일로 생각하였고 아들들도 또한 그러하였다. 그들은 자기네가 외부의 신세를 지고 있다는 것을 조금도 생각하지 않았다. 더구나 감사하는 것이랴! 그것이 누구의 잘못이었을까? 자식들의 잘못이었을까? 그렇다. 그러나 그보다도 큰 잘못이 어머니에게 있었다. 그는 젊은 아이들로 하여금 '남의 신세를 지고 있다는 감정'을 갖게 하는 것이 부끄럽다고 생각하였던 것이다. 자기 아들이 '은혜의 부담을 지고 사회에 나가는 것'을 좋지 않게 생각하였다. 따라서 그는 자식들에게 '너희들을 대학까지 보내주는 의부가 얼마나 고마우냐'고 말할 생각은 꿈에도 생각지 않고 겨우 그까짓 것!이라는 태도를 취하였던 것이다.

이 부인은 그렇게 하는 것이 자기의 아들을 아끼는 것으로 알았던 것이다. 그러나 사실은 아들들에게 세상이 그들의 신세를 지고 있다는 위험한 사상을 넣어서 사회에 내보냈던 것이다. 실지로 위험하기 짝이 없는 생각이다. 왜냐하면 그 후 그 중의 한 아들이 고용주의 돈을 차용하였다는 이유로 감옥 신세를 지게 되었다.

그러므로 감사하는 자식을 갖고 싶다면 나 자신이 감사하는 사람이 되어야 할 것이다. 조그마한 주전자에도 큰 귀가 달렸다는 말을 기억하여 언제나 언사를 주의해야 할 것이다. 예를 들면 앞으로 자녀 앞에서 남의 친절을 작게 평가하고 싶을 때는 잠깐 생각을 돌려 보도록 하자. 그리하여 '이것이 시누이가 우리에게 크리스마스 선물로 보내준 식기보라니, 제 손으로 만들었기 때문에 비용은 한 푼도 안 들었을 거야라는 따위의 말은 금물이다. 아주 사소로운 듯하나 듣는 아이들은 다르게 받아들이는 것이다. 그와 반대로 다음과 같이 말하는 것이 더 좋을 것이다.

'시누이가 우리에게 크리스마스 선물로 이 식기보를 만드느라고 얼마나 시간을 보냈을까? 아이 곱기도 하여라. 고맙다는 편지를 써야겠어!' 이렇게 말할 때 자녀는 부지중에 남을 칭찬하고 감사하는 습관을 갖게 될 것이다.

어떤 부자가 진심으로 하는 말이라면서 나에게 이렇게 충고했다.

"돈을 꾸어주고 확실하게 받는 방법은 받기를 포기하는 것이다. 일단 빌려준 돈은 내 것이 아니다. 꾸어간 사람을 원망하기 전에 그의 성공을 빌어주라. 그렇지 못하면 자기에게 해로운 감정이 몸을 해친다."

배신에 감사하는 사람이 있을까? 진짜 부자는 원망할 시간에 새로운 사업을 꿈꾼다고 했다.

적대감을 버려라

*어떤 미용술로도 용서와 친절과 사랑으로 마음이
가득 찬 사람의 얼굴만큼 아름답게
꾸미지 못할 것이다*

사람이 복수를 하려할 때 어떠한 해를 입는가? 라이프지에 의하
면 복수를 생각하는 사람은 건강의 해를 입는다고 한다.

'과도긴장(고혈압) 상태에 있는 사람의 울분이 만성이 될 때는
만성적 과도긴장과 심장병이 따르게 된다'고 했다.

예수님이 '원수를 사랑하라'고 한 말씀은 현대인들에게 고혈압과
심장병과 위궤양 등 여러 질병을 방지하는 방법을 가르쳐 준 것이
다. D. 카네기는 이렇게 말했다.

"내 친구가 심장병에 걸려 있었는데 의사는 그를 침대 위에 뉘고
어떤 일이 있더라도 절대 분개하지 말라고 지시하였다. 그것은 사

람이 약한 심장을 가졌을 때 작은 것이라도 분개하면 생명을 잃는 수가 있기 때문이었다. 몇 해 전에 워싱턴주 스포켄시에서 한 음식점 주인이 별것 아닌 일로 생명을 잃었다. 카페를 경영하고 있던 윌리암 할커버라는 68세의 노인이 자기 집 쿡이 주인의 커피 주전자에서 커피를 먹겠다고 한다는 이유로 분개하여 권총을 꺼내 들고 쿡을 쫓아가다가 심장마비를 일으켜 권총을 쥔 채 쓰러져 죽었다. 검시관의 보고에 의하면 그 노인은 분개한 나머지 심장이 마비로 죽었다는 것이다."

예수가 '네 원수를 사랑하라'고 말씀하였을 때 예수는 우리에게 얼굴을 아름답게 하라고 말씀한 것이다. 남을 미워하는 생각 때문에 얼굴에 주름살이 잡히며 분개한 감정으로 말미암아 모양이 흉하게 일그러진 여자들이 생각 외로 많다.

이 세상 어떤 미용술로도 용서와 친절과 사랑으로 마음이 가득 찬 사람의 얼굴만큼 아름답게 꾸미지 못할 것이다. 증오는 음식 맛까지 소멸시킨다. 성경은 '사랑이 있는 곳에서 나물을 먹는 것이 미워하며 살찐 소를 먹는 것보다 낫다'라고 가르친다.

만일 당신이 적을 미워하다가 힘을 소모하고 피로와 신경질로 건강까지 상하고 심장병을 일으켜 죽게 되었다고 한다면 적들이 얼마나 좋아하며 손뼉을 칠 것인가. 적을 사랑하지는 못한다 할지라도 내 자신만은 사랑해야 할 것이다. 적이 나의 행복과 건강을 해치지 못하도록 스스로 사랑하는 길은 적을 가슴으로까지 미워하지 않는 것이다. 셰익스피어는 다음과 같이 말했다.

그대의 적에게 너무 불을 때지 말라.
그것은 그대 자신을 태우는 것이다.

예수가 원수를 일곱 번씩 일흔 번이라도 용서하라고 말씀한 것은 우리에게 좋은 사업에 대한 설교를 하여 주신 것이다. 스웨덴의 조지 로나는 여러 해 동안 빈에서 변호사업을 하다가 제2차 세계 대전 때 스웨덴으로 달아난 사람이다. 그때 로나는 돈이 없어 일자리를 구해야 할 형편이었다. 그는 마침 여러 나라말과 글을 쓸 수 있었던 관계로 무역업을 하는 무역상사에 편지를 띄웠다.

대부분의 상사로부터 그에게 온 회답에는 전쟁으로 말미암아 그러한 자리가 필요치 않다거나 그의 이름만은 명부에 올려 두겠다는 따위의 내용이었다. 그러나 그 중의 한 상사는 로나에게 아래와 같은 편지를 보내왔다.

「당신이 우리 사업을 잘못 알고 있는 것 같소. 당신의 생각이 틀렸을 뿐만 아니라 어리석기 짝이 없소. 우리는 통신원이 필요하지 않을 뿐더러 필요하다 하더라도 당신과 같이 스웨덴 말도 제대로 못하는 사람은 쓸 수가 없소. 당신의 편지는 오자 투성이오.」

조지 로나는 이 편지를 받고 크게 분개하였다. 그 스웨덴 사람이 로나에게 스웨덴 말도 쓰지 못한다고 한 스웨덴 사람 자신의 편지가 전부 틀려 있었다. 조지 로나는 그 스웨덴 사람에게 약을 바짝 올릴 만한 편지 한 장을 써서 보내려 하였다. 그러나 잠깐 붓을 멈추고 이런 생각을 하였다.

'가만, 내가 어떻게 그 사람의 잘못만 탓할 수 있겠는가, 나는 스웨덴 말을 배웠으나 그것은 나의 모국어가 아니다. 그러므로 내가 잘못 쓴 말이 있었는지도 모른다. 만일 그렇다면 나는 직업을 얻기 위하여 더 배워야 한다. 그 사람이 어째서 그런 편지를 썼는지 모르나 나에게 유익한 충고를 한 것만은 사실이다. 나에게 불유쾌한 말을 썼다는 이유 하나로 내가 그에게서 얻은 유익을 버릴 수는 없다. 오히려 나는 그에게 고맙다는 편지를 보내야 옳다.'

그리하여 조지 로나는 다음과 같은 편지를 썼다.

「본인은 귀하가 특히 통신원이 필요하지 않으신 데도 불구하고 그와 같이 일부러 편지를 보내 주신 고마운 마음에 대하여 깊이 감사하는 바입니다. 본인이 귀하에게 편지를 쓰게 된 동기는 귀하가 그 사업계에 있어서 지도자의 역할을 하고 계신 것을 알았기 때문입니다. 본인은 편지에 문법상 잘못이 있었다는 것을 미처 깨닫지 못하였습니다. 스스로 죄송하고 부끄러운 마음 금치 못하겠나이다. 이제부터 본인은 성심 성의로 스웨덴 말을 배워 본인의 잘못을 고치기에 노력하겠습니다. 본인을 향상의 길로 이끌어 주신 귀하에 대하여 충심으로 감사의 뜻을 표하나이다.」

며칠이 안 되어 조지 로나는 그 사람으로부터 자기를 찾아 달라는 편지를 받았다. 로나는 그를 찾아갔다. 직업을 얻었다. 조지 로

나는 '부드러운 답장이 분노를 사라지게 한다'는 것을 스스로 발견하였던 것이다.

적을 사랑할 만큼 어질지는 못할지라도 자신의 건강과 운명을 위하여 적을 용서하고 미움을 잊어야 할 것이다. 그것이 가장 현명한 길이다. 공자는 '오해를 받거나 도적을 당하더라도 그것을 잊어버리기만 하면 결국 아무렇지도 않다'고 하였다. 내가 일찍이 아이젠하워 대통령의 아들 죤에게 그의 아버지가 분개하는 것을 본 일이 있느냐고 물었을 때 즉석에서 '아니오, 우리 아버지는 자기가 싫어하는 사람을 일 분간도 생각하는 일이 없습니다.'라고 대답하였다.

옛날 격언에 분개할 줄 모르는 사람은 천치요, 분개하지 않는 사람은 어진 사람이라고 했다.

전 뉴욕시장 윌리암. J. 게이너씨의 주의가 그러하였다. 그가 황색신문에서 지독한 공격을 받고 또 어떤 미친 사람의 저격을 받아 거의 죽게 되었을 때 병원에 누워 생사의 기로에 있으면서도 그는 매일 밤 '나는 모든 사건과 모든 사람을 너그럽게 생각한다'고 말하였던 것이다.

이러한 말은 이상적이고 유약한 말이 아닐까? 라고 생각하는 사람은 독일의 위대한 철학자며 염세주자 쇼펜하우어와 이야기를 나누어 보기로 하자. 쇼펜하우어는 인생을 무익하고 쓰라린 장난이라고까지 말한 사람이었다. 그가 걸어다닐 때는 음울한 그림자가 그를 따라 다니곤 하였다. 그러나 이러한 절망의 구렁에 있었으면서도 그는 '될 수 있으면 아무에게든 원한을 품지 말아야 한다'고 가르쳤던 것이다.

카네기가 6대 대통령 즉 윌슨, 하딩, 쿠릿지, 후버, 루즈벨트, 트루만 대통령의 신뢰를 차례로 받아온 버나드 바루치 고문에게 "적의 공격 때문에 걱정한 일이 있느냐"고 물었을 때 그는 "그렇게 하기를 내 자신이 허락하지 않는 한 아무도 나를 모욕하거나 괴롭힐 수는 없다."라고 대답했다.

나뭇가지와 돌로써는 나의 뼈를 부러뜨릴 수가 있으되
말로는 나를 해치지 못하리라.

지나간 여러 세기에 걸쳐 세계 인류는 적에 대하여 악의를 품지 않은 예수와 같은 사람들 아래 촛불을 켜왔던 것이다.

캐나다의 재프퍼 내쇼날 공원에 보면 서방 국가 중에 가장 아름다운 산맥중의 하나요, 1915년 10월 12일에 독일 사격대 앞에서 성자와 같은 최후를 마친 영국 간호부 에디즈 카벨을 기념하여 명명한 한 개의 산봉우리가 바라다 보인다. 죽은 그의 죄명은? 그는 부상한 프랑스의 병정과 영국 병정을 벨지움에 있는 자기 집에 숨겨두고 음식을 먹이며 병을 간호하고 그들을 도와서 폴란드로 달아나게 하였다는 것이다.

그의 사형이 집행되던 10월 어느 날 아침 영국 군목이 사형준비를 하기 위하여 브뤼셀에 있는 군대 감옥을 찾아갔을 때 에디즈 카벨은 그 후 비석에 새겨 영원히 보존하게 된 두 토막 문구를 말로써 표현하였던 것이다.

'나는 애국심만으로는 부족합니다. 나는 누구에게나 증오와 원한을 품지 않습니다.'

적을 용서하고 잊어버리는 가장 확실한 방법은 자신보다 훨씬 높은 차원에 마음을 다 바치는 데 있다. 그렇게 할 때 목적 이외의 모든 것을 잊게 되기 때문에 자기가 당하는 모욕과 적의가 아무런 영향을 끼치지 못한다. 에픽티터스는 자기가 뿌린 씨는 스스로 거둔다고 하였고 또 어떠한 방법으로든 운명은 자기가 범한 일에 대하여 언제나 그 대가를 치르게 한다고 지적하였다.

'누구를 막론하고 자기가 저지른 잘못은 자신이 그 벌을 받게 된다. 그러므로 이것을 아는 사람은 누구에게도 노엽게 생각하거나 분개하거나 꾸짖거나 미워하지 않는다.'

미국 역사상 링컨만큼 비난과 미움과 배반을 많이 받은 사람은 없을 것이다. 그러나 링컨은 헌돈의 전기에 의하면 '절대로 사람을 자기가 좋아하고 안 하는 것으로써 판단하지 않았다. 어떠한 일을 해야 할 경우 그는 자기의 적이라도 능히 그 일을 누구 못지 않게 할 수 있다고 생각하면 자기에게 잘못한 일이 있더라도 그 사람을 그 자리에 맡겼다. ……나는 링컨이 자기의 적이라든가 자기가 싫어한다고 해서 어떤 사람을 해고시키는 것을 보지 못하였다.'

링컨은 그가 고위직에 임명하였던 사람들 즉 맥크렐란 슈와드,

스탈톤, 췌이스와 같은 사람들에게 비난과 모욕을 당했다. 그러나 그의 법률상담역으로 있던 헌돈의 말에 의하면 링컨은 어떠한 사람을 막론하고 그가 무엇을 하였다고 해서 그를 칭찬할 것도 아니고, 또 무엇을 안 했다는 이유로 그를 비난할 것도 아니다. 왜냐하면 모두가 여러 조건과 교육과 사정과 환경과 습관의 유전으로부터 생겨난 것으로서 그러한 것이 현재에도 우리를 만들고 있고 앞으로도 그렇게 될 것이기 때문이다라는 신념을 가지고 있었다는 것이다.

링컨의 말이 옳다. 만일 내가 적이 물려받은 것과 같은 육체적, 정신적, 감정적, 특징을 물려받고 또 적이 물려받은 것과 같은 생활을 하여 왔다고 하면 나는 적이 행동하는 바와 똑같은 행동을 하였을 뿐 그와 다른 아무 행동도 못하였을 것이다.

그러므로 너그러운 마음으로 수즈 인디안의 기도문

오! 위대한 신이여,
어떤 사람에 대해서나 내가 그의 신을 신고
두 주일 동안 다녀 보기 전에는
그를 판단하고 비평하지 않도록 인도하여 주소서

라는 구절을 새기고 적을 미워하지 말고 내가 그렇게 되지 않은 것을 하나님께 감사하자.

적에 대한 비난과 원한을 쌓아두지 말고 이해와 동정과 원조와 관용과 기도를 그들에게 바치자.

네 자신을 사랑하라

*신발이 없어 걱정하며 밖에 나오니
거리에는 다리 없는
사람도 있다.*

다음 이야기는 미조리주 웝시 사우스 매디슨가 820번지에 사는 해롤드 아보트씨의 이야기로 그는 D.카네기의 강연 매니저였다. 어느 날 두 사람이 농장을 달리던 중 카네기가 '당신은 걱정근심을 어떻게 잊고 지내느냐'고 하자 아보트씨는 아래와 같이 말했다.

"지난 날 나는 많은 걱정 근심을 가지고 있었습니다. 그러나 1934년 봄 어느 날 내가 웝시 웨스트 다우어티 거리를 걸어갈 때 어떠한 광경 하나를 보고 모든 걱정 근심이 한번에 사라지고 말았습니다. 단 십초간 배운 것이 인생을 살아가는 데 내가 과거 십년 동안 배운 것보다도 훨씬 많았습니다.……나는 2년 동안 웝시에서 식료품과 잡화 파는 상점 하나를 경영하였습니다. 그러나 나는 그 장사에 실패하여 모든 자금을 전부 소비하고 또 7년간 계속하여 왔습니다. 그리하여 나는 어떤 토요일 가게문을 닫고 다음 주일을 기다려 텍사스시에 가서 직업이라도 한 자리 구하여 볼까 하고 돈을 빌려서 마찬트 앤드 마이너스 은행을 찾아가던 길이었습니다. 나는 얼빠진 사람 모양으로 길을 걸어갔습니다. 모든 투쟁력과 자신은 완전히 식어 버렸던 것입니다. 그때 돌연 나타난 다리 없는 사람 하나가 이쪽을 향하여 내려오는 것을 보았습니다. 그는 롤러스켓트 바퀴를 달은 조그마한 널빤지 위에 앉아 양쪽 손에 쥔 나뭇가지로 땅을 저으면서 길 위를 굴러오고 있었습니다. 내가 그를 만난 것은 그가 바로 큰길을 건너서 보도 위로 올라서려고 약간 몸을 들었을 때였습니다. 그가 막 판자 조각을 보도 턱에 대었을 때 그의 눈과 나의 눈이 마주쳤습니다. 그는 유쾌한 얼굴로 나를 보고 '어떻습니까? 날씨가 매우 좋습니다 그려!' 하고 기운차게 말하였습니다. 나는 멍하니 서서 그를 바라보았습니다. 그때 문득 떠오른 것은 내가 얼마나 행복한 사람이냐 하는 생각이었습니다. 나는 두 다리가 있고 걸어다닐 수가 있지 아니한가? 나는 오늘까지 자기 자신을 가엾게 생각하여 온 것을 부끄럽게 생각하였습니다. 나는 자신에게 이렇게 말하였습니다.

'다리 없는 사람이 저처럼 행복하고 유쾌하며 자신을 가지고 있을진대 하물며 다리 있는 내가 그렇지 못할 이유가 어디 있겠는가.'

나는 어느 덧 그 자리에서 가슴이 떡 벌어지는 것을 느꼈습니다. 그리하여 처음에 마찬트 앤드 마어니스 은행에서 백 불만 빌리려고 하였으나 이제는 2백 불까지 빌릴 용기가 생겼습니다. 그리고 또 텍사스시에 가서 직업을 얻어볼까 생각한다고 말하였으나 지금은 텍사스에 가서 직업을 얻을 작정이다 라고 자신 있게 말할 수가 있게 되었습니다. 나는 돈도 빌리고 직업도 얻었습니다. 그리고 다음 같은 문구를 목욕실 거울 위에 붙여 놓고 매일 아침 면도할 때마다 그것을 읽고 있습니다.

신발이 없어 걱정하며 밖에 나오니
거리에는 다리 없는 사람도 있다.

내가 일찍이 에디 릭켄백커에게 그가 태평양 바다에서 조난하여 그의 일행과 함께 구명대를 타고 21일간이나 떠돌아다닐 때에 어떠한 큰 교훈을 배웠느냐고 물었을 때 그는 '이 경험에서 내가 얻는 큰 교훈은 마시고 싶은 깨끗한 물과 먹고 싶은 음식만 있다면 아무것도 불평할 필요가 없다는 교훈을 배웠습니다.' 라고 말하였다.

타임지는 과달카날에서 부상한 군조에 관한 이야기를 실은 일이다. 그 군조는 폭탄의 파편으로 목을 다쳐서 여러 차례 수혈을 하였다. 그는 종이 쪽지에 몇 자를 적어서 의사에게 보냈다.

'내가 살 수 있겠습니까?'

'살 수 있겠습니다.'

'내가 말할 수 있겠습니까?'

의사는 역시 그럴 수 있다고 대답하였다. 여기에서 군조는 또 종이 쪽지에 다음과 같은 말을 써 보냈다.

'그렇다면 대체 나는 지금 무슨 걱정을 하고 있는 것일까요?' 왜 우리는 당장 이 자리에서 우리 자신에게 '대체 나는 지금 무슨 걱정을 하고 있는 것일까?'라는 질문을 하여 보지 않는가? 여기서 우리는 걱정 근심이 그다지 중요한 것이 아니라는 것을 발견할 수 있을 것이다.'

인생에 있어서 좋은 일은 90%요, 나쁜 일은 10%다. 그러므로 행복을 원하면 주의를 90%의 좋은 일에 집중시키고 10%의 나쁜 일은 무시해야 할 것이다. 그와 반대로 걱정 근심과 비관으로 위궤양이 되고 싶다면 정신을 10% 나쁜 일에만 집중시키고 90%의 좋은 것을 무시하면 된다.

'생각하고 감사하자' 라는 말이 영국의 여러 크롬웰리안교회에 새겨져 있다. 우리의 가슴에도 또한 '생각하고 감사하자' 는 말이 새겨져 있어야 할 것이다. 우리가 감사해야 할 모든 것을 생각하고 우리에게 준 모든 복과 은혜를 하나님께 감사해야 할 것이다.

《걸리버 여행기》 를 쓴 죠나단 스위프트는 영국 문학계에서 가장 대표적인 염세주의자였다. 그는 자기가 이 세상에 태어난 것이 너무도 원통하다 하여 자기 생일날에는 검은 옷을 입고 단식까지 하였던 것이다. 그럼에도 불구하고 영국 문학에서 제일 염세주의

자인 이 스위프트가 그와 같은 절망 속에서도 유쾌하고 행복을 느끼는 거룩한 인간의 힘을 찬미하여 '세상에서 가장 훌륭한 의사는 식사와, 정숙과 명랑'이라는 말을 하였다.

우리는 날마다 알리바바의 신화에 나오는 것보다도 훨씬 훌륭한 보배를 가지고 있다는 것을 깨달음으로써 명랑의 봉사를 무료로 받을 수 있는 것이다. 천금을 받은들 양쪽 눈을 팔아 버릴 수 있을까? 우리가 가진 천혜의 보배를 볼 때 록펠러와 포드와 몰간의 금덩어리를 한데 뭉쳐 준다 해도 우리가 가진 보배와는 바꾸지 않을 것이다.

그러면 우리는 가지고 있는 이 보배를 감상만 할 것인가? 절대로 그렇지 않다. 쇼펜하우어는 말하였다.

'사람은 가진 것을 생각하지 않고 언제나 없는 것만 생각하고 있다.'라고. 그렇다. 우리는 가진 것을 좀처럼 생각하지 않고 언제나 없는 것만 생각한다. 이것이야말로 이 지구상에서 무엇보다 큰 비극을 만들고 있는 것이다. 이것이 어쩌면 인류 역사에서 전쟁과 질병보다 더 큰 불행을 빚어내고 있는지도 모른다.

뉴저지주 패터슨시 19거리 30번지에 살고 있는 팔마군은 카네기에게 이렇게 말했다.

'군대에서 돌아온 지 얼마 안 돼서 나는 사업을 시작하였습니다. 나는 밤낮으로 힘써 일하였습니다. 처음에는 모든 것이 순조롭게 진행되었으나 어느덧 역경이 닥쳐와 나는 기계 부속품과 재료를 얻을 수가 없었습니다. 그리하여 사업을 포기하게 되지나 않을까 염려하였습니다. 나는 걱정 끝에 심한 불평객으로 변하여 버리고 말았습니다. 그때는 몰랐으나 너무 애를 태우고 속을 썩혔기 때문에 행복한 가정까지 파멸시킬 뻔하였다는 것을 나중에 깨달았습니다. 그러는 동안 어느 날 나의 일을 돕고 있던 불구자인 퇴역군인이 나를 보고 이렇게 말했습니다.

'여보, 존니! 당신은 부끄럽지 않소? 당신은 마치 이 세상에서 걱정이 있는 사람은 오직 자기밖에 없는 것처럼 생각하고 있는 듯하오. 가령 당신의 가게문을 잠시 닫는다고 합시다. 이것이 무슨 관계가 있단 말이오? 앞으로 세월이 좋아지면 다시 시작할 수도 있을 것 아니오? 당신은 고마워해야 할 것을 많이 가지고 있으면서 언제나 불평만 말하고 있구려. 여보! 나는 당신의 처지가 되어 보았으면 하오. 나를 좀 보시오. 나는 팔이 하나밖에 없고 얼굴은 총에 맞아 반쪽이 없다시피 하지 않았소. 그래도 나는 불평하지 않소. 당신이 만일 불평 불만을 그만 두지 않으면 당신은 당신의 사업뿐만 아니라 건강도 가정도 친구까지도 잃어버리게 될 것이오'

'이 몇 마디 말이 나로 하여금 죽음의 길을 벗어나게 하였습니다 나는 여기서 내가 얼마나 행복하다는 것을 깨달았습니다. 그리하여 나는 그때 그 자리에서 나의 마음을 고치고 다시 옛날 나의 본 마음으로 돌아가기로 결심했을 뿐만 아니라 내 자신을 사랑하기로 하였습니다.'

로간 피어살 스미스는 여러 가지 진리를 한데 뭉쳐 아래와 같은 몇 마디 말로 표현하였다.

'인생의 목적에는 두 가지가 있다. 첫째는 원하는 것을 얻는 것이고, 둘째는 그것을 즐기는 것이다. 그러나 둘째의 목적은 오직 지혜 있는 사람만이 이룰 수 있다'

부엌에서 접시 씻는 일도 놀라운 경험이 된다는 것을 아는가? 만일 그것을 알고 싶으면 보그힐드 다알의 무서운 용기를 쓴 《나는 보고 싶었다》라는 감격적인 책을 보라.

이 책은 반세기 동안이나 앞을 보지 못하고 살아온 어떤 여자가 쓴 것이다.

'나는 한 개의 눈을 가지고 있었다. 그것도 눈자위가 두꺼운 막으로 넓게 덮여 있기 때문에 그 눈 왼쪽에 있는 조그마한 구멍을 통하여 겨우 밖을 내다볼 수 있었다. 내가 책을 읽을 때는 얼굴에 바싹 들이대고 눈동자를 왼쪽으로 힘껏 몰아서 글자를 보곤 하였다.'

그는 이와 같이 썼다. 그러나 그는 슬퍼도 하지 않고 자기가 남과 다르다고 생각하지 않았다. 어렸을 때 그는 다른 아이들과 공차기 장난을 하고 싶었으나 표식이 보이지 않아 걱정이었다. 그리하여 그는 다른 아이들이 모두 집으로 돌아간 후 혼자 남아서 운동장 위에 그려진 표식에 눈을 가까이 대고 엎드려 걸어가며 다른 아이들이 놀던 터전의 생김새를 낱낱이 기억하여 나중에는 뜀박질 선수가 되기까지 하였다.

집에 돌아오면 큰 글자가 박혀진 책을 들고 눈썹이 책상을 스칠 만큼 책에 가까이 대고 글을 읽곤 하였다. 그리하여 그는 미네소타 대학과 콜롬비아 대학에서 각각 문학사 학위를 얻었다. 처음에는 미네소타주 트윈 발레의 조그마한 촌락에서 교편을 잡았으나 나중 에는 사우드 다코다주 수즈 폴에 있는 아우가스타나 대학에서 신 문학과 문학의 교수가 되었다. 그는 13년 간 교수를 하며 부인회에 나가 강연도 하고 독서와 저자라는 제목으로 방송도 하였다. 그는 이렇게 썼다.

'혹 눈이 전부 멀지나 않을까 하는 공포심이 언제나 머리를 떠나 지 않았다. 그리하여 나는 이것을 정복할 목적으로 인생에 대한 태 도를 어디까지나 유쾌하고 명랑하게 갖기도 하였다.'

1443년 그가 52세가 되던 해에 한 기적이 일어났다. 그것은 메 이요 진료소에서 실시한 수술이었다. 그는 지금 전날의 그것보다 40배나 되는 시력을 가지고 세상을 볼 수 있게 되었다.

새롭고 신기한 사랑의 세계가 그의 눈앞에 열렸다. 그는 마침내 설거지통에서 접시를 씻는 것에도 기막힌 감격을 느꼈다고 한다.

'나는 설거지통에 있는 희고 고운 비눗물로 물장난을 하여 보았 다. 거품 속에 깊이 손을 담갔다가 조그마한 비누 한 덩어리가 들 어 있음을 발견하였다.'

라고 썼는가 하면 어떤 때는 그가 설거지통 너머로 우연히 밖을 내다보았을 때 거기에는 '회색 빛 참새들이 날개를 치며 함박꽃송이같이 탐스럽게 내리는 눈 사이로 이리저리 날고 있었다'라고도 썼다. 그는 비누 거품과 참새 떼를 보고 마음이 황홀하여 그의 저서에서 아래와 같은 말로 끝을 맺었다.

'사랑하는 하나님! 하늘에 계신 우리 아버지! 감사합니다. 나는 하나님께 감사합니다.'

우리도 이와 같이 접시를 씻으면서 비누 거품과 나는 참새를 보고 하나님께 감사할 수 있을까 생각하여 보자.

제12장

부자는 생각부터 다르다

부자는 실패도 교훈으로 삼는다

*계획이 조직적인 것이기만 하면 거기에 결점이 있거나
비현실적인 점이 있다 하더라도 끈기를 키우는 데
크게 도움이 된다*

실패의 경험에 의하여 끈기의 소중함과 위대함을 깨닫는 사람은
매우 적다. 세상에는 실패나 패배란 극히 일시적인 것에 지나지 않
는다는 생각을 하지 못하는 사람이 많다. 그 반면에 욕망을 끈기
있게 활용시킨 결과 실패를 승리로 돌렸다고 말하는 사람도 있다.

인생을 방관자의 위치에서 보면 참으로 많은 사람들이 패배한
채 두 번 다시 일어서지 못하는 것을 볼 수 있다. 극히 드문 경우이
긴 하지만 성공을 서두른 결과 그 벌로써 실패하는 사람도 만나게
된다. 실패에 직면했을 때 구원자가 되어 나타나는 힘이 있다. 그

러나 그것은 보이지 않는다. 사람들은 그 무엇에도 굽히지 않는 힘의 존재를 알지 못한다. 그 힘은 침묵하기 때문에 아무도 의식하지 못하고 넘기고 만다.

그것을 지적한다면 그 힘을 끈기라고 할 수밖에 없지만 실패했을 때 그것을 종횡무진으로 활약시키면 얼마나 좋을까. 여기에서 분명히 말할 수 있는 것은 만약 끈기가 없다면 무슨 일을 하든가에 성공이라는 말에 보답할 만한 것은 순간적일지라도 무엇 하나 달성할 수가 없다는 사실이다.

예화 1. 어느 작가의 성공

지난 역사를 돌이켜볼 때, 뚜렷이 떠오르는 브로드웨이, 죽어버린 희망의 묘지, 찬스의 현관문이라고 불리는 시가의 광경 등등 전 세계로부터 숱한 사람들이 명성과 거부, 권력과 사랑, 그밖에 인류가 성공이라고 부르는 것들을 찾아서 브로드웨이로 모여든다. 그리하여 성공을 추적하는 사람이 그 추적을 이제는 그만 두고 위대한 존재가 되었을 때 전 세계의 사람들은 브로드웨이를 지배하는 다른 인간이 나타났다는 둥 소리를 듣게 된다.

그러나 브로드웨이 같은 거리는 그토록 간단하고 신속하게 정복당할 곳은 아니다. 브로드웨이는 기량을 꿰뚫어 보는 힘이 있고 천재를 인정하기는 하나 그에게 보답할 만한 돈을 가져다 주는 것은 그가 절대로 활동을 중지하지 않는다는 것을 안 연후의 일이다.

　브로드웨이 정복의 비결을 발견한 사람은 끈기를 가지고 그레이트 화이트웨이(Great White Way)를 정복했다고 하는 페니 허스트(Fannie Hurst)의 투쟁에서도 엿볼 수 있다. 허스트는 1915년 뉴욕으로 와서 작가로서 치부를 해보려고 했다. 글을 써 가지고 돈을 번다는 것은 쉬운 일이 아니었으나 결국은 그것을 해내고야 말았던 것이다.

　허스트 양은 넉 달 동안 뉴욕 뒷골목을 답사한 끝에 그것을 소재로 해서 작품을 썼다. 매일 판에 박은 듯이 낮에는 일을 하고 밤에는 펜을 잡았다. 희망이 꺼져가려 할 때에도 그녀는 '오냐 브로드웨이야 네가 승리하고 말았구나!' 결코 이런 약한 말은 하지 않았다. '브로드웨이야! 너는 수많은 인간들을 내쫓았지만 나를 내쫓을 순 없을 게다. 네가 나 축출하기를 단념하도록 해주마!' 그렇게 부르짖었던 것이다.

　새터데이 이브닝 포스트(The Saturday Evening Post)지는 그녀의 작품에 대하여 36회나 거절했으나 그녀는 급기야 그 벽을 뚫고 말았다. 보통 작가라면 일반 사람이나 다름없이 이렇게 거절당하면 붓을 꺾고 말았을 것이지만 그녀는 4년 동안이나 출판사로 이르는 포도를 끈기 있게 걸어 다녔다. 그리고도 거절을 당했으나 그래도 그녀는 반드시 승리하고야 만다는 결의를 굳게 지니고 있었던 것이다.

　그것이 보답되는 날은 왔다. 보이지 않는 손이 그녀를 테스트했는지도 모를 일이지만 그녀는 찬스를 잡고야 말았다. 이렇게 되자 이번에는 출판사 편에서 그녀의 아파트 문을 두드리게 되었다. 돈은 쏟아져 들어오고 마침내는 미처 셀 수 없을 만큼 계속 쏟아져 들어왔다. 작품은 영화화되고 막대한 금액이 홍수처럼 흘러 들어오게 되었다. 어떤 작품은 영화 원작료가 백만 달러로 책이 나오기도 전에 원작료가 지불되었을 정도였다. 서적의 인세는 더욱 막대한 금액에 이르렀다.

단순하지만 이 이야기 속에서 끈기라는 것이 얼마나 큰 역할을 하는가를 똑똑히 보았으리라 믿는다. 허스트 양만이 예외가 아니라는 말이다. 브로드웨이는 어느 거지에게나 커피와 샌드위치쯤은 던져 준다. 그러나 큰 몫을 버리는 사람에게는 위대한 끈기를 요구하는 것이다.

케이트 스미드(Kate Smith)는 이 이야기를 읽고

'신이여! 나에게도 이 행운을 베풀어주소서!'라고 빌었다. 그녀는 수년 동안이나 급료도 받지 않고 마이크로폰이 없는 곳에서 노래를 불러 왔었다. 그러나 허스트의 이야기를 듣고 나자 브로드웨이 거리가 자기를 향해

'할 수만 있다면 당신도 해봐요. 자, 어서 오시오'

그렇게 부르는 것같이 느꼈다. 브로드웨이는 고달픈 곳이었다. 그러나 그녀는 견뎌냈다. 그리고는

'넌 무엇을 하고 있느냐. 넌 노래를 부르는 게 아니라 흐느껴 울

고 있는데 그걸 왜 모르느냐. 자, 용기를 내어 너의 명성을 떨치도록 힘껏 해보란 말이다!'

이렇게 말하는 브로드웨이의 목소리를 들었다. 스미드 양은 마침내 위대한 가수가 되었다. 보수도 거대한 액수가 된 것은 더 말할 필요도 없다.

끈기는 특정인의 재산이 아니다

끈기란 마음의 상태이다. 따라서 그것은 발전시킬 수 있는 것이다. 온갖 마음가짐과 마찬가지로 끈기는 몇 개의 명확한 기반에 의하여 밑받침되어 있다. 그 요건을 다음에 들어 보기로 한다.

1. **목적의 명확성** : 우선 자기가 무엇을 희구하고 있는가를 알 것. 그것이 끈기를 키우는 가장 중요한 단계이다. 확고한 동기가 있어야만 여러 난관도 극복해 나갈 수 있는 법이다.

2. **욕　망** : 목표를 추구하려는 욕망이 강하기만 하면 끈기를 체득하고 발휘하는 일은 비교적 용이한 일이다.

3. **자기신뢰** : 계획을 수행할 수 있는 자신이 있으면 끈기를 가지고 계획대로 해 나갈 수 있게 된다. (자기 신뢰는 자기 암시의 방법에서 밝힌 원칙을 활용함으로써 발전시킬 수 있다)

4. **계획의 확실성** : 계획이 조직적인 것이기만 하면 거기에 결점이 있거나 비현실적인 점이 있다 하더라도 끈기를 키우는 데 크게 도움이 된다.

5. **정확한 지식** : 자기 계획이 건전하고 경험과 관찰에 의하여 뒷받침된 것이라면 끈기를 고취시키기엔 충분하다. 지식 대신에 추측으로 해 나간다면 끈기를 파괴하고 말 따름이다.

6. **협　력** : 타인에 대해서 동정적이며 그 사람의 처지에 서서 이해하고 협조적인 노력을 한다는 것은 끈기를 키우는 중요한 요건이다.

7. **의지력** : 명확한 목적 달성을 위한 계획 작성에 있어서 자신의 사고를 집중하는 습관을 갖는 것은 끈기를 키우는 데 도움이 된다.

8. **습　관** : 끈기는 직접적 결과이다. 정신 집중이 일상 경험에 의하여 인생의 일부가 되면 훌륭한 습관이 형성되게 된다. 온갖 적중에도 가장 가증스러운 적인 공포, 그 것은 용기 있는 행위를 되풀이하므로 효과적으로 물리칠 수 있게 된다. 적극적인 행동을 보아온 사람은 이 점을 잘 이해하리라 믿는다.

끈기를 조사하는 포인트

이 끈기는 장이 끝나기 전에 자기가 가진 바 소질을 검토하고 무엇이 모자라는가를 발견하는 것이 긴요하다고 생각된다. 위에서 말한 끈기의 여덟 가지 항목을 하나하나 용기를 내어 자신이 검토해볼 것을 권하고 싶다. 이 분석을 하면서 자기 자신을 한층 더 잘 알게 될 것이고 새로운 발견을 할 수 있으리라 믿는다.

그리고 현재의 자기와 달성하려는 큰 목표 사이를 가로막고 있는 허다한 적이 있다는 사실을 깨달았을 것이다. 끈기의 약점을 보여주는 징조는 물론이고 이 약점의 잠재적 요인이 되어 뿌리박고 있는 것이 무엇이냐 하는 점도 알게 되었을 것이다.

다음에 열거하는 것은 큰 재산을 쌓으려는 사람이 완전히 극복해야 하는 약점들이다.

1. 자신이 바라는 것이 무엇인지 알지 못하며 또 그것을 명백하게 정의 짓지 못하는 일.

2. 원인이 있든 없든 간에 주저주저하는 일(이 경우 대개가 핑계라든가 변명을 얻는 데 전혀 관심을 갖지 않는 일—)

3. 전문 지식을 얻는 데 전혀 관심을 갖지 않는 일.

4. 문제에 대해서 진지하게 생각하려 들지 않고 모든 문제가 생기면 우유부단하게 훗날로 자꾸만 미루어 나가는 일(이 경우에도 항상 변명이 앞선다)

5. 문제 해결을 위해 정확한 계획을 세우려 하지 않고 이 핑계 저 핑계로 변명을 하려 든다.

6. 자기 세계에 만족하고 있는 사람에 대해서는 이미 중태라 손을 쓸 여지가 없다. 이런 증상이 있는 사람에 대해선 전혀 희망을 걸 수가 없다.

7. 온갖 경우에 적과 싸워 반대하기보다는 차라리 이내 타협을

해버리는 무관심한 태도.

8. 자신의 과오를 남의 탓으로 돌리고 비난한다. 할 수 없는 궁지에 몰려 자신의 과오를 별수 없이 인정하는 못된 습관.

9. 욕망이 박약하기 때문에 행동을 일으키게 하는 동기 포착을 게을리 하는 일.

10. 단 한번의 실패로 계획을 포기하고 마는 일.

11. 조직적 계획이 없기 때문에 어디를 어떻게 고쳐야 할 것인지 분석조차 못하는 일.

12. 아이디어나 찬스나 눈앞에 와 있는 데도 불구하고 그것을 붙잡으려 하지 않는 일.

13. 현실적인 계획을 갖지 않고 꿈만 그리고 있는 일.

14. 재산을 쌓는 대신 가난과 타협해 버리는 습관. 일반적으로 이러이러한 사람이 되고 싶다. 이러이러한 물건이 갖고 싶다고 하는 욕망이 없는 사람.

15. 재산에의 지름길만 찾아 헤매고 그의 응당한 노력을 함이 없이 얻을 궁리만 하는 일. 이 점은 도박의 습관이나 물건값 깎기를 일삼는 데 나타난다.

16. 타인을 생각하는 일과 그 행동에만 정신이 팔려 있기 때문에 자신이 비난받을 것이 두려워 손수 계획을 세우거나 그것을 실행하거나 하지 못한다. 이 장해는 리스트의 허두에 내세워야 할지도 모른다. 왜냐하면 이것은 잠재의식이므로

명확한 형태로 나타나지 않기 때문이다.

누구나 비평할 수 있다

앞에서 우리는 몇 가지 우리의 적이 되는 것을 살펴 왔다. 다음에는 비난받을 것을 두려워하는 것에 대해서 검토해 보기로 하자.

대다수의 사람들은 자신의 행위가 친척이나 친지 또는 일반에게 주는 영향에 매우 크므로 비난받을 것이 두려운 나머지 자기 생각대로의 생활이라는 것을 하지 못한다. 사람들이 자신의 결혼을 그릇된 것이라고 생각하면서도 잘못을 바로잡아 이혼이라도 한다면 비난받을 것이 뻔하므로 그것이 두려워 주저한다. (이와 같이 공포심을 가진 사람은 그 공포로 해서 대망이 깨어지고 자신을 잃으며 목표달성의 야심을 잃게 되는 큰 손실을 자초하고 있다)

몇 백만이나 되는 사람들이 학교를 졸업한 후 자신이 뒤떨어진 몫을 회복하기 위해 다시 학교를 다니기를 꺼려하는 것도 타인이 이러쿵저러쿵 비평하는 것이 두렵기 때문이다. (어떤 관계에 있는 사람이건 의무라는 명복 아래 개인의 뜻을 잃게 하고 그 사람과 독자적인 생활의 권리를 빼앗는 것이 용서할 수 없는 일이다)

또 목표를 높이 내걸기를 꺼려하는 사람들이 너무나 많다. 그 사람의 능력으로 말해서 당연히 가능하다고 믿어지는 목표인데도 내걸지 않는 경우가 많다. 그런 사람들은 손도 닿지 못할 것을 바라는 건 미친 짓이 아니냐고들 친구나 친척들로부터 비판을 받고 싶지 않기 때문이다.

N. 힐 박사가 20년 간 개인으로서 성공하는 철학의 체계를 세우기 위해 골몰해 있을 때의 일이다. 앤드류 카네기는 그에게 가르치기를 '자네 머리에 맨 처음 떠오르는 충동적인 사고는 남들이 무엇이라고 말할까 하고 타인의 비판을 두려워하는 그것일 걸세'라고 했다. 이 조언이 있음으로써 그는 여태까지 생각하지도 못했던 높은 목표를 내걸게 되었던 것이다.

그의 마음 속에는 핑계를 꾸미고 변명을 늘어놓으려는 생각이 번개처럼 머리를 처들었는데 그것은 모두가 타인의 비판을 두려워하는 데서 온 것이었다. 힐 박사의 마음 속에는 다음과 같은 생각이 끊임없이 떠돌고 있었다.

'너의 그런 거창한 일은 도저히 할 수가 없다. 굉장히 오랜 세월이 걸려야 한다. 너는 친척들이 뭐라고 할지 알고 있느냐. 그 동안의 생활비는 어떻게 벌어들일 작정이냐. 지금까지 어디에 성공철학이니 뭐니 하는 따위의 체계를 세우려고 한 자가 있느냐 말이다. 너한테 무슨 권리가 있기에 그런 일을 할 수 있단 말이냐 말이다. 너는 가난뱅이 가정에 태어났다는 사실을 잊어서는 안 된다. 어디서 그런 철학 따위를 걸치고 왔단 말이야. 세상 사람들은 너를 미친놈이라고 할 게다.(실제로 그는 그런 소리를 들었다). 네가 할 수 있는 일이라면 벌써 다른 사람이 해냈을 게 아니냐.'

이와 같은 의문이 떠올라서 그에게 깊은 생각을 요구했다. 그에게는 전 세계 사람들 모두가(카네기의 조언에 따라 해내고야 말리라 그렇게 다짐했던 욕망을) '어리석기 짝이 없는 목표다. 포기하고 말아라' 그렇게 경고하고 있는 것처럼 느꼈다.

그에게는 여러 차례나 희망을 수중에 넣기 전에 포기해야 할 상태가 있었다. 나중에 그는 몇 천 명이라는 사람들을 분석 조사한 결과 다음과 같은 사실을 발견하였다.

아이디어란 거의 모두가 갓난아이와 같은 연약하기 짝이 없는 것이다. 이에는 명확한 계획에 의한 직접 행동이란 생명을 넣어 줄 필요가 있는 것이다.

아이디어는 탄생하자마자 곧 보호해 줄 필요가 있다. 아이디어는 1분간이라도 더 오래 살아 있을 수 있다면 그것은 자라날 가능성이 있는 것이다.

비판은 아이디어를 파괴하는 독소를 가지고 있다. 그러므로 그에 대한 공포는 그 힘이 있는 한 아이디어가 계획되고 행동에 옮겨지는 것을 방해한다. 부자는 실패를 교훈으로 삼고 아이디어를 소중히 기른다.

부자는 이 점이 다르다

---

*만져볼 수 없는 사상의 충동은 알려진 원칙들의 적용에 의해
물질적인 보수로 변화할 수 있다는
확고한 지식을 얻었다*

'사고(思考;아이디어)는 재산이다!'

그것이 확고한 목적과 끈기를 가지고 부자가 되려는 불타는 욕
망과 물질적 혼합을 이룰 때 커다란 재력이 되는 것이다.

에드윈 반드(Edwin C. Barnes)라는 사람은 '인간이 실제로
결심을 하면 부자가 된다'는 것이 진실이라는 것을 깨달았다.

그의 발견은 한번에 이루어진 것이 아니다. 그것은 서서히 그리
고 위대한 토마스 에디슨(Thomas A. Edison)과 함께 일하려고
하는 강한 욕망과 함께 시작되었다.

반즈가 가진 욕망의 가장 중요한 특성은 그것이 명확하다는 것

이다. 그는 에디슨과 함께 일하고 싶어했다. 그러나 에디슨을 위하여 일하고 싶어한 것은 아니다.

고용인의 욕망을 어떻게 현실로 성취해 나아가는가를 유심히 관찰하라. 그러면 거부로 이끄는 이 원칙들을 보다 훌륭히 이해할 수 있게 된다.

사고의 충돌과 욕망이 마음에 처음 일어났을 때 그는 그것에 따라 행동할 수 있는 입장에 있는 못했다. 그에게는 두 가지 어려움이 따랐다. 그는 에디슨을 알지 못했다. 그래서 이스트 오렌지(East Orange : 에디슨이 살던 곳)로 가는 기차를 탈 수가 없었다. 이러한 어려움은 욕망을 실행하려는 많은 사람들을 좌절시킨다. 그러나 그의 욕망은 보통 평범한 욕망이 아니었다.

에디슨의 눈

반즈가 에디슨의 연구실에 나타났다. 그리고 그는 발명왕 에디슨과 함께 일하고 싶다고 말했다. 반즈와 에디슨이 첫 대면을 한 몇 년 뒤에 에디슨은 말했다.

"그는 보통 평범한 차림새로 내 앞에 서 있었다. 그러나 그의 얼굴 표정에는 무언가 다른 점이 있었다. 그것은 그가 추구하려는 것을 얻겠다는 굳은 결의를 나타내고 있었다. 사람들과의 오랜 경험에서—어떤 사람이 진실로 매우 깊이 어떤 것을 열망하면 그는 그것을 얻기 위해서 그의 전 장래를 기꺼이 바쳐서 성공하고 만다는 것을 배웠다. 나는 그에게 그가 필요한 기회를 주었다. 왜냐하면, 그가 성공할 때까지 굳은 결의를 고수하리라는 것을 알았기 때문이다. 그 결과는 추호의 실수도 없었다는 것으로 판명되었다."

젊은이의 외모가 에디슨의 사무실에서 그의 출발을 가져다 준 것은 아니었다.

반즈는 첫 번째의 면담에서 에디슨과 합자(合資)하지는 못했다. 그러나 그는 에디슨의 사무실에서 임금을 받고 일할 수 있는 기회를 얻었다.

많은 세월이 흘렀다. 외관상으로는 주된 목적으로써 반즈가 그의 마음에 세웠던 확고한 목표에는 아무런 변화도 일어나지 않았다. 그러나 반즈의 마음에 중요한 변화가 일어났다. 그는 에디슨과 합자하여 일하겠다는 강렬한 욕망을 끊임없이 갖게 된 것이다.

심리학자는 '사람이 진실로 어떤 일에 준비가 되면, 그것이 겉으로 나타난다'고 말한다.

반즈는 에디슨과 함께 합자할 만반의 준비가 되어 있었다. 게다가 그는 그가 바라는 것을 얻게 될 때까지 계속 결의를 두터이 할 결심을 했다.

그는 '아, 도대체 무슨 소용이 있나? 차라리 세일즈맨 직업을 구하는 게 낫지'라고 생각하지 않았다. 그는 단지 '나는 에디슨과 함께 사업에 투신해 보려고 여기에 왔다. 나는 내 평생이 걸린다 해도 마침내 성취하고 말 것이다'라고 말했다.

그는 그것을 중요시했다. 사람들이 단지 뚜렷한 목적을 가져야 한다는 강박관념에 사로잡혀서까지 그 목적을 고수하려 한다면 얘기가 얼마나 달라지겠는가?

아마도 젊은 반즈는 그때 그것을 알지 못했을지도 모른다. 그러나 그의 강인한 결심과 유일한 욕망의 이면에 깔린 그의 끈기는 온갖 역경을 물리치고 그가 추구했던 모든 기회를 가져다 주었다.

기회는 자기도 모르게 온다

기회라는 것이 왔을 때, 그것은 반즈가 예상했던 것과는 다른 방향과 형태로 나타났다. 그것은 기회의 술책 중의 하나였다. 그것은 뒤로 미끄러져 들어오는 교활한 습성을 가지고 있다. 그래서 가끔 불행의 형태로, 또는 일시적이나마 실패로 오해되기도 한다. 아마도 이것이 기회를 바로 인식하는 데 많은 실패를 하는 이유가 될 것이다.

에디슨은 새로운 사무실 장치를 완성했다. 그것은 그 당시에 에디슨 딕테이팅 머신(Edison Dictating Machine)이라고 알려진 장치였다. 그의 세일즈맨들은 그 기계에 대해 무관심했다. 그들은 그게 그다지 인기가 있을 것이라고는 생각지 못했다.

반즈는 자기가 그 기계를 팔 수 있다고 직감했다. 그는 에디슨에게 이를 암시해 주었다. 그리고 즉시 그 기회를 얻었다. 그는 다량의 기계를 매우 성공적으로 팔았다. 그리하여 에디슨은 그에게 전

세계에 판매할 총판 계약을 했다. 반즈는 에디슨 덕택에 거부가 되었다. 그러나 그는 무난히 더 위대한 일을 했다. 그는 사람이 진실로 결심한다면 부자가 될 수 있다는 것을 증명했다.

반즈의 최초 욕망이 얼마나 큰돈이었는지는 알 수 없다. 아마도 그것은 200~30만 달러 정도쯤 될 것이다. 그러나 그것이 돈으로 얼마든지 간에 그가 취득한, 보다 위대한 자산(資産)인 확고한 지식과 비교해 볼 때 그것은 무의미한 것이다.

만져볼 수 없는 사상의 충동은 알려진 원칙들의 적용에 의해 물질적인 보수로 변화할 수 있다는 확고한 지식을 그는 얻었다.

반즈는 문자 그대로 위대한 발명왕인 에디슨과 그 자신이 협력했다고 생각했다. 그는 자기 자신이 행복하다고 느꼈다. 그는 자기가 무엇을 원하는가를 알 수 있는 힘을 제외하고는 빈손으로 시작해야 했다. 그래서 그는 그것을 깨달을 때까지 그 욕망을 계속 고수하려는 결의를 해야 했다.

포기가 빠르면 실패도 빠르다

실패의 공통된 원인 중 하나는 사람들이 일시적으로 좌절될 때 쉽게 포기해 버리는 습관이다.

누구나 한 번쯤은 이런 실수를 저지른 기억이 있을 것이다. 다비(R. U. Darby)라는 사람은 황금광(黃金狂) 시대에 금광열(金鑛熱)에 사로잡혔다. 그래서 금을 캐내어 부자가 되려고 서부로 떠났다.

그는 인간의 사상(생각)속에 지구상에 채굴된 금보다 훨씬 더 많은 금보다 훨씬 더 많은 금이 파묻혀 있다는 말을 결코 듣지 못했다. 그는 채광권을 내고 금을 파내는 작업을 해 나갔다.

이런 작업을 해나간 몇 주일 뒤에, 그는 빛나는 황금맥을 발견했다. 그는 땅 위에 이 황금을 운반할 기계가 필요했다. 그는 금맥을 흙으로 감추었다. 그리고 메릴랜드 윌리엄스버그(Maryland Williamsburg)의 자기 집으로 되돌아 왔다. 그리고 친척들과 몇몇 이웃들에게 대성공을 이야기했다. 그들은 서로 앞을 다투어 기계 살 돈을 만들어 주었다. 아저씨와 다비는 다시 금광으로 되돌아 갔다.

금은 채굴되어 제련소로 보내졌다. 그리하여 그것은 콜로라도에 있는 부광(富鑛) 중의 하나라고 판명되었다.

금 몇 차량(車輛)으로 부채는 청산될 것이고 점차 어마어마한 수익을 올릴 것이다. 아래로 뚫고 내려갔다. 성과는 다비와 아저씨의 희망대로 되어 갔다. 그때 뜻밖의 일이 벌어졌다. 금맥이 사라져 버린 것이다. 그들은 아래로 구멍을 뚫고 내려가 결사적으로 금맥을 다시 찾아내려고 노력했다. 그러나 모든 것은 허사였다. 마침내 그들은 단념했다.

그들은 그 기계를 고철상에게 헐값에 팔아 버렸다. 그리고는 기차를 타고 고향으로 돌아가 버렸다. 고철상은 광산 기사를 불러 조사케 하였다. 기사는 앞서 '다비 가족은 단층선을 찾아내지 못했기 때문에 계획이 실패했다'고 지적해 주었다. 기사의 계산에 의하여 다비 가족이 단념한 곳으로부터 꼭 3피트에 금맥이 있다고 하는 것이었다. 그것은 그대로 정확했다.

고철상은 광산에서 나온 금으로 수백만 달러의 돈을 벌었다. 왜 나하면 그는 포기하기 전에 전문가의 카운슬링을 충분히 구해서 알고 있었기 때문이다.

성공의 제1보 ; 3피트를 더 파라

다비는 그 후 오랫동안 '욕망이 부(富)로 바뀔 수 있다'는 발견(發見)을 했을 때 비로소 여러 번의 손실을 보충했다. 그 발견은 생명보험의 판매원에 종사하게 되면서 나타났다.

그는 금이 있는 곳으로부터 3피트 되는 곳에서 멈추었기 때문에 거대한 행운을 잃었음을 명심하였다. 그리하여 다비는 그가 택한 일의 경험에서 이익을 얻었다.

'나는 금이 있는 곳에서 3피트 떨어진 곳에서 중단했다. 그러나 나는 내가 그들에게 보험을 들라고 요청할 때 사람들이 노(No)라고 말한다고 해서 멈추지는 않을 것이다.'

다비는 해마다 생명보험에 백 만 달러를 넘겨 파는 소수 그룹의 사람이 되었다. 그것은 금광사업의 〈중단〉으로부터 배운 〈끈기〉의 교훈 덕택이었다.

사람의 생애(生涯)에 있어 성공하기 위해서는, 반드시 일시적인 좌절과 실패를 수없이 당하게 된다. 좌절이 닥치면 사람들은 가장 안일하고도 편한 일을 찾아 하던 행동을 그만 두는 것이다. 그것이 바로 대다수의 사람들이 범하고 있는 실수이다.

노먼 필 박사가 성공한 사람들 500명 이상을 연구한 결과, 그들의 위대한 성공은 좌절을 극복한 직후에 온 것이다. 실패는 교활하고 예리한 책략가와 같다.

그것은 성공에 거의 다다를 때, 사람을 실망시키고 희열을 느끼는 악마의 짓과 같으나 지혜 있는 사람은 그 순간에 성공에 이르는 비법을 터득한다.

어른을 정신적으로 지배한 어린이

사업가 다비는 하드 녹스대학(College of Hard Knocks)으로부터 학위를 받았다. 그래서 그는 금광사업의 경험 때문에 이익을 보았다고 생각했다. 금광사업은 그에게 노〈No〉가 반드시 노〈No〉만을 뜻하지 않는다는 것을 증명한 행운을 잡은 사업가이었다.

어느 오후, 그는 구식 방앗간에서 밀가루를 제분하는 아저씨를 돕고 있었다. 아저씨는 많은 흑인 소작농들이 살고 있는 커다란 농장을 경영하고 있었다. 그때 조용히 문이 열리고 소작농의 딸인 아이가 들어와 문 가까이에 섰다.

그 아이를 쳐다보고 아저씨는 무뚝뚝하게 '왜 왔지?' 하고 소리

질렀다. 아이는 온순하게 '저, 어머니가 50센트를 좀 주셨으면 하던데요'라고 대답했다. '줄 수 없어. 그러니 빨리 집에 가봐' 하고 아저씨는 대꾸했다.

'네' 하고 아이는 대답했다. 그러나 그 아이는 움직일 생각도 않았다. 아저씨는 곧 일에 몰두했다. 그래서 그 아이가 가지 않았다는 것을 알지 못했다. 그러나 고개를 들어 여전히 서 있는 아이를 보았을 때, 그는 '빨리 집에 돌아가라고 말했잖아! 빨리 가! 말 안 들으면 회초리로 때릴 테다' 하고 호통쳤다.

'네, 주인님' 하고 말하면서도 그 아이는 조금도 움직일 생각을 하지 않았다. 아저씨는 곡식을 엎지르면서 방앗간 호퍼에 열심히 퍼붓고 있었다. 몽둥이를 집어 들고 화가 난 표정으로 그 아이를 쳐다보았다.

다비는 숨을 죽였다. 그는 아저씨가 격노했다고 느꼈다. 아저씨가 그 소녀 자리로 왔을 때, 그 소녀는 주인의 두 눈을 뚫어지게 쳐다보며 재빨리 앞으로 한 걸음 나섰다. 그리고는 날카로운 목소리로 '우리 엄마는 50센트를 받을 만해요!'라고 와락 소리를 질렀다.

아저씨는 잠시 그 소녀를 쳐다보며 우뚝 멈춰 섰다. 그리고 천천히 마루에다 몽둥이를 놓더니 포켓에 손을 넣어 50센트를 꺼내 소녀에게 주었다. 소녀는 돈을 받고 천천히 문을 향해 돌아서며 자기가 정신적으로 승리한 어른에게서 시선을 떼지 않았다. 흑인 꼬마가 가버린 후, 아저씨는 상자 위에 걸터앉아 10분 이상 창문 밖을 바라보았다. 그는 그가 방금 받았던 패배에 대해 충격을 받은 듯 곰곰이 생각에 잠겼다.

다비 또한 생각에 잠겼다. 그것은 흑인 꼬마가 백인 어른을 유유히 지배한 것을 본 그의 첫 번째 경험이었다. 과연 그 꼬마는 어떻게 그런 일을 했을까? 그의 아저씨가 화를 가라앉히고 양같이 순하게 된 것은 어떻게 된 일인가? 어떤 이상한 힘이 이 꼬마에게는 있었던 것일까? 이러 저러한 유사한 의문이 다비의 마음에 샘솟듯 떠올랐다. 그러나, 그는 끝내 남에게 그 얘기를 들려 줄 때까지는 그 대답을 찾아낼 수 없었다.

후에 필 박사는 이 재미있는 경험담을 그의 아저씨가 몽둥이를 잡았던 바로 그 자리인 구식방앗간에서 듣게 되었다고 한다.

부정(no) 속에 숨은 긍정(yes)

곰팡내 나는 구식 방앗간에 마주서 있을 때, 다비는 유별난 그때의 이야기를 되풀이하였고, 그 사실에 대해 어떻게 생각하느냐고 물어 보았다. 이 꼬마의 어떠한 힘이 몽둥이를 든 그 아저씨의 마음을 움직였을까? 그 대답은 충분하고 완전한 것이다. 그것은 어느 누구라도 이해시킬 수 있는 완벽한 것으로, 뜻하지 않게 우연히 깨달아 그 어린 꼬마와 똑같은 힘을 얻을 수 있는 것이다. 잘 생각해 보면, 어떤 힘이 그 꼬마를 용기 있게 할 수 있었는지를 알 수 있을 것이다.

어린 흑인 꼬마가 무의식적으로 사용한 그 힘에 대해 다비에게 이야기하고 나자, 그는 재빨리 생명 보험 외무사원으로 일한 30년 간의 경험을 회상했다. 그리고 그 분야에게 성공한 사실을 솔직히 시인했다.

"나는 낡은 방앗간에 서 있던 흑인 소녀의 도전적인 눈빛을 본 후, 언제든지 보험을 들게 하기 전에는 돌아서지 않고 자신에게 '나는 이 보험증권을 꼭 팔아야겠다'라고 다짐했어요. 내가 증권을 팔았던 거의 전부가 사람들이 노〈No〉라고 말한 후에 이루어졌습니다."

그는 금맥이 불과 3피트 떨어진 곳에서 채광을 포기해 버린 과거를 회상했다.

"그러나 그 경험은 불행하게 보이나 실은 유익한 것이었어요. 그것은 내게 무슨 일이든 힘이 들더라도 성공할 때까지 계속하라는 것을 가르쳐 주었습니다. 내가 성공할 수 있었던 것은 그 때문이었지요."

다비의 경험은 평범하고 단순한 것이었으나 그것은 자기 생애의 운명에 대한 해답을 말해 준 것이었다. 그러므로 경험은 운명 그 자체와 똑같이 중요한 것이다. 그는 이 두 가지 경험을 분석하고 얻은 교훈을 명심했기 때문에 성공할 수 있었다.

부자는 잠재의식을 활용한다

*부자가 되겠다는 욕망을 가지고 있는 한 그것은
잠재의식 속에서 자기도 모르게
작용하는 것이다*

잠재의식은 5감을 통하여 목적을 달성하려는 마음을 움직이며 충동적 사고를 하게 하는 의식분야로 이루어져 있다. 그러므로 마치 파일 캐비닛에서 서류라도 꺼내듯 잠재의식으로부터 여러 가지 사고를 불러 끌어낼 수 있게 된다.

부자가 되겠다는 욕망을 가지고 있는 한 그것은 잠재의식 속에서 자기도 모르게 작용하는 것이다. 욕망을 가지고 있는 사람은 다음 6가지 사항을 꼭 유념해야 한다.

1. 원하는 만큼의 금액을 마음 속에 명확히 작정하여 두라.
2. 원하는 만큼의 돈을 벌기 위하여 무슨 일을 할 것인지 그것을

확실하게 해두어라.

3. 원하는 금액을 언제까지 손에 넣어야 할 것인가 그 기일을 확정하라.

4. 욕망을 실현시킬 수 있는 계획서를 명확히 작성하고 주저 없이 실행하라.

5. 어느 정도의 돈이 어느 기한까지 필요한가를 구체적으로 기입해 두라.

6. 자기가 쓴 계획서를 하루에 두 번 이상 소리를 내어 낭독하라.

잠재의식은 주야 구별 없이 활동하고 있다. 잠재의식은 인간이 알지 못하는 방법에 의하여 무한한 지성을 이끌어내며 그 힘에 의하여 자발적으로 인간의 욕망이 구체적 자산으로 전환하도록 작용하고 있다. 이 잠재의식을 활약시킴으로써 구체적인 방법이 발견되고 인간의 목적이 달성되는 것이다.

잠재의식은 완전히 지배할 수 없다. 그러나 자발적으로 계획과 욕망, 목적을 구체화하기 위해 잠재의식의 힘을 빌릴 수는 있다.

잠재의식의 힘

잠재의식이 인간의 유한한 지성을 결부시켜주는 유대라는 것을 실증하는 근거는 얼마든지 예시할 수 있다. 잠재의식은 의지력에 의하여 무한한 지성을 끌어내는 매체이다. 잠재의식은 그 자체로서 정신적 자극을 수정하며 자체의 정신적 자산으로 만드는 불가사의한 힘을 지니고 있다. 그리고 신 앞에 기도를 하는 사람이 신의 계시를 들었다 라고 하는 것도 잠재의식에 의한 것이라 하겠다.

사고가 창조를 유발한다

이 잠재의식이 창조력과 결부되었을 때 참으로 놀라운 창의 연구가 이루어진다. 잠재의식은 외경의 마음을 인간에게 심어주는 것이다.

나폴레옹 힐 박사는 잠재의식에 대해 말할 경우에 그가 얼마나 지식이 부족한가 하는 열등감 없이 소론을 진행시킬 수가 없다고 말했다. 인간의 잠재의식에 관한 의식은 가엾을 정도밖에 알려져 있지 않기 때문이다.

인간이 실제로 잠재의식의 존재를 알고 그것이 욕망으로 하여금 물질적 자산 또는 화폐 재산으로 전환시키는 매체라는 것을 알게 된다면 욕망의 처방전을 완전히 이해했다고 해도 좋다. 또 욕망을 명확히 하기 위해 지루하리만큼 설교를 늘어놓았으며 그것을 종이에 써서 붙여 놓으라는 말은 무엇 때문에 거듭 되풀이하는가.

잠재의식의 이해를 돕기 위해 신념 및 자기 암시의 방법에 대해 다시 되풀이해야 할 것 같다. 기억해 두라고 말하고 싶은 것은 잠재의식을 작용시키기 위해 노력하건 안 하건 간에 그와는 그다지 관계없이 잠재의식은 스스로 그 기능을 발휘해 간다는 것이다.

잠재의식의 활동을 꾀하지 않고 게으름을 피워서는 안 된다. 만일 이 잠재의식에다 우리의 욕망을 심어 가지 않는다면 모처럼 잠재의식에 도달해 있던 생각도 잠재의식을 무시한 벌로써 이윽고 잠식당하고 만다.

따라서 우리는 의식하지 않는 동안에도 잠재의식에 도달하려는 자극적인 생각의 도가니 속에서 살고 있다는 것을 이해한다면 좋겠다. 자극적 생각에는 소극적인 것과 적극적인 것 두 가지가 있다. 대개는 이 소극적인 자극의 흐름을 막아내고 욕망이라는 적극적 자극에 의하여 자발적으로 잠재의식에 영향을 주려 하고 있다.

이것을 실천할 수 있게 되면 자신의 잠재의식의 문을 여는 열쇠를 입수한 것이나 다름없다.

인간이 창조하는 것은 무엇이건 간에 충동적 사념의 형태로 나타나기 시작한다. 인간은 우선 자기 스스로 생각해 내지 못하면 아무것도 창조하지 못한다. 충동적 사고가 떠오르고 거기에 상상이 플러스되면 목적하는 바 계획 작성에 모든 사고가 집중되어 온다. 이미지네이션에 의하여 그것을 컨트롤함으로써 자기가 선택한 직업에서 성공을 거두기 위한 계획 작성에 사용해야 한다.

물질적 자산을 얻기 위해 자발적으로 잠재의식 속에 뿌리를 박은 충동적 사고는 일체 상상력을 신념과 결부시켜 가지 않으면 아니 된다. 계획과 목적을 신념과 결부시켜 가지고 잠재의식에 침투

시켜 가자면 아무래도 상상력의 활동을 꾀하지 않으면 안 되는 것
이다.

이렇게 해서 잠재의식의 활동을 꾀하기 위해선 그에 따른 원칙
을 모두 협력케 하여 적용해야 한다는 것을 쉽게 이해할 것이라 믿
는다.

적극적 감정을 가져라

감정과 결부된 사고는 이성만 가지고 하는 경우보다 한층 더 잠
재의식에 대해 민감한 영향을 주는 법이다. 사실상 감정이 담긴 사
고만이 잠재의식 위해 작용한다는 실증의 사례도 퍽 많다.

감정이나 정서가 대중을 움직인다는 것은 잘 알려진 사실이다.
감정과 결부된 충동적 사고가 잠재의식에 대해 매우 신속하고 용
이하게 반응해 간다는 것이 사실이라면 좀더 자세히 감정의 정체
를 알아 볼 필요가 있겠다.

감정에는 일곱 가지 적극적인 것과 일곱 가지 부정적인 것이 있
다. 부정적인 감정은 충동적 사고 속에 자동적으로 스며들어감으
로써 그대로 잠재의식에 전달되고 만다. 적극적인 감정은 자기 암
시의 원칙에 의하여 충동적 사고 속에 주입되지 못한다면 인간의
욕망을 잠재의식 위에 작용시켜 가기가 어려운 것이다.

이와 같은 감정 또는 충동적 감수성은 빵을 만들 때에 이스트와
도 같은 것이다. 감정과 결부된 충동적 사고가 냉정한 이성에 토대

를 둔 사고보다 용이하게 작용하는 것을 알 수 있다.

욕망을 돈으로 전환시키기 위해 그 욕망을 잠재의식에 옮기려고 자신의 잠재의식의 문을 열고 준비완료의 상태에 있는 셈이다. 따라서 현재 가장 중요한 것은 잠재의식 속에 있는 내심의 귀를 향해 어떻게 접근해 가는가 하는 그것이다.

그것은 말로써 하지 않으면 아니 된다. 그렇지 않으면 내심의 귀는 호소에 응해 오지 않기 때문이다. 일곱 가지 적극적 감정과 일곱 가지 소극적 감정을 검토해 보고 적극적인 것은 더욱 신장시키고 소극적인 것은 피하여 잠재의식에 지시를 주도록 한다.

7가지 적극적 감정

① 욕망의 감정

② 신념의 감정

③ 사랑의 감정

④ 성의 감정

⑤ 정열의 감정

⑥ 로맨스의 감정

⑦ 희망의 감정

이 밖에도 적극적인 감정이 또 있지만 이 일곱 가지 감정은 가장 강력한 것이어서 창조적인 작업을 하는 경우에 많이 사용되는 것이다. 이 일곱 가지 감정을 마스터하고 필요하다면 그 밖의 감정도 사용할 수 있게끔 해 둘 일이다. 이에 관련해서 잊어서는 안될 것이 잠재의식을 신장시키기에 도움이 되는 책을 연구하여 마음을 적극적 감정으로써 충만하게 해 둘 일이다.

피해야 할 7가지 소극적 감정
① 공포의 감정
② 질투의 감정
③ 증오의 감정
④ 보수의 감정
⑤ 탐욕의 감정
⑥ 미신의 감정
⑦ 격노의 감정

적극적 감정과 소극적 감정이 동시에 마음을 점령할 수는 없다. 어느 한쪽만이 지배적 위치에 놓이게 되는 것이다. 적극적 감정만이 마음을 지배하며 영향이 가게 하는 일은 자신의 책임일 수밖에 없다. 여기서 습관의 법칙이 크게 도움이 되게 된다. 습관에 의하여 적극적 감정을 활용해 가도록 할 일이다. 그렇게 하면 적극적 감정이 완전히 지배적 위치에 서게 되고 소극적인 감정이 끼여들 여지가 없게 되는 것이다.

글자 그대로 끊임없이 이 처방전을 따르는 데서만 잠재의식을 컨트롤할 수 있게 된다. 그러나 그 속에 한 가지라도 소극적 감정이 끼여들게 된다면 모든 건설적인 찬스가 잠재의식으로부터 사라지고 마는 것이다.

기도와 잠재의식

남을 잘 관찰하는 사람이라면 무슨 일을 하다 실패한 사람이 기도를 통하여 마음의 안정을 찾게 된다는 사실을 알게 될 것이다. 그렇지 않으면 기도는 다만 의례적 의미밖에 없는 것으로 오해하고 말 것이다.

사업에 실패한 후 기도를 드리는 것은 그들이 공포와 의혹에 의하여 지배되고 있으며 그대로 무한한 지성으로 연결되어 있다는 증거이다. 감정은 무한한 지성에 연결되어 있으며 또 작용해 가기 때문이다.

만일 어떤 일로 해서 신에게 기도를 드리고 기도하면서 공포심을 가지고 있다면 무한한 지성을 받지 못할 것이고 기도해 주는 목사님도 무한한 지성의 응답을 받음 없이 모처럼의 기도도 수포로 돌아갈 수밖에 없게 된다.

기도를 드리는 사람은 기도를 드린 결과로 무엇인가를 인식하게 된다. 기도를 드린 일에 대해서 무엇인가를 얻은 경험을 가졌다면 그 일을 상기해 보도록 하라. 기도 드리는 동안은 이론을 초월한 그 무엇인가가 있었음을 상기할 것이다.

무한한 지성과 접촉하는 방법은 라디오에 의해 음향의 진동을 수신하는 것과 흡사하다. 라디오의 원리를 알고 있다면 음향은 귀에 들리지 않는 주파수로 변환하지 않으면 수신할 수 없다는 것을 알 것이다.

음성을 송신하는 방송국은 사람 음성의 몇 백만 배의 주파로 그것을 통신하고 이 음향의 에너지는 수신기에 의하여 원래의 음향으로 환원되는 것이다.

잠재의식은 매체이다. 이 매체에 의하여 기도하는 사람의 말은 무한한 지성이 이해하는 말로써 번역되어 전달된다. 그래서 기도하는 사람의 목적에 있었던 명확한 아이디어나 플랜은 계시로써 나타나게 된다.

이 원리를 이해한다면 기도서에 있는 말을 읽기만 해 가지고는 무한한 지성과의 교류를 하는 기관은 없다는 것을 알게 될 것이다.

부자의 무기는 끈기다

가난이란 그 사람의 마음이 가난에 젖어 있을 때에 찾아오는 법이다.
돈을 벌려고 만반의 준비를 갖추고 있는 사람에게는
돈이 틀림없이 따라 온다

욕망을 재산으로 전환시키는 과정에서 끈기는 절대 불가결한 요인이다. 그리고 끈기의 기초가 되는 것은 의지의 힘이다.

의지력과 욕망이 훌륭하게 결합되었을 때 무슨 일에나 굽히지 않는 강력한 힘이 생겨난다. 큰 재산을 쌓아올린 사람은 대개가 냉혈동물이라는 소리를 듣게 되며 때로는 냉정 가혹한 인간이라는 욕마저 듣게 된다. 그러나 이것인 너무 심한 오해일 것이다. 그들이 가진 것은 끈기에 밑받침된 의지력과 목적을 달성하기까지 결코 단념하지 않는 욕망 그것이다.

대다수의 사람들은 마음 속에 품고 있는 목표나 목적을 간단하게 내동댕이치며 사소한 장애나 불행에 부딪칠 것 같으면 모든 것을 체념하고 만다. 눈앞에 나타난 장애에도 불구하고 최후까지 목적 완수를 위해 노력하는 사람은 극소수에 지나지 않는다.

끈기라는 말에는 영웅적인 의미는 없을는지 모른다. 하지만 이 끈기는 인간의 성격 안에서 철강에 대한 탄소와도 같은 역할을 하는 것이다.

약한 욕망은 나쁜 결과를 가져온다

당신이 이미 명확한 목적을 가졌으며 또 그 목적을 달성하기 위한 뚜렷한 계획을 가진 백 명중에 두 사람밖에는 없는 그 한 사람이라면 이 장에서 지적하는 방법을 잘 읽고 나서 그것을 습관으로서 몸에 익히도록 해야 한다. 이 방법을 쳐다보고만 있다면 본격적인 태도라고 할 수가 없다.

끈기 없는 점이 실패의 주요 원인이 된다는 것은 다시 말할 필요도 없다. 몇 천 명이라는 많은 사람들의 경험에 비추어 보더라도 끈기가 없다는 것이 대다수 사람들의 공통된 약점으로 되어 있다.

이 약점이 가져오는 안이성을 극복하는 방법은 그 사람의 욕망을 강화하는 것이 무엇보다도 필요하다. 모든 목표의 관찰을 위한 출발의 발판은 욕망이다. 이 점을 언제나 마음 속에 간직해 두어야 한라. 조그만 불을 지피고만 있으면 극히 소량의 온도밖에 취할 수 없듯이 욕망이 작으면 소득도 작을 수밖에 없다. 자신이 끈기가 없다고 깨달았다면 그 약점을 욕망이라는 불길로 불러일으켜 크게 타오르게 함으로써 바로잡을 수 있다는 것이다.

돈을 저축하려는 사람들의 마음에 막대한 재산이란 것은 큰 인력이 된다. 그것은 마치 물이 대양에 끌리어 흘러내리는 것과 같다.

축재의식의 마력

욕망을 돈으로 전환시킨다는 규칙이 우연히 적중했다 하더라도 결코 크게 가치 있는 것은 아니다. 목표를 달성하기 위해서는 우리가 이제까지 이야기해 온 규칙이 우리의 몸에 밴 습관이 되고 적용되도록 하지 않으면 안 된다. 그 외에 필요한 축재의식을 커지게 하는 방법은 없다. 가난이란 그 사람의 마음이 가난에 젖어 있을 때에 찾아오는 법이다. 돈을 벌려고 만반의 준비를 갖추고 있는 사람에게는 돈이 틀림없이 따라 온다. 그와 똑같은 법칙이 가난의 경우에도 들어맞는 것이다.

가난뱅이 의식은 축재의식이 마음 속에 솟지 않는 사람에게 자연적으로 생겨난다. 그리고 가난뱅이 의식은 애써 가난뱅이 근성을 발휘하려 하지 않더라도 제멋대로 자라나는 법이다. 그러나 축재의식은 애당초 그 재능을 타고 난 사람은 별 문제로 하고 그 외 사람은 아무래도 키우고 창조해 나가지 않으면 안 되는 성질의 것이다.

이미 설명한 원칙의 의미를 충분히 파악한다면 축제에 있어서 끈기가 얼마나 중대한 요소인가를 알았을 줄 믿는다. 끈기가 있어야 승리를 획득할 수 있는 것이다.

악몽으로 가위눌린 경험이 있는 사람이라면 끈기가 얼마나 가치 있는 것인지 알 수 있으리라 믿는다. 잠자리에서 비몽사몽간에 사념에 쫓긴 끝에 질식할 것만 같았던 경험을 가진 일은 없는가. 돌아누우려 해도 근육이 말을 듣지 않는다. 그래서 어떻게 해서든지 근육을 움직이려 애써 궁리한다. 그렇게 끈기 있게 의지력을 활동시켜 가는 중에 간신히 한쪽 손가락을 움직일 수 있게 된다. 그리하여 다시 끈기 있게 의지력을 활동시켜 가노라면 다른 손이 움직이기 시작하고 한쪽 발이 움직이고 두 발이 다 움직일 수 있게 된다. 끈질긴 의지로 전체 근육조직을 컨트롤하게끔 되어 비로소 악몽에서 깨어날 수 있게 된다. 악몽에서 빠져나오면 한 걸음 한 걸음 순서를 밟아야 하므로 그 속도가 느린 법이다.

뒤에 숨은 안내자

정신적 무기력에 사로잡혀 있어서 무슨 일이 있어도 거기에서 벗어나야 한다고 깨달았을 때 그때에 취할 방법은 악몽에서 빠져나올 경우와 마찬가지라 하겠다. 처음에는 한 걸음 한 걸음 순서를 밟아야 하지만 이윽고 속도를 내어 완전히 자기의 의지를 지배할 수 있게 된다. 아무리 처음의 움직임이 느리다 하더라도 끈기 있는 의지력을 가지고 움직이기 시작하지 않으면 안 된다. 끈기만 있으면 반드시 성공은 찾아오는 법이다.

브레인으로서 지도자 정신 그룹을 선택할 때에는 이 점을 주의 깊게 생각해 보고서 그 그룹에 대한 사람 정도는 끈기를 갖는 데 도움이 될 수 있는 사람을 넣도록 하는 것이 중요하다. 큰 재산을 쌓아 올린 성공자 중에는 필요에 따라서 그런 방법을 선택한 사람이 많다.

성공한 사람은 어느 누구를 막론하고 끈기를 가진 사람들이다. 그들이 끈기를 기르게 된 이유는 항상 절박한 환경에 쫓겨서 아무래도 끈기를 발휘하지 않고서는 배길 수 없었기에 마침내 끈기의 소유자가 된 것이다.

끈기를 굴복시키는 힘은 따로 없다. 성공을 거두는 온갖 요소 중에서 가장 큰 것이 바로 끈기인 것이다.

이 점을 잊지 말고 무엇보다도 먼저 가슴에 간직해 놓고 일이 잘 되어가지 않거나 템포가 늦어졌을 때에는 반드시 상기하도록 할 일이다.

끈기를 습관으로 몸에 지닌 사람은 실패의 경우를 위해 보험에 드는 것과 같이 난관에 부딪히더라도 침착한 태도를 보이게 된다. 몇 번이고 좌절하고 패배를 당하더라도 최후에는 반드시 선두에 나서곤 한다.

이렇게 보면 실패의 경험을 가진 모든 사람을 테스트하여 거기에 감추어진 지표를 명백히 할 필요가 있을 성싶다. 실패를 거듭하

고 시행착오를 되풀이하면서 마침내 목표를 달성한 사람을 보면

'반갑소! 당신은 반드시 해내고야 말 줄 알았소.'

이런 말을 외치고 싶어진다. 숨겨진 지표나 비결을 보더라도 끈기 테스트를 패스하지 못한 사람은 그것을 살려 가지고 이용할 줄을 모른다. 테스트에 합격하지 못한 사람은 거물이 될 수 없다는 말이다.

이 테스트에 패스할 수 있는 사람은 그 보상으로 끈기를 얻게 된다. 끈기만 갖는다면 그 사람은 무슨 목표를 추구하거나 끈기의 보상으로 성공을 얻게 된다는 말이다. 우물을 파도 한 우물을 파라는 말이 바로 이런 끈기를 요구하는 속담이다.

그 뿐만이 아니라 그런 사람에게는 물질적 재산보다도 더 소중한 지식—모든 실패는 그것을 잘 살려 나가기만 하면 재산축적의 근원—이 된다는 교훈을 얻을 수 있게 된다.

부자는 이미지가 다르다

---

*자신의 눈, 다리, 허리를 백만 불과 바꾸지는 않을 것이다.
그렇게 따지고 보면 누구나 이미 3백만 불 이상의
가치를 갖고 있는 것이다.*

자기는 인생을 실패한 파산자와는 거리가 멀다는 것을 믿어야
한다. 만일 판매 분야에 뛰어들기를 결심하고 그렇게 행동했
다면 당신의 가치는 수백 만 불 짜리이다.

자기가 가지고 있는 감사할 축복을 헤아려 보라. 이 말은 자기의 가
치를 알라는 뜻이다. 만일 당신이 헤아린 감사할 축복들이 얼마나 되
는가를 분명히 파악했다면 이제부터 세상에 사는 사람 중 그 누구도
당신의 허락 없이는 당신을 값없는 사람으로 대할 수 없다는 사실을
발견하게 될 것이다.

부커. T. 워싱턴은 인종 차별 문제가 심각하게 되자 터스케기연구

소를 설립했다. 그리고 그는 이렇게 말했다.

"상대방을 미워할 때 나는 소인이 되고 만다."

현재 당신이 축복 받은 사람이라는 사실을 인정해야 할 이유는 다음과 같다.

세상에는 당신보다 불행한 사람이 많다는 사실이다. 이것은 당신의 가치를 상식적으로 보는 것이다. 얼마 전에 인디애너주 거리에서 어떤 여성이 약의 부작용 때문에 시력을 잃게 되자 100만 불의 배상금을 받은 적이 있다. 그녀가 부러운가? 아닐 것이다. 그녀가 받은 돈 100만 불보다 그녀의 눈이 더 중요하기 때문이다. 캘리포니아에서는 또 어떤 여성이 비행기 사고로 등에 상처를 입게 되어 100만 불의 배상금을 받았다. 의사의 진단에 따르면 그녀는 다시 걸을 수 없다고 한다. 그녀가 부러운가? 아닐 것이다. 왜냐하면, 그녀가 받은 돈 100만 불보다 그녀의 건강이 더 중요하기 때문이다.

2차 세계 대전 당시 은막의 여왕으로 유명했던 베티 그레이블은 백만 불짜리 다리로서 가장 잘 알려진 여왕이다. 그녀는 자기의 다리를 위해서 백만 불의 보험에 들었기 때문이다. 그래도 두 다리 중 하나가 날아가 백만 불의 다리가 되기를 원할 것인가.

누구도 배티 그레이블과 같은 백만 불 짜리 다리는 원치 않을 뿐만 아니라, 자신의 눈, 다리, 허리를 백만 불과 바꾸지도 않을 것이다. 그렇게 따지고 보면 누구나 이미 3백만 불 이상의 가치를 갖고 있는 것이다.

이만하면 자신의 개인 재산의 가치를 발견할 것이다. 즉 자신이 다른 무엇보다도 소중한 것이다. 이런 식으로 생각해 본다면 나는 많은 축복을 받은 사람이라는 사실을 충분히 믿을 수 있다.

예화 1. 백만 불 짜리 그림

몇 년 전에 달라스 신문에 렘브란트의 그림이 하나에 백만 불 이상씩에 팔렸다는 기사가 난 적이 있다. 필자는 그 기사를 읽고 이런 생각을 하게 되었다.

"도대체 화판 위에 그려진 그림인데 무엇이 그렇게 비싸게 거래되는가?"

그 다음 필자는 몇 가지 결론을 내리게 되었다.

첫째로, 그것은 독특한 그림이라는 사실을 알아냈다. 그것은 렘브란트가 직접 그린 것이라는 사실을 알게 된 것이다. 즉, 그러기에 그만한 가치가 나가게 되었다는 점을 이해한 것이다.

둘째로, 렘브란트는 천재 화가로 그는 백 년에 한번 정도 나올 수 있는 천재 화가였던 것이다. 그러므로 그의 재능은 특출한 것이라는 점을 이해할 수가 있었고, 그의 재능은 인정을 받았던 것이다.

여기에서 말하고 싶은 것은 남이 아니라 바로 자신의 가치를 강조하고자 함이다. 역사상에는 많은 사람이 태어났다가 죽어 갔다. 그리고 지금도 많은 사람이 지상에 살고 있다. 그러나 역사상에 똑같은 사람은 없다.

'나는 유일무이한 존재'라는 것을 알아야 한다. 그래야만 자신이 가치 있는 사람이라는 사실을 알고 활기차게 인생을 살 수 있기 때문이다.

둘째로, 우주의 어떤 피조물보다 자신이 더 신비로운 존재임을 알라. 이것은 자신의 가치를 과학적으로 보는 것이다. 인간은 과학적인 사실만을 믿는다. 그러므로 나의 가치를 알기 위해서는 과학적으로 자신을 다른 피조물과 비교해볼 필요가 있다. 인간은 수많은 컴퓨터 속에 저장하는 많은 정보보다 훨씬 많은 정보를 두뇌 속에 저장할 수 있다. 사람의 머리 속에는 국회 도서관에 있는 수많은 책 속에 있는 정보보다 훨씬 많은 정보가 있다는 사실을 알아야 한다.

과학자들에 의하면 불가능한 일이라고 하지만 만약 사람이 인간의 두뇌를 만들려고 한다면 미국의 엠파이어스테이트 빌딩 건축에 소요된 돈보다 몇 배 더 많은 돈을 소모해야 한다고 한다. 인간의 존엄성에 좀더 엄숙해져 보자. 이런 점을 안다면 우리는 건전한 자기 이미지를 이룩할 수 있을 것이다.

나는 성공을 향한 계단을 오르기 위해 충분한 능력을 가진 훌륭한 존재라는 것을 자신은 물론, 누구나 믿고 노력해야만 하는 것이다.

예화 2. 나를 어떻게 팔 것인가

만약 자기 마음을 판다면 거울에 자신을 비추어 볼 수도 없고, 자신의 어떠한 반대 의견도 가질 수 없게 될 것이다. 이러한 사실로서 기력도 없어지고, 말도 못하게 될 것이다. 겨우 죽어 가는 목소리로

"친구야! 나를 좀 보게. 나는 자네가 가지고 있는 내 마음을 백만 불에 사려고 하네."

하는 소리를 들을 수 있을 것이다. 그것을 안다면 두 번 다시 자신의 마음을 돈의 가치로써 다른 어떠한 것과도 교환하겠다고 몰인정하게 말하진 않을 것이다.

어느 누가 마음을 백만 불로써 다른 것과 비교한다고 하여도 믿을 사람은 없을 것이다. 다시 한번 강조하지만, 건전한 자기 이미지에 관해서 이야기한 지금까지의 모든 이야기는 건전한 자기 관용을 발전시키기 위한 것이다.

부자는 실패에 좌절하지 않는다

당신은 가치 있는 사람입니다. 왜냐하면, 당신의 창조주
하나님은 가치 없는 사람을 창조하시느라고
시간을 낭비하신 적이 없기 때문입니다
하나님은 실패자를 돕지 않는다

인간의 가치는 성경이 보증한다.

어느 날 이런 말을 들은 적이 있다.

"하나님은 당신이 좋아하던 싫어하든 당신을 사랑하신다."

성경을 보면 인간은 하나님의 형상대로 창조되었다는 사실을 알 수가 있다. 신앙은 성공의 열쇠임을 믿기 바란다. 예수 그리스도는 이렇게 말씀하셨다.

"만일 믿음이 겨자씨만큼만 있으면 이 산을 명하여 여기서 저기로 옮기라 하여도 옮길 것이요, 또 너희가 못할 것이 없으리라."

남녀노소를 막론하고 믿음을 가지고 일한다면 대성할 수 있다는 의미의 말이기도 하다. 그리스도는 세상에 계실 때 할 말을 다 하신 것이다. 믿음이 없다면 당신의 이상 실현은 어렵다. 다시 말하면 믿음이 없는 사람은 자기의 소원을 성취할 수가 없다. 만일 자녀를 가진 부모로 이런 말을 들었다고 하자.

"당신은 자녀에 대해 아무것도 아니다. 당신은 아무 존재 가치도 없는 사람이다. 당신은 어떤 일도 제대로 할 수 없다."

이런 말을 들었다면 행복한 사람이라고 보겠는가? 자랑스럽게 이런 말을 할 수 있겠는가? 만약 그런 말을 들었다면 많은 점에 대해서 반성을 해야 할 것이다. 인간은 자녀를 올바르게 교육시켜야 할 의무가 있다. 여기에서 강조하고 싶은 것은, 그런 말 때문에 절망을 느끼는 부모가 되기 전에 성경의 교훈대로 자녀를 바르게 양육해야 할 것이다. 성경은 인간의 가치를 정확하게 알 수 있는 지혜를 보장하고 있다.

예화 1. 하나님은 실패자를 외면하신다

수년 전 빌리 그래함이 영국에서 부흥회를 인도할 때 에델 워터즈는 어떤 사람으로부터 빌리 그래함이 많은 사람들이 환영을 받는 이유가 무엇이냐는 질문을 받았다. 그는 밝게 미소를 지으면서 이렇게 대답했다.

"하나님은 실패자를 돕지 않으시기 때문입니다."

미국 달라스의 유명한 여성 사업가 메리 크로울레이도 이와 흡사한 말을 한 적이 있다.

"당신은 가치 있는 사람입니다. 왜냐하면, 당신의 창조주 하나님은 가치 없는 사람을 창조하시느라고 시간을 낭비하신 적이 없기 때문입니다."

예화 2. 외모를 갖춰라

건전한 자기 이미지를 가질 수 있는 두 번째 비결은 화장을 하고 옷을 바로 입고 자신 있게 처신하는 것이다. 외모 치장을 단정하게 하면 자신감을 가질 수 있다.

외모를 단정하게 갖추고, 의복을 정장하면 자신도 모르게 정신과 마음이 무장된다. 1974년 2월 6일자 달라스의 조간신문에 이 점에 대한 재미있는 기사가 실린 적이 있다.

「달라스의 많은 여성들은 그들의 새로운 모습 때문에 활기차게 살고 있다. 한 주일에 한 번씩 그들은 특별 화장을 한다.」

메리 케이 화장품 회사의 후원을 받는 그들은 달라스 노인병 연구소의 도움으로 멋지게 외모를 단장하는 것이다. 81세 된 어느 할머니는 자기의 뺨에 화장품을 바를 때 그녀는 마치 50세 여성의 피부를 만지고 있는 기분을 느낄 수 있다고 했다.

57세에서 94세 사이의 여성 50명이 매주 아침저녁 특별 화장을 하게 되었던 것이다. 이 연구소의 소장 마빈 에른스트는 이렇게 말했다.

"우리가 발견한 놀라운 사실은 나이 든 여성들도 여전히 그들의 외모에 대해서 보다 더 아름답게 보이고 보다 더 젊어 보이려는 심정으로 큰 관심을 가지고 있다는 점이다."

첫 증거는 여성들이 이러한 화장을 하지 않고 있을 때보다 그들의 자존심이 매우 강해졌다는 점이다.

이 화장품 회사의 후원으로 나이 든 여성들도 그들의 현재 위치(나이든 상태)에서도 보다 더 행복하고 자부심을 가지고 생활할 수 있는 젊은 기분을 되살리는 놀라운 효과의 증가를 보았던 것이다. 미국의 모든 남편들은 그들의 아내가 미용 클럽에 다니기 시작하면서부터 매우 활동적이고 사교적이며 보다 더 행복해졌다고 말하고 있다

고용주들은 그들의 고용자들이 깨끗하게 몸단장을 하고 단정하게 옷을 입었을 때 더욱 열심히 일하며 일의 능률이 커진다는 것을 알게 되었다. 달라스의 조간 신문 기사에서

"당신의 외모와 표정을 바꾸어라. 그러면 당신 마음 속의 내면의 이미지와 당신의 재능도 발전시킬 수 있다."

라고 한 말을 모든 사람들은 수긍할 수 있을 것이다. 나는 몸무게를 37파운드 줄이고 가슴둘레를 7인치 줄였을 때 자신의 이미지를 개선할 수가 있었다. 당신도 자신의 이미지를 개선하기 위해서는 얼굴을 단정히 하고 옷을 정장해야 할 것이다. 즉 내면의 이미지 변화는 외모의 변화로부터 시작해야 하는 것이다.

예화 3. 성공담이 담긴 양서를 읽어라

예를 들면 위인들의 자서전을 읽으면 건전한 자기 이미지를 가질 수 있다. 기업가 · 대통령 · 발명가 · 자선가의 자서전을 읽기 권한다.

그러면 자신도 역사상에 공헌을 남기고 싶은 사람이 될 것이다. 또 유명한 선생, 목사 혹은 지도자들의 강연을 자주 듣기 권한다. 정신력 개발에 관한 세미나에 자주 참석하고 슈퍼 세일즈 스타의 강의를 들으면 힘을 얻게 될 것이고 건전한 자기 이미지의 소유가 될 것이다.

건전한 자기 이미지의 확립은 자기 신념을 확립하는 것이다. 실패한 경험이 없는 사람은 이 세상에 한 사람도 없다.

또 새로이 시작하는 일에 대해서 실패해서 실패의 공포를 갖지 않은 사람도 없다. 가능하다면 할 수 있다고 자신할 수 있는 손쉬운 일부터 시작하여 차츰 어려운 일에 도전하라.

수학을 공부하는 어린이가 2×2, 2×3과 같이 숫자를 배수의 확장을 익혀 가듯이 말이다. 어린이는 이와 같은 방법으로 수학을 마스터할 수 있다고 확신하게 되는 것이다. 처음에 오트밀을 만들어 본 어린이는 다음에는 보다 더 요리를 잘할 수 있다고 자기의 재능을 믿게 되는 것이다.

6피트의 높이를 뛰어 본 사람은 매 단계에서 낮은 데서부터 시작하여 점차 높이를 올리는 것이다. 처음에 낮은 곳을 뛰어서 성공하였을 때에 생기는 자신감으로 점차 높이를 더하여 가는 것이다. 이와 같은 요령으로 자신에게 건전한 자기 이미지를 확립시켜 주고자 하는 것이다. 쉽게 성공할 수 있는 일에서부터 다음 단계로, 또 다음 단계로 성공을 성취하여 가기 바란다. 그러면 매 단계마다 이미지와 신념과 확신을 개선하게 될 것이다. 하버드 대학의 심리학 교수 데이비드 맥클랜런드 박사는 이것을 〈성공의 재생 법칙〉이라고 말했다.

판매 교육 분야에서도 판매 사원이 판매 실무에 임하여 첫 고객 방문을 하기 전에 훈련 과정에서 판매 실무의 연습이나 실무를 가상한 연습을 반복시킨다. 이렇게 하는 교육 과정에서 풋내기 판매 사원의 장점과 약점을 알아내는데, 이러한 훈련을 통한 경험이 아무 쓸모 없는 것이라고는 생각지 않는다.

풋내기 판매 사원은 거울 앞에서, 그리고 고객을 가상한 자기 가족들을 상대로 계속 연습하도록 해 보라. 맥스웰 말츠 박사는 이것을 자력(自力)훈련이라고 말했다. 중요한 점은, 자기 신념에 관해서 우리가 주의해서 깨달아야 할 말은 '적당'이라는 말이다.

자신은 전생애를 통한 신용 은행에서 그것을 항상 초과 인출하고 있다는 것을 기억하기 바란다.

선택과 집념

전진하지 않는 대인보다 전진하는 소인이 되라.
사실 대인과 소인의 차이는 대인은 계속
전진하는 소인이라는 점이다

자기 직업에 만족하는 사람은 없다. 그러나 주어진 일에 끈질기게
노력한 사람은 성공한다. 그런 줄은 다 알면서도 자기 하는 일에 만
족하지 못하여 직업을 몇 번씩 바꾸는 사람이 있다. 그 가운데 한
사람, 김씨라고만 밝히는 사람이 찾아와 자기 직업의 선택에 문제가
있다고 불만이었다. 그런 사람에게 할 수 있는 이야기는 무엇일까?

야구 선수 티코브나 베이브 루드는 야구계에서 어떤 선수보다
실패를 많이 한 선수이다. 그러나 그는 누구보다도 홈런을 많이 친
유명한 선수이다. 베이브 루드의 기록을 갱신한 행크 아론 선수도
실패를 많이 한 사람이다.

그러나 아무도 그들을 실패자라고 하지 않는다. 다시 말해 그들

의 실패를 기억하는 사람은 없다. 오히려 모든 사람은 그들의 성공만을 기억하고 있다. 초년 시절에 음악가 엔리코 카루소는 그의 음악 선생으로부터 목소리가 나쁘니 음악을 포기하라는 소리를 수차 들었다. 그러나 그는 음악 선생의 말에 굴하지 않고 계속 노래를 불렀다. 그 후 그는 세계적으로 유명한 테너 가수가 되었다

발명왕 토마스 에디슨의 선생은 그를 보고 바보라고 했다. 그 후 그는 전기를 발명하기 위해서 1만 4천 번이라는 실패를 거듭했다.

미국의 16대 대통령 아브라함 링컨은 여러 번 치명적인 실패를 맛보았다. 그러나 아무도 그를 실패자라고 하지 않는다.

앨버트 아인시타인과 워너 폰 브라운은 둘 다 수학 낙제를 한 바가 있다.

자동차 왕 헨리 포드도 40세 때 큰 실패를 한 바 있고, 축구 코치 빈스 롬바르디는 실패를 수없이 많이 한 코치이다. 그러나 그는 40세에 일류 코치가 되었다. 미국의 일류 판매 회사에 근무하는 직업 판매 사원들은 보통 판매 사원보다 실패를 많이 한 사람이다. 디즈니랜드의 창설자 월트 디즈니는 7번이나 큰 실패를 했다. 그리고 한번은 신경 쇠약에 걸린 적도 있었다.

그러나 결국 성공이 그를 찾아와 웃음을 지었다. 이러한 사람들이 성공하게 된 원인은, 실패에도 불구하고 계속 전진했기 때문이다. 전진하지 않는 대인보다 전진하는 소인이 되라. 사실 대인과 소인의 차이는 대인은 계속 전진하는 소인이라는 점이다.

누구나 주어진 일에 노력하면 다른 사람처럼 행동할 수가 있을 것이다. 그러면 자신은 지상에서 유일무이한 존재란 것을 알아야 한다. 스스로 자기를 인정하면 다른 사람들도 자기를 인정하게 된다.

예화 2. 선택은 자기의 것

일본에는 특이한 나무가 있다. 이름은 본자이(Bonsai)로 그 나무는 아름답지만 키가 매우 작다. 미국 캘리포니아에서는 세코이라는 나무들의 울창한 숲을 볼 수 있다. 이 나무는 키가 크다.

이 나무들 중 하나는 셔만 장군이라고 불린다. 이 나무의 높이는 272피트이고, 가지 둘레는 지름이 79피트나 된다. 이 거대한 나무는 너무 웅장하기 때문에 잘라서 목재를 만들면 35칸의 집을 지을 수 있다고 한다.

한때는 본자이 나무와 셔만 장군이라는 나무는 크기가 같았다. 이 나무들의 씨앗은 무게가 1온스의 3,000분의 1보다도 가볍다. 이 나무들에게서 인생의 좋은 교훈을 발견할 수 있다. 씨앗을 보고 이 나무들이 자라는 모습을 볼 때는 별다른 차이점을 찾아볼 수 없다.

그러나 세월이 가면 차이가 엄청나게 벌어진다. 문제는 본자이 나무나 셔만 장군나무는 그것 자체는 선택권이 없는 것이다. 그러나 인간에게는 선택권이 있고 그 선택 여하에 따라 대인이 될 수도 있고 소인이 될 수도 있다.

본자이나무와 같은 존재도 될 수 있고, 셔만장군나무와 같은 존재도 될 수 있다는 말이다. 자기 이미지 즉, 자신을 보는 견해가 장차 어떻게 될 것인가를 결정한다. 선택은 바로 자신이 하는 것이다.

그러므로 한 가지 일에 불만을 가지고 최선을 다하지 못하는 사람은 다른 일을 맡겨주어도 성공하지 못한다. 무슨 일이든지 단숨에 성공하려 한다면 실패하기 쉽다.

우공이산(愚公移山)이라는 말이 있다. 머리가 너무 좋고 약삭빠른 사람은 작은 산도 옮기지 못한다. 그러나 바보처럼 우직한 사람은 큰산도 옮길 수 있는 것이다.

큰산을 옮길 뜻을 세운 사람은 서둘지 않는다. 주어진 긴 시간을 밤낮 없이 쉬지 않고 일에만 매달린다.

부자는 공격적이다

---

*주어진 자리를 빛낼 줄 아는 사람이 되라.
주어진 사명을 완수하는
사람이 되라.*

용기 있는 욕망은 초인을 창조한다. 초인은 불가능을 두려워하지 않고 도전한다. 종종 각 분야의 초년생에게서 초인적인 소질을 발견한다. 초년생은 매사를 잘 모르기 때문에 불가능을 가능으로 전환시키는 수가 있다.

예를 들면 초년생 세일즈맨이 입사를 한다. 판매 경험도 없고 판매에 대한 상식이나 전문지식도 거의 없다. 다행히 그는 자기의 무식을 모른다. 그리고 누군가가 그에게 동기를 부여한다. 즉, 자극을 준다. 판매 훈련과 교육을 시킨다. 결국 그는 열심히 판매를 하기 때문에 판매 실적을 많이 올리게 되는 것이다.

그는 불가능을 모르기 때문에 겁 없이 매사를 대할 수 있다. 이런 점에서 볼 때 '성실치 못한' 세일즈맨보다 '초년생' 세일즈맨이 더 발전성이 빠르다고 볼 수 있다.

여기에서 말하는 초인이란 초년생 세일즈맨을 가리키는 것이 아니다. 슈퍼 세일즈맨을 가리키는 것임을 알아야 한다. 사실 따지고 보면 보통 말하는 불가능이란 사람들의 잘못된 사고 방식에서 나온 것들이라고 보면 정확할 것이다.

예를 들면 땅벌은 날 수 없다는 말을 믿는 사람들이 많다. 과학적으로 볼 때 땅벌은 날 수가 없다. 몸은 너무 무겁고 날개가 너무 연약하게 보인다. 기체역학적으로 볼 때 땅벌이 난다는 것은 불가능하게 보인다. 그러나 땅벌은 날 수 있다. 책은 읽지 못해도 날 수 있는 땅벌의 용기를 명심하라.

예화 1. 포위를 당함은 공격의 기회다

레몬이 주어지거든 레몬수를 만들라는 말이 있다. 주어진 사명이 무엇이든 간에 그것을 완수하는 태도가 중요한 것이다. 예를 들면 세계 제2차 대전 때에 크레이턴 에이브램스 장군과 그의 부하들은 완전 포위를 당하게 된 적이 있었다.

적은 동서남북 첩첩이 둘러 있었다. 이 소식을 듣고 장군은 용기 백배하여 이런 말을 했다.

"여러분, 이 전쟁이 시작된 후 처음으로 우리는 사방 공격을 할 수 있는 기회를 맞았습니다."

에이브램스 장군은 삶에 대한 욕망과 승리의 욕망을 가지고 있었다. 상황이 문제가 아니라 우리가 그것에 대해서 어떤 반격을 가하는가가 문제이다. 즉, 주어진 레몬이 문제가 아니라 그것을 어떻게 활용하는가가 중요한 것이다.

우리는 주어진 상황에 대해서, 특히 소극적인 상황에 대해서 적극적 반격을 보여야 한다. 그것은 소아마비에 걸린 두 사람의 자세를 통해서 짐작할 수가 있다. 한 사람은 워싱턴 거리에서 찾아볼 수 있는 거지요, 다른 한 사람은 프랭클린 델라노 루즈벨트 대통령이다. 똑같이 소아마비에 걸렸어도 한 사람은 거지가 되고, 다른 한 사람은 대통령이 되었다.

승리의 욕망만 품는다면 어떤 상황에 처하더라도 그것을 타개할 능력이 주어진다. 찰스 캐터링은 남다른 핸디캡을 가지고 있었다. 그는 수년 전에 뜰에서 자기 차를 손보다가 사고를 당하여 팔이 부러진 사람이다. 결국 그는 이 사고를 통해서 연구를 거듭한 끝에 '자동차 시동기'를 발명하게 되었다.

금을 발굴하기 위해 제콥 식스가 연구할 때 기온이 영하 40도까지 내려갔던 일이 있다. 그는 너무나 추워서 면도를 할 수가 없었다. 그래서 그는 전기 면도기를 발명하게 되었다. 그것이 바로 금광의 발굴이었던 것이다.

자신에게 주어진 핸디캡, 레몬이 문제가 아니라 불타는 욕망이 있느냐 없느냐가 문제인 것이다.

닐 제프리는 베일러 대학의 축구부원이었다. 그는 대학 일년생으로서 쿼터백을 맡고 있었다. 그리고 그는 코치 티프에게 대학 대표팀에서 쿼터백으로 뛰는 것이 자기의 목표라고 말했다. 결국 그는 50년 만에 베일러 대학 팀을 처음으로 남서부 축구 대회에서 승리하도록 만들었다.

유진 오닐은 핸디캡을 갖기 전까지는 방랑자였다. 그러나 그는 질병에 걸려 병원에 입원한 후부터 작품을 쓰기 시작했다. 사실 핸디캡이 문제가 아니라 불타는 욕망이 문제라는 것은 이미 언급한 바와 같이 수많은 이야기들 속에서 찾아볼 수 있다.

예화 2. 핸디캡이 많은 사람

마이크는 한 살 때 소아마비에 걸렸다. 그리고 2살부터 목발을 짚고 다니다가 16살 때부터는 휠체어를 타는 신세가 되었다.

1971년 8월, 21세 때는 2.99불씩 받던 엔지니어 생활을 청산했다. 21살 난 불구자에게 직장을 누가 주겠느냐는 생각을 했다면 잘못이다.

헌신적이고, 열성 있는 일꾼은 어디를 가나 대환영이다. 마이크는 한 달 안에 구직 카운슬러로 취직되었다. 일리노이 록포드에 있는 직장 안내 회사의 직장 알선 카운슬러가 되었다는 말이다. 이 회사는 1,300명의 종업원을 거느리고 있는 국제 직장 협회의 지부이다.

1975년도에 마이크 웰던은 자기 회사에서 소네스타 비치 호텔에서 개최한 대회에서 그 해의 장한 카운슬러 상을 받았다.

진정으로 남의 필요를 충족시켜 준다면 자신의 필요도 충족시킬 수 있다는 점을 증명한 것이다.

마이크 웰던은 남에게 도움을 주기 위해 헌신했다. 결국 그는 1974년 6만 불 이상의 수입을 올릴 수가 있었다. 그는 자기가 무능한 사람이라고 믿지 않았다. 아무리 불구자라도 자기에게는 능력이 남아 있다고 보았던 것이다. 그에게는 실패자의 기질이 없다는 사실을 사람들은 누구나 잘 알고 있다. 마이크는 핸디캡에도 불구하고 성공한 좋은 본보기라고 할 수 있다.

예화 3. 오해

세계 제 2차 대전 당시의 이야기 한 토막. 일본군이 진주만을 폭격했기 때문에 전쟁이 시작되었다는 사실을 잘 알고 있다. 이때 다른 어떤 미국인들 못지 않게 충성스런 일본계 미국인들이 당황했었다는 사실을 사람들은 잘 모르고 있다.

일본계 미국인들 중 많은 사람들이 그 당시 푸대접을 받은 것이다. 미국 정부는 역사가 증명하듯이 일본계 미국인들이 불충한 사람들이라고 오해를 했던 것이다. 그래서 일본계 미국인들은 그들이 정직하다는 것을 보여주기 위해 전쟁에 참여하여 미국에 대한 애국심을 보여 주었다.

한 부대가 창설되었다. 이 부대는 일본계 미국인들로 구성된 것이었다. 놀라운 사실은, 이 부대에 근무하던 군인들이 미국 역사상에 나타난 어떤 부대보다도 훈장과 메달을 많이 받았다는 점이다.

그들은 소극적인 상황에서 적극적인 반격을 가했던 것이다. 그들은 핸디캡에도 불구하고 승리를 거둘 수 있었다.

찰스 구드이어도 핸디캡이 있었다. 그는 법정 모욕죄로 감옥에 들어간 적이 있었다. 감옥에 있을 때 구드이어는 불평 불만을 연발하는 사람이 아니었다. 반대로 그는 취사장에서 조수로 착실하게 일했다. 그곳에 있을 때 그는 계속 아이디어를 실현시키기 위해서 노력했다. 결국 그는 그곳에서 궁리를 하던 끝에 고무의 경화법을 발견하게 되었다.

그래서 오늘날 좋은 타이어를 생산할 수 있게 된 것이다.

종교 개혁자 마르틴 루터의 핸디캡은 워트버그 성에 머물러 있는 것이었다. 그래서 그는 성경을 독어로 번역할 수 있었다. 존 번연도 핸디캡이 있었다. 그도 감옥에서 복역하는 동안에 《천로역정》이란 책을 저술하게 되었다.

예화 4. 자기 결함을 이겨낸 권투선수

헤비급 권투 챔피언 진 터니는 아주 유명했다. 왜냐하면, 그는 책뎀프시를 때려 눕혔기 때문이다. 그러나 진 터니가 핸디캡(악조건)을 극복할 수 있는 사람이라는 것을 아는 사람은 없었다. 그의 양손은 다 녹아웃 펀치로 이름이 나 있었다.

그러나 세계 제1차 대전 때의 원정군에 복무할 당시에 그는 프랑스에서 가진 시범 경기에서 그의 양손을 다 다쳤었다. 의사와 그의 코치는 손이 약해졌기 때문에 세계적인 헤비급 챔피언이 될 수 없을 것이라고 믿었다. 그때 터니는 동요되지 않고 이렇게 말했다.

"만일 내가 녹아웃 펀치로 챔피언이 될 수 없다면, 나는 권투가의 기질을 살려 챔피언이 될 각오를 하고 있습니다."

역사가 증명하듯이 터니는 자기 방어에 능했다. 그리고 그는 용감한 기질을 갖추고 있었다. 그래서 그는 세계 헤비급 챔피언 잭 템프시를 물리칠 수 있었던 것이다. 전문가들은 말하기를, 터니가 손을 다치지 않았더라면 챔피언이 될 수 없었을 것이라고 했다.

옛날 식으로 펀치력만 믿었다면 그를 물리칠 수 없다는 말이다. 그는 권투가의 기술과 테크닉을 완전히 익혔기 때문에 그를 정복하고 세계 헤비급 챔피언이 될 수 있었다. 다시 말해 그는 손을 다쳤기 때문에 그런 생각을 할 수 있게 된 것이다.

주어진 자리를 빛낼 줄 아는 사람이 되라. 주어진 사명을 완수하는 사람이 되라. 주어진 것이 레몬이라면 레몬수를 만들어라. 핸디캡이 문제가 아니라, 그것에 대한 적응이 문제이다.

자제력, 헌신, 결심 그리도 불타는 욕망은 주어진 환경이나 상황에 대해서 적극적 반응을 보이게 될 것이다. 그렇게 될 때 승리자가 될 수 있다.

예화 5. 실패자의 공통점

실패자는 안 되는 이유만 나열하는 사람이다. 그들은 자기 외 누구나 핸디캡을 가지고 있다는 사실을 모른다. 자기 혼자만 핸디캡을 가진 사람이라고 착각하는 것이다.

사실 실패자를 자세히 살펴보면 능력이 많은 사람이요, 문제를 적게 가진 사람이라는 것을 알 수가 있다. 자기보다 더 큰 문제와 핸디캡을 가진 사람들이 세상에는 헤아릴 수 없이 많다는 사실을 그는 모른다.

자기 복을 헤아릴 줄 모르는 것뿐만 아니라 건강한 손·발·눈·다리 등등의 가치를 모른다.

실패자의 특징이나 기질은 이런 말속에서 짐작할 수 있다.

'그 사람들은 다르다.'

혹은 그들은 이런 말을 한다.

'이곳은 절망적인 지역이다.'

곰곰이 생각해 보라. 이런 것들은 단지 핑계, 구실에 불과한 것이다. 예를 들면, 사우드 다코다주의 위너에서 건축업에 종사하는 엘로이 크로스턴은 이런 핑계를 얼마든지 대려면 댈 수 있었기 때문이다. 그러나 그는 자기의 단점, 부족이 아니라 자기의 장점, 자기가 가진 재산을 강조하는 세일즈맨이었다.

그의 구역은 두 개의 인디언 보호지가 포함되어 있었고, 또 3개의 다른 인디언 보호지가 인접해 있었던 것이다. 이 지역은 정부에서도 〈절망적인〉 지역으로 인정했다.

그러나 그는 이 지역에서 실적을 올렸기 때문에 '슈퍼 세일즈맨상'을 받았다. 과거 3년 동안 단위 판매 실적을 가장 많이 올렸던 것이다.

크로스턴은 정식 교육을 제대로 받지 못한 사람이었지만, 무엇을 할 수 없는가를 생각지 않고 무엇을 할 수 있는가를 항상 생각했었다. 결국 그는 위대한 업적을 남겼다.

성공한 인물은 누구나 인내·겸손·성실·자신력·이해심 그리고 신념으로 매사를 처리한 사람이다.

나쁜 습관을 과감히 버려라

자식이 선행을 하는 사람이 되기를 바란다면
부모가 먼저 본보기가
되어야 할 것이다.

어떤 습관을 선택한다는 것은 그 습관의 결과를 선택하는 것이다. 좋은 습관은 갖기가 힘들다. 그러나 그것을 익히면 인생을 살아가기가 쉽게 된다. 반대로 나쁜 습관은 갖기 매우나 그것을 가지면 인생을 살기가 어렵게 된다.

극단적으로 말해 나쁜 습관은 인생을 망치는 요인이다. 거의 예외 없이 나쁜 습관은 쉽게 배운다. 그것은 처음에는 기쁘게 만들기 때문에 거의 무의식중에 빠져들게 된다.

일반적으로 처음에는 나쁜 습관이 전연 고통을 주지 않는다. 물론 담배·술·마약을 처음으로 애용하는 사람 중에는 약간의 불안을 느끼는 사람도 있는 것은 사실이다.

심리학자 뮤레이 뱅크스에 따르면 열등감 때문에 담배를 배우는 경향이 많다고 한다. '악당의 일원'이 되기 위해서 처음부터 담배를 배우게 된다는 것이다. 때로는 이런 거부감도 가졌을 것이다.

'안 돼, 안 돼, 담배를 피우면 안 돼.'

그러나 당신은 억지로 악당의 일원이 되기 위해서 피우다가 결국 흡연가가 되고 마는 것이다.

담배를 처음 배워 연기로 링을 만들 때 쾌감은 느끼지 않았는가? 담배를 처음 배웠을 때 큰 자부심을 가진 적도 있었을 것이다. 좌우간 나쁜 버릇을 배울 때는 이처럼 약간의 쾌감과 스릴을 느끼게 된다.

달라스에 있는 모 병원에서 11년간 2만 7천 명의 흡연가들을 상대로 조사한 바에 따르면, 암 증상을 갖지 않은 사람은 하나도 없었다고 한다.

전문가들에 의하면 미국 흡연가들 중 22살 이후에 담배를 배운 사람은 불과 5퍼센트 이내라고 한다. 어린 나이에 남으로부터 성인이라는 인정을 받지 못하면 싫다는 열등감 때문에 어린 나이에 많은 젊은이들이 담배를 배운다는 사실을 알 수가 있다.

담배를 피우면 폐암에 걸리기 쉽다는 사실을 알고 2천 1백만 명의 성인들과 10만 명 이상의 의사들이 금연했다는 것은 정말 무시할 수 없는 사실이다.

예화 1. 1:1의 습관

과식은 습관이다. 많은 사람이 자기가 먹는 음식의 양에 대하여 깨닫지 못함으로 많이 먹는 습관을 갖게 된다. 이것은 자식을 사랑하는 것은 곧 아무 때고 아이가 원하는 대로 먹이는 것이라고 생각하는 부모들로부터 시작된다.

많은 뚱보들은 식욕을 과시하는데, 그것은 과거 세대의 부모들이 제대로 먹지 못한 어려움을 겪으면서 자식들에게 잘못된 습관을 길들여 놓았기 때문이다. 그들은 또 음식의 낭비를 죄악으로 여겨 대부분의 부모들은 자식들에게 '접시를 깨끗이' 하도록 가르쳐 왔다. 결국 정상적인 분량을 넘어선 여분의 음식 섭취는 매주일 몇 그램씩의 체중을 늘게 하였다. 하루에 10그램씩 늘게 되면 한 해에 거의 4킬로그램이 된다.

1그램은 적은 양이지만, 4킬로그램은 대단한 것이다. 만약 체중 문제에 부딪히게 되면, 어제 하루 동안에 얻어진 것이 아닌 이상, 내일 하루 굶는다고 해결되지는 않는다. 비만이 느껴질 때까지는 한번에 조금씩 초과 체중을 보태어 이루어진 것이다. 드문 예외를 제외하고는, 자주 너무 많이 먹었을 뿐이다. 비만증은 스스로 줄여가는 방법으로 해결해야 한다.

어떤 사람은 취미와 기호에 길들여져서, 전분과 당분의 함량이 높은 파괴적인 식사 습관을 지니고 있다. 이 외에도 '운동하지 않는' 생활 습관으로 말미암아, 체중이 많이 불게 된다.

예화 2. 마약과 술 문제

마약과 술은 많은 청년들을 위협하고 있다. 과거 수년 동안 마약 중독자를 정상적인 사람으로 만들기 위해서 노력했는데 마약 중독자가 되기 위해서 마약에 매력을 느끼게 된 마약 중독자는 한번도 만나본 적이 없다.

술고래가 되기 위해서 술을 마시기 시작한 술고래도 본 적이 없다. 처음에는 다 재미로, 취미로 그것을 대하다가 결국 궁지에 몰리게 되는 것이다. 버릇은 쇠사슬과 같아서 한번 길들여지면 벗기가 힘들다.

사실 좋은 버릇이건 나쁜 버릇이건 간에 인간은 그것의 영향을 받는 것이다. 이미 다 알다시피 좋은 버릇은 좋은 사람을 만들고, 나쁜 버릇은 나쁜 사람을 만든다. 그러므로 어떤 버릇을 가지고 있는가를 수시로 반성해야 할 필요가 있다. 만일 그렇지 않으면 무의식중에 나쁜 버릇들을 갖기 쉽기 때문이다.

좋은 버릇이건 나쁜 버릇이건 간에 버릇이 인간의 장래를 좌우한다고 해도 과언이 아니다. 그러므로 바람직한 장래를 기대한다면 지금부터 좋은 버릇을 갖는 사람이 되어야 한다.

예화 3. 친구 때문에 나쁜 버릇이 옮는다

친구들이나 사랑하는 사람 때문에 어떤 버릇을 갖게 된 경우도 있다. 왜냐하면 그들을 알고 그들을 믿기 때문이다. 사실 죄인이나 악인으로부터 나쁜 버릇을 배우는 예는 거의 없다. 이런 점에서 볼 때 사실 우리가 두려워해야 할 사람은 친구며 사랑하는 사람이라고 볼 수 있다. 이유는 간단하다. 친구들이나 친지들이 범죄하게 되면 남들도 자기와 같은 범죄에 가담하도록 함으로써 자기의 죄의식을 감소시킬 수가 있다고 생각하기 때문이다.

마약 중에서 가장 무서운 것은 바로 술과 대마초이다. 그것은 서로 밀접한 관계가 있기 때문이다. 술을 남용하는 사람은 대마초의 유혹이 있으면 대마초에 손대기 쉽다. 좌우간 대마초는 해롭다. 어떤 청년이 모임에서 이런 말을 한 적이 있다.

"만일 대마초를 애용하는 것이 하나의 버릇이 아니라면, 왜 나는 이것을 중단할 수 없습니까?"

그 모임에 참석했던 전문가들은 그에게 명쾌한 해답을 주지 못했다. 어쨌든 술과 대마초는 인간에게 매우 해로운 것이라는 것을 인식하는 순간 끊어버리는 용기가 있는 자는 밝은 내일이 보장되지만 그렇지 못한 자는 불행한 실패자가 될 것이다. 친구를 가려서 사귀라는 말은 의미가 깊은 말이다. 세상에 이름난 죄인이나 악인보다 친구나 친지를 통해서 나쁜 버릇을 얻게 되기 때문이다.

예화 4. 쾌감에 가린 위험

마리화나에 취하면 기분이 좋고, 마음이 편해지고 이성과 이완

되기 때문에 부작용이나 신체적인 불편을 느끼지 못한다. 하면 안 될 이유를 알지 못하는 채로 감퇴되어 가는 길로 빠져든다. 포트가 일으키는 변화는 사용자가 거의 전혀 느끼지 못할 정도로 미미하다. 그 변화는 극히 사소하기 때문에 그것에 관해서 언급하는 일은 사용자 자신이 믿지 못하고 또 믿으려 하지 않으므로 시간 낭비일 뿐이다. 그를 매일 대하는 사람들조차도 변화를 알지 못한다.

일반적으로 몇 주일간 그를 보지 못했던 친구나 친지가 맨 먼저 변화를 알아차린다. 원래 젊은 친구가 이 습관을 시작할 때는 가격도 별로 비싸지 않고 가진 용돈에서 여유 있게 얻을 수 있다. 사용자가 더욱 주기적으로 약을 사용하게 되면 더 많은 돈이 들게 된다. 그때부터 돈이 옷장 위에서나, 어머니와 아버지의 지갑으로부터 사라지기 시작한다. 습관이 더해짐에 따라서 돈에 대한 요구와 그것을 얻는 기술도 늘게 된다. 마침내 마약 상습자는 쉽게 사라지지 않을 집의 물건까지도 팔고 더 많은 돈을 구하려고 한다. 습관이 몸에 배면, 상습자의 작은 도둑질은 큰 상점으로까지 확대된다.

그는 이 훔친 것들을 원래 시장 가격의 10내지 20퍼센트가 되는 헐한 값으로 장물 매매를 통해서 처분한다. 이 가격에도 심지어 조그만 습관을 필요로 하는 어떤 교묘함이 있어야 한다.

습관을 더욱 끊을 수 없게 될수록 도둑질도 커져 간다. 스피드, LSD, 헤로인과 같은 것의 규칙적 사용을 포함한 위험 약품들에 빠져들게 되면 도둑질도 놀랄 정도로 늘어가게 된다. 습관이 더해 갈

수록, 가격이 많이 들게 될수록 결국 사용자는 사실상 온 종일 훔치러 다니게 되는 것이다.

마침내 이것은 한계에 부딪힌다. 번번이 소녀들은 매춘을 하고, 소년들은 뚜쟁이 노릇을 한다. 부담이 훨씬 무거워진 다음 단계가 오면, 상용자는 지탱할 만한 충분한 돈을 벌 수 없게 된다. 그때 이 소년이나 소녀는 오직 포트를 구하기 위하여 뛰어나가 거리를 헤매는 부랑아가 된다. 이들 중 아무도 그렇게 될 가능성을 짐작했거나 그들 자신에게 닥치리라고는 생각지 못했을 것이다.

예화 5. 누가 나쁜 버릇을 주는가?

오늘날 사람들은 세상의 잘못된 문제들에 대한 책임을 젊은 세대에게 돌리는 경향이 짙다. 부도덕하고 무책임한 젊은이들을 보고 성인들은 역사상 가장 못된 세대라고 하는 소리를 들을 경우가 있다. 그렇게 볼 수도 있을 것이다. 그러나 문제의 원인을 자세히 살펴본다면 성인들이 그런 경솔한 말을 함부로 할 수가 없을 것이다. 왜냐하면 누가 뭐라고 해도 젊은이들이 나쁜 버릇을 갖게 된 것은 성인들의 영향력에 기인하기 때문이다.

성인들이 모범이 되지 못하면 자연히 젊은이들도 나쁜 버릇을 배우게 된다는 것은 너무도 잘 아는 사실이다. 비윤리, 부도덕, 무책임한 젊은이들은 성인들의 희생물인 것이다. 즉 선배가 모범적인 인간이라면 후배도 그를 따라서 모범적인 인간이 될 것이다.

심은 대로 거두게 된다는 말을 잊지 말라. 자식이 선행을 하는 사람이 되기를 바란다면 부모가 먼저 본보기가 되어야 할 것이다. 좋은 버릇을 가진 어머니 슬하에서 자란 딸은 역시 다음에 좋은 아내가 되는 법이다.

젊은이들의 비윤리, 부도덕, 무책임이 성인들의 영향력 때문에 생긴다는 사실을 아는 사람들이 세상에 많다면 이 세상은 보다 살기 편한 곳이 될 것이다.

자녀의 나쁜 버릇을 고치려고 하면서도 자신의 나쁜 버릇은 고치지 않는 부모들을 주위에서 많이 볼 수 있다. 그러므로 젊은이들의 나쁜 버릇만 탓할 것이 아니라 반성할 줄 아는 어른들이 되어야 한다. 부하의 나쁜 버릇을 발견할 때 상관은 스스로 자각할 줄 알아야 한다.

예화 6. 말로써 지는 빚

불경한 언사도 나쁜 습관이다. 그러한 언사가 어떤 식으로까지 나타날지 알 길이 없기 때문에 어떤 종류의 불경한 언사를 사용하건 듣는 사람으로 하여금 모멸감을 금치 못하게 한다.

가끔 사람들이 어떤 적나라한 표현을 드러내는 것을 본다. 많은 경우, 그럴 때는 그를 아는 사람들이

'그는 악담을 한 것은 아니었다'

고 설명할 것이다.

불경한 언어로 이익을 얻을 수는 없다. 그로 인해 거래에 실패하고, 우정이 깨지고, 기회를 잃거나 구애가 끝장나고 말 것이다. 불경한 언사는 대부분의 사람들이 습관이 될 때까지 알지 못하고 쓰다가 갖는 나쁜 습관이다.

심지어 강간이라는 것도 단계적으로 확대되는 나쁜 습관에 이르게 되는 결과인 것이다.

히크스 박사는 상습적인 강간범이 저지르는 행위는 섹스의 행동이 아니라 폭력의 행동이라고 지적했다. 강간범은 여자들을 증오하고 나이라든가 용모에는 관심을 갖지 않으며, 그에 관하여 아무것도 기억해 내지 못한다. 강간범들은 벗은 여자를 문틈으로 엿보기를 좋아하는 데서 시작하여, 여자들이 자는 모습을 볼 수 있는 침실로 소리 없이 들어가게 된다고 한다. 그렇게 비폭력적인 방법으로 시작하여 폭력을 사용하는 강간으로 악화된다.

습관적인 거짓말쟁이, 상습적으로 지각하는 사람, 난잡한 사람, 자명종 소리를 듣지 못하고 자는 사람, 이 모두가 같은 태도에 그 원인이 있다. 처음에 가볍게 허용한 것이, 이러한 나쁜 습관으로 생활 방식이 되어 버리고 점점 더 큰 악습을 요구하게 된다.

예화 7. 나쁜 습관의 침투를 막아라

모든 나쁜 습관은 은연중 길들여진다. 마리화나에 관하여 이야기한 것이 음주에도 똑같이 적용된다. 마약 사용을 비난하면서도 그들 자신의 음주를 정당화하는 부모들이 있다. 많은 사람들이 이렇게 말한다.

'어떻게, 어디서 또 왜 우리 자식들이 그런 습관을 갖게 되었을까? 그 애들은 부족할 것이 없는데도 마약을 가까이 할 수 있었을까?'

그렇지만 자식들도 부모들에게 똑같은 질문을 던질 것이다. 결국 알코올 역시 일종의 마약인 것이다. 독선적이니 어떤 부모들은 이렇게 분개하여 말한다.

"어떻게 그 애들이 우리에게 그런 짓을 할 수 있단 말인가?"

한 가지 강조할 점이 있다. 많은 부모들이 하루 일과를 각성제로 시작할 것이다. 얼마 지난 후에 신경을 안정시키기 위하여 그들은 신경안정제를 복용한다. 식욕을 억제하려고 체중 조절약을 사용한다. 저녁 식사 전에 칵테일을 들고, 나이트 캡(잘 때 마시는 술)으로 하루를 끝맺음한다.

하루 동안에 그들은 한 갑이나 두 갑의 담배를 피우고 편안한 상태 유지를 위해 아스피린 두 알을 먹는다. 그래도 부모들은 분개하여 묻는다.

"자식들이 대체 어디서 약을 사용하는 습관을 배웠을까?"

세계에서 한 사람 당 가장 많이 술을 마셔대는 곳은 프랑스이다. 따라서 프랑스는 또 세계에서도 가장 높은 비율의 알코올 중독 환자를 보유하고 있다. 이것을 우연의 일치라고 생각할지 모르지만,

칠레도 역시 한 사람 당 술의 소비량이 두 번째로 많은 나라이며, 알코올 중독률도 세계에서 두 번째로 높다.

또 하나의 우연의 일치에 주의를 돌릴 필요가 있다. 완전한 수치를 내기에는 너무 이르지만, 달콤한 술의 갑작스럽고 과장된 TV광고에 직접적으로 일치하는, 10대 청소년들의 알코올 중독이 증가하는 추세가 보여지고 있다.

더욱 걱정되는 것은 이러한 상업 광고가 맥주를 위시하여, 나이 어린 시청자들의 높은 시청률을 점하고 있는 큰 운동 시합에 집중되고 있다는 점이다. 이 위선은 믿어지지 않을 정도이다. 운동 경기란 인생과 건강에 활력을 불어넣는 것인데, 오히려 그것을 파괴하는 알코올이 스폰서를 맡고 있다.

음주의 습관은 술에서 소량의 알코올을 섭취하는 일로부터 시작된다. 일정한 기간이 지나면 더 많은 양의 알코올을 받아들이고 허용하려는 폭이 넓어지며, 결과는 비참하게 된다.

문명 국가, 특히 프랑스나 칠레와 같은 나라뿐만 아니라 미국에도 900만 명의 알코올 중독자가 있다고 추정된다.(어떤 권위자들은 2,500만 명에 가깝다고 본다) 알코올은 미국에서 특히 청소년들에게 나날이 심각해지고 있는 실정이다. 예를 들어 뉴욕 시에서만 해도, 최근 조사에 따르면 학생들의 12%가 음주로 인한 문제를 지니고 있으며, 전 미국 고등학생의 60%가 한 달에 적어도 한 번씩은 술에 취하는 것으로 밝혀졌다.

이 조사에서는 음주벽을 초기 단계에 고쳐야 한다고 강조하였다. 이것은 옳은 지적이다. 초기 단계를 잘 보살펴야 하는 것이다. 부모가 함께, 자식들이 아직 엄마의 무릎 위에 있을 때부터 시작하여야 한다.

이러한 사실에도 불구하고, 그들의 자식들이 마약 사용자 같은 바보가 아니라 단지 조금 마시기만 할 뿐이라고 자랑스럽게 말하는 어떤 부모들이 있다.

그들은 심지어 자식들에게 술을 알맞게 마시는 방법을 가르치고 있다고 자랑하기까지 한다. 이게 될 말인가? 카톨릭 신부들은 성직자들 가운데서도 가장 훌륭하고 다양한 수련을 받는다. 그들이 행하는 사랑과 헌신의 행동은 의심할 여지가 없다.

그러나 그들은 이따금 칵테일이 제공되는 곳에서 초청 받기도 한다. 그들은 많은 경우 교회에서는 취태(醉態)를 강하게 배척할지라도 사교적인 술자리까지 못마땅해 하지는 않는다는 점 때문에 침착하고 총명하게 참석하게 된다. 신부들 중 10%가 보여주는 결과는 비극적이기까지 하다. 그들은 은연중에 알코올 중독자가 된 사람들이다.

이 분야 연구의 권위자들은 16세 정도에 사교적인 술자리를 갖게 되는 사람은 거의가 알코올 중독이 된다는 사실을 밝혔다. 알코올 중독자들은 다른 마약 중독자들과 같이 처음부터 알코올 중독자였던 것은 아니나 나쁜 습관은 점차적으로 진행하여 자신이 알기 전에 이미 습관화되고, 습관의 지배를 받게 되는 것이다.

미합중국의 공중위생국 장관은 담배 제조업자들에게 담배 갑에 온건한 경고문을 써놓도록 명했고 그렇게 시행되었다. 그런데 알 수 없는 점은 그가 왜 술병에는 더 강한 경고문을 써놓도록 하지 않았는가 하는 점이다.

흡연의 해독과 음주의 해독을 비교하는 것은 소총수의 화력과 캘리버 50 기관포의 화력을 비교하는 거나 마찬가지이다. 혹시 알코올이 가장 위험한 독약이라는 사실을 의심한다면, 타임지에 기사화된 다음과 같은 사실을 보라.

「우리는 베트남에서 지난 20년간 약 1,400억 달러를 소모했고, 5만 6천 명의 희생자를 냈다. 같은 20년 동안, 취중 운전으로 인하여 비명에 간 사람이 50만 명에 달하고, 거의 5,000억 달러의 손실을 가져왔다. 만일 베트남에서 치른 미국의 대가에 대하여 격렬히 통박하는 사람들이 미국의 양조업으로 인한 희생과 무서운 대가에 대하여는 그보다 비중을 가볍게 비난한다면, 그들은 미국을 위한 진정한 노력은 않는 것이 된다.」

제13장

부자는 기적을 기대한다

할 수 있다고 생각하면 할 수 있다

마음 속에 분쟁이 일지 못하도록 하라.
행동하기 전에 겁부터 내지 말라.
장애물을 겁내지 말라.

노먼 필 박사는 다음과 같은 예를 들었다.

"오하이오주 아놀드에는 윌리엄스 에비뉴라는 초등학교가 있다. 그 초등학교에는 리보스라는 선생이 한 분 있는데 그는 키가 6피트 4인치에 체중이 240파운드나 나가는 우람한 체구에 엄하고 위엄이 있는 사람이다. 그는 큰 사람이라는 인상을 주는 것 이외의 또 하나 인상 깊은 점이 있었다. 그의 교수법이 아주 이해하기 쉬운 점이었다. 그는 언제나 '나의 사명은 소년을 정신적 신체적으로 건전한 남성으로, 소녀를 현숙한 여성으로 만드는 것입니다'라고 말했다. 그는 지극히 집념이 강한 사람이었다. 그는 큰손을 가지고

아이들을 엄하게 다루었으나 아주 공정하였다. 연약한 아이들을
때리는 일 없이 가르쳤으나 잘못이 있을 때는 아주 날카로운 눈으
로 쳐다보는 것이었다."

어느 날 신문 칼럼에 리브스 선생님에 대한 기사가 나왔다. 그
결과 사방에서 과거 그의 제자들로부터 약 100통의 편지가 왔는데
그 내용은 이구동성으로 그 당시 그 선생님으로부터 지대한 감명
을 받았다는 것이었다.

그가 위대한 선생님으로 존경을 받은 이유는 그가 가르쳐 준 아
이디어들과 원리를 아직도 제자가 잊지 않고 실천하고 있기 때문
이다.

그 선생님에 대한 이야기를 좀더 구체적으로 들어보자면 교실
안에서 별다른 이유도 없이 리브스 선생님은,

"조용히 해!"

라고 외치곤 했다. 학생들을 조용하게 만든 후 그는 흑판 위에
큰 글씨로 할 수 없다(CAN'T)를 쓰곤 했다. 그 다음 그는 제자를
쳐다본다. 그때 학생들은 큰 소리로

「할 수 없다에서 〈없〉을 〈있〉으로 바꾸어 쓰면 됩니다」라고 고
함을 지른다. 그러면 선생님은 폼을 잡아가며 〈없〉을 〈있〉으로 바
꾸어〈할〉 수 있다(CAN)〉라는 말이 되도록 하였던 것이다.

즉 CAN'T(할 수 없다)에서 〈T〉를 지워버리면 〈CAN(할 수 있

다〉〉라는 말이 된다.

그 다음 선생님은 손가락 사이에 묻은 분필 가루를 털면서 이렇게 말하곤 했다.

"언제나 이것을 교훈으로 삼고 살아야 한다. 자기 자신을 믿고, 나라를 믿고, 하나님을 믿는 씩씩하고 튼튼한 사람으로 성장하라는 뜻이다. 소심한 자가 되지 말라. 참다운 인간이 되라. 너희들도 훌륭한 사람이 될 수 있다. 성실하고 훌륭한 사람이 되려면 이 원리를 절대로 잊지 말라. 〈할 수 있다고 생각하면 할 수 있다〉"

그 선생님의 밑에서 교육을 받은 제자들은 아무리 어려운 일이 있어도 그 원리를 잊지 못했던 것이다.

호주의 어떤 사람이 미국에서 훈련차 강연하러 온 세일즈 매니저가 하는 말 〈할 수 있다고 생각하면 할 수 있다〉를 듣고 난 후 실패에서 성공으로 운명을 바꿀 수 있었다고 한다.

그는 처음 이 말을 들었을 때 자극을 받아 마음이 움직였다. 결국 그는 이 원리를 알고 자기 자신을 발견하게 되었다. 그 후 그는 용기 있고 집념이 강한 사람이 된 것이다. 〈할 수 있다고 생각하면 할 수 있다〉는 말의 의미를 좀더 깊이 해부해 보기로 한다.

예화 1. 잠재 능력은 누구나 있다

그 말의 의미는 사람은 누구나 그만한 잠재 능력을 가지고 있다는 것을 암시하고 있다. 사람은 자기가 생각하고 있는 것보다 더 많은 재능·능력·수완을 가지고 있는 것이 사실이다.

에디슨은 이렇게 말한 적이 있다.

"만일 인간이 가진 능력을 다 발휘한다면 우리는 깜짝 놀랄 것이다."

이 말은 이러한 뜻으로 해석할 수도 있을 것이다.

"당신은 지금까지 당신 자신을 깜짝 놀라게 할 만큼 능력을 발휘해 본 적이 있는가?"

물론 백 퍼센트 발휘해 본 적이 없을 것이다.

예화 2. 할 수 있다는 자신감

할 수 있다고 생각하면 할 수 있다는 사실을 실증한 예가 있다.

한국전에 참가했던 어느 미해군 사병이 겪은 기사를 읽은 적이 있다. 이 해군 사병은 많은 사람을 놀라게 했다.

그는 한국 전쟁 당시 미국 군함이 원산만 근처에 닻을 내리고 정박 중이었다. 그 날 밤은 아주 맑은 날씨였고 달빛도 밝게 바치고 아주 고요했다.

한 조타수가 평소와 같이 배를 순찰하다가 갑자기 걸음을 멈추었다. 그는 배에서 별로 멀지 않은 곳에 검은 물체가 표류하고 있는 것을 발견했다. 그는 그것이 어뢰라는 것을 알 수 있었다.

전화로 당직장교를 불렀고, 장교는 즉시 달려와 그것을 관찰했다. 또 선장도 알게 되어 총비상을 걸었다. 전대원들은 행동으로 돌입했다.

장교들과 사병들은 다가오는 어뢰를 지켜보았다. 사태는 심각했다. 장교들이 여러 가지 방법으로 대책을 모색하고 있었다.

"닻을 올릴까요?"

"안 됩니다."

"시간이 없습니다. 엔진을 걸어 배를 이동시킬까요?"

"안 됩니다. 프로펠러의 충격 때문에 어뢰는 더 빨리 다가올 것입니다."

"총으로 파괴시킬까요?"

"안 됩니다. 너무 가까운 곳에 있습니다."

"그러면 어떡하면 되겠습니까? 보트를 타고 가 장대로 어뢰를 밀어 버린다면 어떻겠습니까?"

"소용없습니다. 그것은 물체가 닿기만 하면 폭발하는 어뢰입니다. 그리고 처치할 시간도 없습니다."

사태가 긴박했다. 이때 한 사병이 장교들보다 뛰어난 아이디어를 생각해 내고 "소방용 호스를 가지고 오라"고 고함을 질렀다. 누구나 본능적으로 이 제안이 명안이라고 느껴 어뢰와 배 사이에 물결을 일으켜 어뢰를 멀리로 보낸 다음 총으로 폭발시키기로 했다.

그는 평범한 사병이었다. 그러나 그는 위기를 당했을 때 침착하게 생각할 줄 알았다.

이러한 능력은 누구나 가지고 있어서 창조적 잠재능력이 없는 사람은 없다. 그러므로 아무리 어려운 위기를 당하여도 할 수 있다고 생각만 한다면 그것쯤은 얼마든지 해결할 수 있는 것이다. 자신의 능력을 적극적으로 저지한다면 행동은 쉬운 것이다.

위기를 극적으로 모면한 후 그 사병은 자신도 깜짝 놀랐다.

대학에 가고 싶지만 열등감 때문에 미국에서 교육받기를 주저하고 있던 어느 외국 학생의 경우 그는 그의 급우들이 영어를 잘못하는 것을 보고 비웃지나 않을까 라고 겁을 먹었다.

그가 대학에 가서 공부할 엄두가 나지 않는 것은 야망에 의한 자극은 받았으나 자기의 능력을 낮게 평가하고 있기 때문이었다. 그에게 키플링의 말을 전해 주었다.

"인간은 실패할 이유를 4천만 개나 가지고 있다. 그러나 자신의 실패는 한 가지도 인정하려 하지 않는다."

그리고 그에게 자기의 허락 없이는 그 어떤 것도 그를 패배시킬 수 없다고 말해 주었다.

"절대로 실패는 생각지 말라. 그보다 위험한 사고방식은 없다. 실패를 생각하면 실패하고 성공을 기대하면 성공하기 때문이다. 실패가 아닌 성공의 이미지를 가져라. 대학에 가라. 그러면 남들은 당신을 사랑하게 될 것이다. 발음이나 액센트에 대해 너무 신경 쓰지 말라. 그러면 영어의 명수가 될 수 있다. 절대로 논쟁을 피하라. 마음의 자세를 바꾸면 급우들이 웃음거리를 가지고 있더라도 그들이 당신에게 아주 친절하게 대해 준다는 사실을 알게 될 것이다."

이 충고는 그를 대학에 가도록 만들었다. 그 후 그는 급우들간에 아주 인기가 좋았고 성적도 우수했다. 무능의식보다 인간을 불행하게 하는 것은 없다.

아무리 오랫동안 무능의식의 노예로 고통을 받아 왔다고 해도 그것으로부터 해방될 수 있다. 그러기 위해 먼저 새 사람이 되겠다고 결심해야 한다. 행동해 보기 전에는 무엇을 할 수 있는지 알 길이 없다. 항상 적극적인 사고방식을 가지고 앞으로 계속 진전해 나간다면 절대로 실패하지 않을 것이다.

소극적인 의식이 일 때마다 적극적인 생각으로 일신하여 소극적 사고를 마음 밖으로 추방시켜라. 마음 속에 분쟁이 일지 못하도록 하라. 흔들리는 마음을 갖지 말라. 장애물을 겁내지 말라. 행동하기 전에 겁부터 내지 말라.

불가피한 일이 겁낸다고 해결되지 않는다. 당당히 부딪쳐야 한다는 현실을 인정하라. 그러면 어떤 일이든 타개할 수 있는 잠재력이 능력을 발휘한다. 자신감을 가질 때만 열등감과 무능감을 추방시킬 수 있다.

신념은 칼보다 강하다

*문제가 생겼을 때 불가능하게 보인다면
왜 불가능한지 그 이유를
조사하라*

예화 1. 독수리는 독수리다

자기가 병아리라고 착각하고 있던 독수리의 예화를 들어본 적이 있는가?

어느 날 모험심이 강한 소년이 아버지의 닭장 근처에 있던 산 속에 들어가 큰 나무 위에서 독수리 알을 가져다가 암탉 둥우리 속에 같이 두었다. 암탉은 그것을 품었고 병아리와 함께 독수리도 알에서 깨어나게 되었다. 독수리는 병아리들과 살면서 자기가 독수리인 줄을 모르고 있었다. 왜냐하면 한동안 병아리들과 같이 사는 것에 만족했기 때문이다.

그러나 날이 갈수록 마음 속에 이상한 욕망이 발동하기 시작했다. 그래서 이렇게 생각했다.

"나는 병아리 이상의 그 무엇이 될 수가 있다"

그런 어느 날 독수리 한 마리가 닭장 위를 날고 있었다. 닭장 속에 있던 독수리는 날개에 이상한 힘이 발동하는 것을 느꼈다. 심장이 강하게 뛰기 시작했다. 독수리는 공중에 날고 있던 독수리를 보자 이런 생각을 했다.

'나도 저 독수리처럼 날 수가 있다. 닭장은 나의 집이 아니다. 나는 하늘을 날면서 살아야 하고 산 속에서 살아야 한다.'

날아본 경험은 없지만 힘과 본능이 속에서 용솟음쳤다. 용기를 낸 독수리는 날개를 펴 저쪽 산으로 날아 보았다. 점차적으로 그는 깊은 산 속까지 날아가게 되었고 마침내 자기 자신의 정체를 발견했던 것이다.

세상에는 똑같은 사람이 하나도 없다는 사실을 명심하라. 어디가 달라도 다른 것이다. 참 자신의 정체를 찾아내야 한다. 그래야 자신에 맞는 일을 할 수 있다는 것을 알게 된다.

닭장 속에 있던 독수리처럼 현실에 만족하고 있는가? 아니면 좀 더 높은 안목을 가지고 더 차원 높게 살려고 행동하는가? 그러나 어떤 사람은 이렇게 말할지도 모른다.

"뭐, 그것은 비유에 불과한 것이다. 어쨌든 나는 독수리도 병아리도 아니다. 나는 인간이다. 나는 평범한 인간이다. 나는 더 이상

바라지 않는다."

바로 그것이 문제이다. 절대로 보다 나은 인간이 되려고 힘쓰지 않는 것이 심각한 문제이다. 언제나 자신이 기대한 대로 그런 사람이 되기 때문이다.

자기 판단만 믿고 할 수 없다고 생각하지 말라.

세상에서 가치 있는 일들은 모두 할 수 있다고 생각한 인물들이 성취해놓는 유산이다. 그들은 어떤 역경에도 굴하지 않고 용기 있게 매진했던 것이다.

예화 2. 핸디캡을 의식하지 말라

몇 년 전에 홈 뎀세이는 65야드 전방에서 골인을 시킴으로써 사람들을 깜짝 놀라게 했다.

홈은 날 때부터 오른발이 반밖에 없었으며 오른쪽 손도 불구였다. 그러나 그는 훌륭한 부모를 가지고 있었다. 그들은 그의 핸디캡에 대해서 한번도 언급한 적이 없었다. 그래서 그 소년은 다른 모든 소년들이 하는 일을 다 해낼 수 있었다. 다른 사람이 10마일을 가면 그도 갈 수 있었던 것이다.

왜 안 된단 말인가? 왜 못한단 말인가? 그는 부족한 것이 없었다. 그는 다른 소년들 못지 않게 행동할 수 있었던 것이다. 그 다음 그는 축구를 하고 싶었다. 다른 사람들보다 월등하게 잘 하고 싶었다.

그는 다른 선수들보다 축구를 더 잘 할 수 있다는 사실을 발견했다. 그는 축구를 잘 하기 위해 특별한 구두를 고안해서 만들어 신었다. 그는 불구의 발과 손에 대해서 열등감을 느껴보지 못했다. 그러나 코치는 이렇게 충고했다.

"너는 프로선수가 될 수 없을 것이다. 그러니 다른 분야에 투신하도록 하라."

하지만 그는 뉴 오리언스 세인츠 팀으로 가서 기회를 얻도록 요청했다. 처음에 코치는 별로 관심이 없었으나 소년의 자신감에 감탄하여 그를 채용했다.

2주 후 코치는 또다시 놀라게 되었다. 왜냐하면 홈 뎀세이가 경기중 55야드 전방에서 골인을 시켰기 때문이었다. 그것 때문에 그는 세인츠팀의 정규 팀원이 될 수 있었다. 그 당시 그는 그의 팀을 위해서 99점을 기록해 주었다.

그 다음 큰 경기를 하게 되었다. 관중석에는 66,000명의 인파가 꽉 차 있었다.

공은 28야드 전방에 있었고 경기 종료 시간도 불과 몇 초밖엔 남지 않았다. 조금 후 공은 다시 45야드 전방에 있었다. 이제 기회는 한 번밖엔 없었다.

"뎀세이, 안으로 들어가서 공을 차라."

코치가 큰 소리를 질렀다.

홈이 경기장으로 들어가 63야드 전방에서 공을 쳤다. 지금까지 기록을 세운 자는 발티모어 콜츠 팀의 버트 레치찰이 55야드 전방에서 골인시킨 것이었다.

공은 정확했다. 뎀세이는 공을 힘있게 찼다. 똑바로 찼던 것이다. 66,000명의 관중들은 숨을 죽이고 있었다. 그때 심판은 손을 들면서 골인을 선언했다. 그래서 팀은 19대 17로 승리를 거두게 되었다. 신기록을 세웠기 때문에 관중들은 흥분했다. 그것도 불구의 발과 손을 가진 선수가 이룩한 기록이었다!

"믿을 수 없는 일이다."

하고 어떤 사람이 소리를 질렀다. 그러나 뎀세이는 웃었다. 그는 부모를 생각했다. 그들은 언제나 그에게 〈할 수 없다〉는 말 대신에 〈할 수 있다〉는 말을 해 주었기 때문이다. 그는 이러한 놀라운 업적을 세운 것이다. 그는 이렇게 말했다.

"부모님은 나에게 한번도 할 수 없다는 말을 하신 적이 없다."

이것저것을 할 수 없다고 절대로 말하지 말라. 불가능하다고 말하지 말라. 할 수 있다고 말하라. 우선 할 수 있다고 생각하라. 그리고 계속 일하고 노력하라. 그러면 당신은 당신도 할 수 있다는 사실을 깨닫게 될 것이다. 병아리와 독수리의 이야기를 명심하라. 독수리처럼 참 자기 자신의 정체는 반드시 살아 움직이는 것을 알라!

할 수 있다고 생각하면 할 수 있다는 말을 너무 강조한다고 생각할지 모르겠으나 경험으로 봐서 강렬할 자극을 받지 못하고 자신감이 부족한 자는 항상 불가능하다는 이유 때문에 패배자가 된다는 것을 부인할 수 없다.

일화 3. 할 수 없다고 생각하면 기회를 잃는다

할 수 있다고 생각하면 할 수 있다는 원리는 아무리 어려운 상황에 처한다고 해도 돌파구를 찾을 수 있다는 진리이다. 예를 들어 1971년 2월 22일 존 맥웨이는 시속 70마일의 속력으로 세인트 루이스 근처에 있는 도로를 달리고 있었다. 그런데 바퀴에 고장이 생겨 자동차 전복사고를 당했다. 비참한 순간이었다.

"가장 견디기 힘든 상처를 당했다."

로센 박사는 이렇게 말했다. 맥웨이는 가슴이 마비되었고 손도 쓸 수 없었다. 그는 전신에 감각을 잃은 나머지 휠체어 신세가 되었다.

절망과 공포 그리고 자기 연민에 빠지기 쉬운 운명에 처했으나 그는 용기와 결심으로 절망 속에서 승리자의 상태로 자신을 끌어올렸던 것이다.

시카고 데일리 뉴스지의 딕 그리핀에 의하면 존 맥웨이는 사고를 당한 지 35주 5일 후인 1971년 10월 29일에 월 스트리트 저널의 중서부 책임자로 근무하러 떠났다고 말했다. 어떤 면에서 보더라도 불구의 몸이었지만 그는 중책을 맡아 일하게 된 것이다.

할 수 있다고 생각하면 할 수 있다는 적극적인 철학에 대해서 의심하는 소극주의자가 많다. 그들은 언제나 인간은 할 수 없다고 강조하며 인생 속에서 기회를 찾지 못한다. 물론 창조도 못한다. 그들은 가난 속에서 벗어나지도 못하고 신체적인 불구에서 탈피할 줄도 모른다. 그들은 불행히도 '할 수 없다'는 사고를 가진 자가 많다. 그들은 존 맥웨이를 본받아야 한다.

예화 4. 의지의 힘

캔사스주 토페카에 있는 프랭클린이 위기를 당했다. 할 수 있다고 생각하면 할 수 있다는 진리를 증명하기 위해서 그의 이야기를 적는다.

벤은 18세 때 등산에 포기해야만 했다. 그 전에는 등산대장이었다. 벤은 매년 여름을 등산으로 보내왔고 겨울에는 다음 해 여름에 등산할 계획을 세우곤 했다.

1962년 4월 14일 그는 등산을 하다가 낭떠러지에 떨어졌다. 콜로라도 대학에 재학중이던 다른 두 명의 대학 1년생과 같이 등산을 가 줄을 타다가 떨어진 것이다.

의식을 회복했을 때 그는 첫 감각은 마치 검은 털 모포 위에 있는 것 같았다. 고통 중에 그는 이런 생각을 했다.

'내가 타던 줄은 어떻게 되었을까? 줄은 어떻게 되었는가? 나의 친구들이 부르는 소리가 희미하게 들렸다. 그때 구조대원들이 건졌다. 그들은 미리 대기시켜 둔 구급차에 싣고 사이렌 소리를 내며 덴버까지 30마일을 달렸다. 의사들은 골반을 다시 조립했고 등에 4군데의 상처를 바로 잡느라고 긴 시간을 보냈다. 치료는 여러 날 계속되었다.'

그 후 육체적인 고통이 악화되자 정신적인 고민을 하기 시작했다. 벤의 몸에 덮인 시트는 꼼짝도 않았다. 겨우 손가락과 팔목을 움직일 수 있었다. 그러나 놀랍게도 벤의 허리 아랫부분이 마비상태에 있다는 것을 알게 되었다.

'등산을 하는데 필요한 다리를 잃다니? 안 돼! 절대로 안 된다!'
벤은 화가 치밀어 올랐다.
"다리는 내 것이다. 내 마음대로 움직일 수 있어야 한다."
몸부림을 치면서 그는 하부를 움직여 보았으나 소용이 없었다.
그러나 그는 희망을 가지고 분투했다. 여러 날이 지나갔다. 벤의 다리는 시들기 시작했다. 그는 기도하기 시작했다. 간절히 기도했다. 이러한 절망적인 위기 속에서 그는 하나님께 매달렸다. 밤에 그는 그의 방에서 홀로 창조주 하나님께 기도했다.

"내가 다시 걷고 싶어한다는 것을 주님은 알고 있습니다. 그러나 나는 걸을 수가 없습니다. 하나님, 이제 나는 절망상태에 있습니다. 나는 최선을 다해 봤지만 허사라는 것을 알았습니다. 내 뜻대로 마옵시고 당신의 뜻대로 하옵소서."

벤은 깊은 잠이 들었다. 산에서 사고를 당한 후 처음이었다. 벤은 단꿈을 꾸었다. 마음도 편했다. 그의 절망감은 어디론지 사라져

졌다. 그때 그는 하나님께 모든 것을 맡겼었다. 그는 자기의 뜻보다 하나님의 뜻을 따르기로 했다. 이제 더 이상 고민할 필요가 없었다.

다음날 저녁에 그는 발가락 하나를 움직일 수 있었다.

정말 움직였을까? 아니면 그렇게 생각했기 때문인가? 꿈인가 생시인가? 벤은 시트 위로 발가락 있는 부분을 자세히 보았다. 다시 움직여 보기가 두려웠다. 그러나 조심스럽게 시도해 보았다.

다시 발가락이 움직이는 것이었다. 벤은 무척 기뻤다. 웃으며 소리를 질렀다. 걱정스러운 모습으로 간호사가 방으로 들어왔다. 너무 기뻐서 그녀에게 키스를 하려고 했다. 간호사는 뒤로 물러섰다. 벤은 눈물을 흘리면서 하나님께 감사의 기도를 올렸다.

그 날 밤 이후 수년이 흘러갔다. 그러나 그의 행복은 계속되고 있다. 벤은 아직 부분적으로 마비가 되어 있다. 그러나 그는 일년간 휠체어(회전의자)에 앉아 있었고 그 이후는 목발로 다니게 되었다. 그 후 대학을 졸업했다. 지금은 명강사로 일하면서 목발로 전 세계를 여행하기도 한다. 벤은 걸을 때마다 감사한다. 벤은 산에게도 감사했다. 이유는 산에서 사고를 당한 후 등산보다 더 즐거운 등산을 하게 되었기 때문이다. 그것은 바로 그가 하고 있는 신앙생활이다. 다시 말해 정신적인 등산을 맛보게 되어 단골 손님이 된 것이다. 이러한 행복을 18세 때 찾았기 때문에 그는 정말 복된 사람이라고 생각한다.

예화 5. 완전한 불가능은 없다

유명한 작가 나폴레옹 힐은 '불가능'이란 단어를 가장 싫어한다. 청년 시절에 그는 작가가 되려는 대망(大望)을 가지고 있었다. 자기의 목표 달성을 하기 위해서는 단어 사용의 명수가 되어야 한다는 사실도 알았다. 힐은 가난해서 교육도 정상으로 받을 수 없었기 때문에 친한 친구들은 그가 가진 희망은 불가능한 것이라고 말했다.

젊은 힐은 저축을 하여 제일 좋은 사전 하나를 샀다. 힐이 원하던 모든 단어들이 그 속에 다 수록되어 있었다.

그는 단어들을 하나씩 익히기 시작했다. 그렇게 하다가 이상한 짓을 했다. '불가능'이란 단어를 보자마자 그것을 잘 드는 가위로 오려내어 던져버렸다. 그래서 그는 이제 소극적인 말 '불가능'이란 단어가 없는 사전을 갖게 되었다. 그 이후 그는 자라나기를 원하고 월등하게 되려는 자에게 '불가능은 없다'는 자세로 자기 인생을 다져 나갔던 것이다.

그렇다고 해서 당신도 사전에서 불가능이란 단어를 도려내라는 말은 아니다. 마음 속으로부터는 추방시키라고 권하고 싶다.

대화 속에서, 생각 속에서, 자세 속에서 불가능이란 말을 삭제시켜라. 불가능은 생각조차 하지 말라. 물론 죽음과 같은 불가피한 것은 있다. 모태에 있는 태아는 아무리 모태 속에 있고 싶어도 때가 되면 세상 밖으로 나와야 한다. 이러한 것은 불가피한 것이다. 그러나 대부분 우리가 생각하고 있는 불가능이란 불가능이 아니라 가능한 일인 것이다. '불가능'보다 '가능'이란 말을 자주 사용하라. 왜냐하면 할 수 있다고 생각하면 할 수 있기 때문이다. 성경 속의 말을 명심하라.

"너희가 만일 믿음이 겨자씨만큼만 있어도 이 산을 명하여 여기서 저기로 옮기라 하여도 옮길 것이요, 또 너희가 못할 것이 없으리라."

카드에 적어서 포켓 속에 넣고 다녀라. 당신의 마음 판에 그것을 새겨라. 신념을 가지고 살아라. 그러면 신념대로 될 것이다.

좋은 결과를 원한다면 불가능이란 말을 인정하지 말라. 불가능하게 보일 때 과학적으로 육하원칙에 의해 언제·어디서·누가·무엇을·어떻게 식으로 따져 보라.

종종 불가능하게 보이는 이유는 어떤 일에 대한 진상을 제대로 파악하지 못했을 때이다. 불가능이란 무지 속에서 나오는 말이다. 옛날 사람들은 이렇게 말했다.

"달나라에 갈 수 없는 것같이 당신도 그것만은 할 수 없을 것이다."

그러나 오늘날 그 말은 어떻게 되었는가. 이미 달나라에는 인간이 자주 갔다 왔고 이제는 장사차 갔다 오기까지 하여 불가능이 없다는 사실을 증명하지 않았는가.

예화 6. 해보기도 전에 포기하지 말라

미국의 매키낵 다리를 놓는다는 것은 불가능하다고 판단한 나머지 이 다리의 건설은 약 반세기 동안 중단되었었다.

1880년 초에 앞을 내다보는 미시간주의 사업가들은 그곳에 다리를 놓아야 한다고 주장했다. 그래서 여러 단체의 전문가들이 다리 건축에 대한 연구를 하게 되었다. 그러나 그들은 모두 불가능하다고 했다.

그 후에도 수십 년 동안 사람들을 불가능하다고 생각했기 때문에 다리 건축은 지연되었던 것이다. 그러다가 2차 대전 직후 브라운 상원의원이 다리 건축에 따른 제반 장애물에 대한 과학적인 조사를 제의했다.

전문가들의 과학적 연구조사를 종합한 결과 다리 건축은 가능하다는 결론이 나오게 되었다. 그래서 다리 건축은 바로 착수되었다. 그 결과 불가능하다는 판단을 뒤엎고 맥키낵 다리가 완공되었다. 이 다리의 길이는 5마일이고 높이가 552피트였다.

이 다리 시공을 맡았던 어느 전문가는,

"의지력·두뇌·신념만 충분히 발휘한다면 무엇이든 해 낼 수가 있다."

고 말했다. 옳은 말이다. 포스딕은 이렇게 말했다.

"세상은 눈부시게 돌아가고 있다. 할 수 없다는 판단으로 어떤 일을 하지 않는 자는 그 일을 해내는 자에게 밀려나게 된다"

문제가 생겼을 때 불가능하게 보인다면 왜 불가능한지 그 이유를 조사하라. 일반적으로 불가능이란 우리가 문제를 만날 때 생기는 감정적인 반응 때문이다. 문제를 감정적으로 대하지 말고 이 다리 건축의 경우와 같이 과학적으로 냉정하게 해결할 수 있는 방법을 모색하라.

안 되는 방법보다는 되는 방법을 찾도록 하라. 불가능이란 말은 신화에 불과하다. 하면 된다는 말은 사실이다. 그러므로 사실 편을 택하고 신화는 버려라. 창조적인 사고 방식을 가질 때 불가능은 제거된다.

올바른 사고방식·신념·용기로 대처하면 불가능을 가능으로 전환시킬 수 있다. 모든 일의 성취자는 일시적인 실패를 실패로 인정하고 좌절하지 않는다. 그는 끝까지 하나님과 이웃과 자신을 믿고, 끝까지 선한 싸움을 싸우며 일하는 자인 것이다.

예화 7. 포기는 실패다

한 해군 중견 장교가 암에 걸렸다는 이유로 제대를 당하게 되었고 그는 암 때문에 네 번이나 죽을 뻔하다가 다시 살아났다. 어느 날 의사는 그에게 암으로 2주간밖에는 살 수 없을 것이라고 통보해 주었다.

그러나 그는 꾸준히 치료를 받으면서 굳은 신념으로 일했기 때문에 암 상태가 호전되었다. 이 사람은 평생 해군장교로 근무할 결심이었다. 그러나 암이 있다는 사실이 드러나자 문제는 심각해졌다. 해군 법규상 그런 환자는 근무를 할 수 없다는 규정이 있기 때문이었다.

"이제는 더. 이상 어떻게 할 수가 없을 것이다"

라고 주위 사람들은 말했지만 그는 계속 투쟁했다. 결국 그는 국회에서 그가 근무하도록 승인을 했다는 통보를 받게 되었고 그는 국회의 명령을 따랐다. 트루만 대통령이 특별법을 적용해서 그를 다시 근무하도록 명을 내렸던 것이다.

그는 결국 로젠버그 미 제7함대 소장이 되었다. 로젠버그 소장은 절대로 포기하지 않았다. 그는 목표가 분명했고 그 목표달성이 불가능하다고 생각하지 않았다.

이 모든 것은 누구나 불가능을 가능으로 전환시킬 수 있다는 사실을 증명하는 것이다. 하나님의 도움과 자기 자신의 의지만 서 있으면 불가능을 가능으로 바꿀 수 있다.

다리의 건축자나 장군들만 불가능을 가능으로 바꿀 수 있다는 말은 아니다. 누구나 그렇게 할 수 있는 것이다.

자신을 못 믿으면 하나님을 믿어라

공포증의 노예가 되지 말라
신념의 힘은 공포증을
몰아낼 수 있다

예화 1. 바라봄의 법칙을 이용하라

결혼한 지 3년이 지난 부인이 아기가 없었다. 그녀는 영문을 알 수가 없어 5명의 의사를 만났지만 똑같은 말만 들었다.

'불가능하다'

그러나 꼭 아기를 낳고 싶었다. 남편은 아기 걱정은 하지 말라고 했지만 그녀는 달랐다. 그녀가 만난 의사들은 이구동성으로 자궁이 약하고 피가 구하기 힘든 PH(D) 네가티브형이기 때문에 아기를 가질 수 없다는 것이었다.

그녀는 가장 최근에 만난 의사에게 이렇게 말했다.

"당신들보다 더 위대한 분이 있다."

그녀는 집으로 가서 머리칼이 곱슬곱슬한 귀여운 아기의 그림을 끄집어냈다. 그 그림은 아기용 상품을 생산하는 회사의 광고였다. 그때부터 그 그림을 쳐다보면서 만일 하나님의 뜻이라면 5월에 대진찰을 받기 전에 아기를 갖도록 허락해 달라고 기도했다. 그녀가 마지막 의사를 만난 것은 2월말이었다. 얼마 안 되어 하나님은 그녀의 기도를 응답하셨다는 것을 알 수 있었다.

그래서 그녀는 의사를 다시 만날 예정일인 5월말까지 기다렸다. 때가 되어 그녀는 남편에게 이렇게 말했다.

"나는 아기를 가지고 있습니다."

의사들은 비웃었다. 그래서 그녀는 그들에게 진찰을 해보라고 말했다. 의사는 그녀의 표정을 보고 진찰을 했다. 그들은 서로 놀랐다. 그녀는 그들에게 말했다.

"나는 아기를 가진 지 2개월이 넘었습니다."

그때 그들은 애가 3개월을 넘기지 못할 것이라고 말했다. 그러나 넘겼다. 그 후 그들은 이렇게 말했다.

"7개월 이상은 넘기지 못할 것이다."

그러나 그녀는 무사했다. 그 후로 그녀는 하나님이 자기의 기도에 응답하셨다는 것을 의심치 않았다.

그 후 그녀는 딸을 낳았고 딸은 그녀의 혈액형을 닮지 않고 아버지를 닮았다.

예화 2. 실패를 인정하는 용기

얼마 전에 유명한 연예인 체바릴이 세상을 떠났다. 그러나 그는 용감했고 실패를 두려워하지 않았다. 수십 년 동안 그는 전 세계를 돌면서 밀짚모자, 괴상한 음성, 멋진 웃음으로 사람들을 즐겁게 해 주었다. 그는 아주 사근사근한 사람으로 그와 같은 인물은 세상에 더는 없을 것이다.

수많은 사람들이 왜 그를 좋아했는가? 그의 매력, 그의 재능, 그의 열심, 그의 놀라운 정력 때문인가? 어쩌면 그럴 수도 있을 것이다. 그러나 대개는 그가 아주 소박한 인간이었기 때문에 그를 좋아했다. 그는 소박하고 솔직하며 용기가 있었다.

용기는 여러 뜻을 내포하고 있다.

실패나 실패감을 솔직히 인정하는 것도 일종의 용기이다. 그 다음 실패했어도 일을 계속 밀고 나가는 것, 수행하는 것이 용기인 것이다.

그가 살아 있을 때였다. 어느 날 체바릴은 갑자기 당황하게 되었다. 무대에 오르기 바로 직전이었다. 누구에게 얻어맞은 기분이었다. 정신을 차리려 했으나 어려웠다. 그는 절망감을 느꼈다. 동료 배우들은 그를 대신해서 연기를 했지만 그의 흉내도 낼 수 없었다. 그는 주저하고 비틀거렸다. 프로생활을 시작한 후 처음으로 실패를 맛보게 된 것이다.

그는 휴양을 해야 했다. 그래서 프랑스의 남부로 가 치료를 받았다. 그는 의사에게 이렇게 말했다.

"나는 비참한 사람입니다. 나는 실패할까봐 겁이 납니다. 나에게는 희망이 없습니다.

의사는 상한 마음을 회복하기 위해서는 좀 많이 걸어야 한다고 일러주었다. 그러나 내적인 고민은 사라지지 않았다.

그는 자신감이 하나도 없었다. 얼마간의 세월이 지난 후 두 보이스 박사는 그 배우가 어느 정도 회복되었다고 인정했을 때 체바릴에게 마을 회관에서 개최된 작은 모임의 사회를 보도록 권했다. 그때 체바릴은 이렇게 말했다.

"생각만 해도 치가 떨립니다. 등이 오싹합니다. 내가 다시 당황하지 않는다는 보장이 있을 수 있습니까?

"보장을 할 수는 없습니다. 그러나 당신은 실패를 두려워해서는 안 됩니다. 당신이 무대 위로 올라가기를 두려워하기 때문에 다 끝났다고 생각하고 있는 겁니다. 그러나 공포증이나 두려움이 중단의 이유가 될 수는 없습니다. 그것은 단지 이유입니다. 용감한 사람이 공포증을 느낄 때 그는 그것을 인정합니다. 그럼에도 불구하고 그는 계속해서 자기 일을 수행합니다. 절대로 겁내지 마십시오. 공포증이 생기면 정지 상태에 있지 말고 일을 수행해 나가십시오."

결국 그는 마을 회관에 모인 사람들 앞에 서서 심판 공포증을 느꼈다. 그러나 그는 사회를 했고 성황리에 마칠 수 있었다. 마음 속에 큰 기쁨을 느꼈다.

"나는 영원히 공포증을 극복하고 자신감을 회복할 수 없는 줄 알았다. 그러나 나는 공포증을 인정한 후 나의 할 일을 해냈다. 그 결과 나는 공포증을 극복할 수 있었다."

60년 전 프랑스의 그 작은 마을 회관에서 개최된 저녁 프로를 사회한 직후부터 다시 언제 어디서나 많은 군중 앞에 설 수 있었던 것이다.

"공포의 순간이 여러 번 있었습니다. 그 의사의 말이 옳았습니다. 보장은 없었습니다. 그러나 두려워도 중단하지 않고 계속 내가 할 일을 진행했습니다."

하고 그는 말했다. 그리고 이렇게 말을 계속했다.

"나는 경험을 통해서 실패의 공포증을 극복할 수 있었습니다. 만일 당신이 때를 기다린다면 절대로 때는 오지 않습니다. 가만히 서 있는 자는 산을 정복할 수도 없고, 경주에서 승리할 수도 없으며, 최후의 행복도 얻을 수 없습니다."

체바릴은 행복을 얻게 되었다. 그는 절대로 인생을 포기하지 않았다. 그는 그를 아끼는 사람들 앞에서 노래하고 춤추며 살았다. 많은 사람들은 그를 잊지 못할 것이다.

그는 자신을 아낀 사람이고 자시 자신을 정복했다. 그는 실패에도 불구하고 용감하게 일어나 달렸다. 그는 실패를 극복하고 새 사람이 될 수 있었다.

예화 3. 하나님은 아무도 버리지 않으신다

전지전능하신 창조주 하나님이 인간을 창조할 때 인간의 본성 속에 위대한 잠재력을 넣어주었다. 사람은 복잡한 존재이다. 아무리 연약하고, 실패했더라도 그는 하나님의 자녀인 것이다. 살아가는 동안 아무리 어려움과 고민이 있어도 인간은 그것을 무난히 타개해 나간다.

노먼 필 박사는 캔터키 공항에서 어느 날 오후 시내로 태워다 준 택시 운전사에게서도 이 점을 발견할 수 있었다고 한다. 그는 처음부터 택시 운전사를 좋아했다. 운전사는 그를 보고 빙그레 웃었다. 그리고 조심스럽게 이야기하면서 운전을 했다. 정지신호등 때문에 잠시 차를 세운 순간 뒤를 돌아보면서 이렇게 물었다.

"손님의 성함이 어떻게 되십니까?"

그가 이름을 말해주었을 때 운전사는 이렇게 말했다.

"저도 그렇게 생각했습니다. 라디오에서 선생님의 목소리를 들었습니다. 그래서 나는 선생님의 목소리를 압니다."

운전사는 말을 계속했다.

"만나게 되어 반갑습니다. 이런 때에 선생님께서 저의 차를 타시다니 참 기쁜 일입니다."

운전사는 좀 천천히 말했다.

"저의 아내가 죽었습니다. 어저께 장례식을 치렀습니다. 우리는

약 30년 간 같이 살았습니다. 선생님은 그녀보다 더 멋진 여자는
보지 못했을 것입니다. 그녀는 천사와 같았고 어디 하나 흠잡을 데
가 없었습니다. 그녀는 누구나 사랑했고, 또 누구든지 그녀를 사랑
해 주었습니다. 그녀는 오랜 세월 나를 극진히 섬겼습니다. 나는
그녀를 잊지 않고 살아갈 것입니다.”

필 박사는 부드러운 어조로 이렇게 말했다.

“나도 그렇게 생각합니다. 그녀도 항상 당신을 생각하고 있을 것
입니다. 그녀는 정신적으로 항상 당신과 같이 있을 것입니다. 당신
은 그녀의 사랑을 느낄 것입니다.”

“감사합니다. 대단히 감사합니다.”

라고 그는 감격하여 말했다.

“그녀는 아주 훌륭한 아내였습니다. 선생님께서도 그녀를 보았
더라면 좋을 뻔했습니다.”

운전사는 한동안 침묵을 지키다가 이렇게 말했다.

“인생은 고민덩어리입니다. 그렇죠? 나는 5명의 자녀들이 있습
니다. 그 중 4명은 착합니다. 그러나 한 명이 문제입니다. 그 앤
약을 먹으며 나쁜 친구들과 어울려 다닙니다. 그 앤 태도가 오만불
손합니다. 나도 그 아이 때문에 걱정을 많이 했습니다. 어쩔 도리
가 없습니다. 그는 제 어머니를 괴롭혔습니다. 나는 이제 그 아이
에게 어머니와 아버지의 역할을 해 주고 있습니다.”

필 박사는 동정심을 표하려 했으나 운전사는 말을 계속하지 못

하도록 했다.

"선생님께서 무슨 말을 하려고 하는지 짐작할 수 있습니다. 그러나 저는 하나님의 도움으로 해결할 수 있습니다. 걱정 마십시오. 나는 일을 잘 처리하고 있습니다."

그 다음 그는 놀라운 말을 해주었다.

"우리는 우리에게 생기는 어떤 문제보다 더 위대한 존재입니다."

이 운전사는 신념의 사람은 절대로 망하지 않는다는 사실을 알고 있는 강인한 인격의 소유자였다. 그래서 그는 아내를 보내고 문제아를 가지고 있었지만,

"자신은 자신에게 생기는 어떤 문제보다 더 위대한 존재입니다." 라고 말을 할 수 있었던 것이다. 세상에는 위대한 인간들이 많다. 그도 그 중의 한 사람이다. 잠재적으로 누구나 위대성을 지니고 있다. 단지 발휘하지 않고 있을 뿐이다.

예화 4. 잊을 것은 깨끗이 잊어라

어느 병원에서 공포의 종류를 조사해 본 결과 101가지가 있다고 발표했다. 그들에 의하면 공포증은 아고라포비아라고 불리는 공간의 공포, 크라우스트포비아라고 불리는 사방이 둘러싸인 장소에 대한 공포, 타크로포비아라고 불리는 고지대의 공포가 있다고 한다.

믿거나 말거나 이것들 외에도 98가지의 공포증이 또 있다고 한

다. 공포증 문제는 아주 심각한 것 같다. 만일 행복하게 살려면 우선 공포증을 극복해야 한다.

유명한 마요 병원의 창설자 찰스 마요 박사는 이렇게 말했다.

"걱정은 혈액순환·심장·내분비선 기타 전 신경조직에 영향을 끼친다. 특히 심장에 지대한 영향을 끼친다."

로버트 프로스트는 이렇게 선포했다.

"일보다 고민이 사람을 더 많이 죽이는 이유는 사람이 일보다 고민을 더 많이 하기 때문이다."

사람들이 성공적으로 역경을 극복하도록 해주기 위하여 다음과 같이 처리하면 좋다.

한번 물어본다.

무엇이 당신을 공포로 몰아넣는가?

공포증이 무엇이든 간에 그것을 잊을 수 있다고 확신하고 우선 공포증을 신념으로 몰아내어야 한다. 이 세상에서 신념보다 더 강한 것은 없기 때문이다. 신념은 공포증을 치료하는 유일한 처방이다.

마음 속에는 두 가지 힘이 있는데 그것은 공포증과 신념이다. 그리고 신념은 공포증보다 훨씬 더 강하다. 믿어질 때까지 신념의 힘이 더 강하다고 주장하라. 그것은 성공과 실패의 문제보다도 생(生)과 사(死)를 결정하는 것이기 때문이다.

공포증의 노예가 되어서는 안 된다는 사실을 명심하라. 신념의 힘은 공포증을 몰아낼 수 있다. 많은 사람들의 경험에 의하면 그들의 마음속에서 공포증을 몰아내준 것은 신념이었다고 한다.

어느 공수단원과 같이 철저한 신념만 갖는다면 무한한 기쁨을 느끼게 될 것이다.

"내가 맨 처음 비행기에서 밖으로 뛰어내리려고 할 때 나는 무서웠다. 생과 사를 좌우하는 것은 단지 낙하산뿐이었다. 나는 분명히 무서웠다. 그러나 낙하산이 나를 보호해 준다는 사실을 깨달았을 때 평생 처음으로 의기양양하게 되었다. 그 순간 무서운 것이 하나도 없었다. 공포증은 사라지고 무한한 기쁨이 샘솟았다. 나는 아주 행복하게 뛰어내릴 수 있었다."

공포는 언제나 사람을 괴롭힌다. 낙하산과 같은 신념을 허약한 것으로 간주하기 때문이다. 낙하산이 허약하게 보이지만 생과 사를 좌우하듯 신념도 허약하게 보이지만 생사고락을 결정한다.

공포의 대상이 두려울 것이 없다는 신념을 실천한다면 공포증을 버리고 행복하고 활기 넘치는 생활을 할 수 있을 것이다.

신념은 마귀도 물리친다

절대절명의 위기를 당할 때
놀라운 업적을 남길 수
있는 것이다.

예화 1. 공포증을 이기는 길

물에 대한 공포증을 가진 젊은 어머니가 있었다. 그녀는 수영을 할 줄 몰랐고 물에 겁이 많았다. 물에 대한 공포증을 극복한다는 것은 쉬운 일이 아니었다. 그녀가 물에 대한 공포증을 극복하게 된 이야기는 다음과 같다.

태양이 밝게 비치는 날 어린아이들이 그녀가 부엌 창문에서 내다보이는 뒤뜰에서 놀고 있었다.

3살짜리 마리제인이 들어오면서 이렇게 말했다.

"엄마 옷을 버렸어."

그녀는 한 손으로 짙은 갈색 옷을 벗기고 밝은 오렌지색 옷을 갈아 입혔다. 지난달에 입은 상처 때문에 오른손이 붕대로 감겨 있어서 사용할 수가 없었다.

"상점에 갔다가 곧 돌아올게."

하면서 남편이 그녀의 볼에 키스를 하는 사이에 마리제인은 밖으로 나가고 없었다. 초인종이 울렸다. 친구가 찾아왔다.

그들은 현관에서 잠깐 이야기를 했다. 그리고 그 친구는 가버렸다. 그녀는 애들을 찾으러 나갔다. 5살짜리 베니시아와 4살 난 마리제인은 뜰에서 놀고 있었다. 그런데 하나가 안 보였다.

"마리제인은 어디 갔니?"

"엄마, 오리를 잡으러 갔어요"

라고 베니시아가 강쪽을 가리켰다.

"강으로?"

강둑에는 아무것도 보이지 않았다. 그녀는 급히 강가로 갔다. 강물은 급히 흐르고 있었다. 그녀는 안도의 한숨을 지었다. 그 애가 그곳에 없었기 때문이었다. 그런데 저쪽에 무엇이 아른거리고 있었다. 그때부터 그녀는 제 정신이 아니었다.

저쪽 강물 위에 보이는 밝은 오렌지 색깔의 물체가 바로 그녀 아기였다. 그녀는 도움을 청하기 위해서 거리로 달려갔으나 그곳에는 아무도 없었다. 하는 수 없이 옷을 벗고 덤불과 찔레를 헤치며 물 속으로 뛰어들었다. 물은 키를 넘었고 몹시 차가웠다. 그녀는 물 밑바닥을 알 수 없었다. 수영을 배우지 않았던가? 그녀는 눈을 뜬 채 기도를 했다.

오 하나님이시여! 나를 도우소서.

물 속에서 가까스로 풀뿌리를 잡을 수 있었다. 여전히 아기는 물 위에 표류하고 있었다. 아이는 마치 살아 있는 것처럼 떠 있었다. 눈은 감겨 있었고 얼굴은 붉게 보였다. 오 주여! 도와 주옵소서! 최선을 다해 아이를 잡으려고 했다. 한 손으로 풀뿌리를 잡고 평소에는 사용하지 않던 손으로 그녀를 잡아끌었다.

평소에는 사용할 수 없었던 손이었지만 달랐다. 그녀는 아이를 구할 수 있었다.

어떻게 이 아이를 안전한 곳으로 이동시킬 수 있는가? 강둑은 키보다 2피트가 더 높았다. 그녀는 아이를 강둑 위로 던져 올렸다. 간신히 물에서 나와 강둑 위로 올라가 아기를 확인했다. 아이를 품에 안았을 때 아이는 울기 시작했다. 영광스러운 울음이었다

그런데 고함 소리가 어디서 들려왔다. 확인해 본 결과 그 소리는 그녀가 사람들을 부르던 소리였다. 어느 여자가 달려와 마리제인을 그에게서 안아갔다.

구조대원들이 달려왔던 것이다. 남편도 공포에 질린 모습으로 달려 왔다. 이러한 일들은 남편이 가까운 곳에 있던 상점에 잠깐 다녀오는 사이에 벌어졌던 것이다. 남편은 마리제인을 데리고 가는 사람들과 같이 병원으로 갔다.

그녀는 어떻게 집에 돌아왔는지도 모른다. 그러나 그 옆에 어느 여자가 와 있다는 것을 희미하게 볼 수 있었다.

"쇼크를 받으셨군요? 따뜻한 물로 목욕을 하세요."

라고 말하면서 옷을 벗기는 여자를 똑똑히 볼 수가 있었다.

그때야 비로소 그녀는 맨발로 다녔다는 것을 알게 되었다. 발은 여러 군데 풀뿌리 때문에 긁혀 있었다. 그러나 그 때문에 한 생명을 구할 수 있었다. 이웃 사람들이 돌아왔다. 남편도 제니를 품에 안고 돌아왔다. 아이의 체온이 95도라는 것을 보아 그녀는 약 30분 동안 차디찬 물 위에 떠 있었던 것 같다고 의사는 말했다. 그러나 별 이상이 없었다.

조용히 아이를 침대에 눕히고 재웠다. 그녀는 침대 곁에 꿇어앉아 아기를 보았다. 새근새근 자는 아기는 참으로 귀엽게 보였다.

"하나님, 정말 감사합니다."

하고 기도를 드렸다.

자기의 아기가 위태롭게 되어 있을 때 어머니는 공포증보다 더 큰 힘인 신념이 자기 속에 있다는 것을 발견했다. 그 신념을 행동으로 옮겼기 때문에 그녀는 아기의 목숨을 구할 수 있었던 것이다. 공포증이 우리를 패배시키고 악화시키고, 괴롭히는 이유는 우리가 공포증을 피하기 때문이다. 어머니와 아기의 경우와 같이 위기에 처할 때 우리는 기적적인 힘이 우리 속에 있다는 것을 경험하게 된다. 결국 위기를 당할 때 우리는 평소에 상상조차 할 수 없던 일을 해내게 된다. 생사가 좌우되기 때문이다. 위기를 당할 때 우리는 공포증을 잊고 신념을 발휘하게 된다. 만일 인간이 위기를 당할 때 초자연적인 신념의 힘을 발휘할 수 있다면 평소에도 발휘할 수 있을 것이다. 연습을 하고 신념을 생활화하면 된다. 어떤 일이 생길 때 공포증이 아니라 신념으로 처리하는 습관을 가지면 된다. 우리는 우리의 사고방식을 바꾸어 무엇이든지 나는 할 수 있다고 확신해야 한다. 그때 비로소 공포증을 버리고 신념대로 살 수 있다.

신념을 가지고 고차원적으로 살려면 공포의 정체 파악을 한 후 그 공포를 피하고 감싸지 말고 정면공격하라. 다시 말해 신념으로 공격하면 공포증을 몰락시킬 수 있다는 것이다.

예화 2. 신념은 공포를 물리친다

연합통신사와의 인터뷰에서 미해군 덴톤 주니어 대위는 월맹 감옥 속에서 전쟁포로 생활을 할 당시 고문·고통의 공포증을 극복할 수 있었던 것은 신념이었다고 하며 그는 다음과 같이 말했다.

"나의 포로생활을 회고해 볼 때 내가 살아서 본국으로 귀환할 수 있었던 것은 다른 사람들과 나의 신념이었다고 믿는다. 나는 전쟁포로들도 똑같이 생각한다고 믿는다. 경험한 바에 의하면 인간은 절대절명의 위기를 당할 때 놀라운 업적을 남길 수 있다는 것이다.

어느 악질적인 월맹군 장교가 다른 사람들을 선동하는 일을 중지하도록 대위에게 압력을 넣기 시작했다. 결국 월맹군은 유도적

접근법을 포기하고 닷새 동안 노골적인 고통을 주었다. 아주 괴로운 일이었다. 그는 영내에 있는 포로들간의 의사소통방법에 대해서 글을 쓰라고 명령했다.

닷새 째 되던 날 대위는 몇 자 적어 주었다. 월맹군들이 대위가 쓴 대로 받아들을 줄 알았으나 그렇지 않았다. 그들은 또다시 똑같은 제목으로 닷새 동안 더 글을 쓰도록 명령했다. 그때 대위는 하나님께 모든 것을 맡기기로 했다.

분명히 월맹군들은 대위의 약점을 잡기 위해서 또 글을 쓰도록 한 것이다. 그래서 참을 수 없는 공포와 고통 때문에 그는 하나님을 찾았던 것이다.

대위가 하나님께 그의 사정을 다 아뢴 후에야 공포증을 잊을 수 있었고 고통을 느끼지 않았다.

월맹군들이 온갖 고문과 고통을 가해와도 대위는 마치 평안한 자동차 안에 앉아있는 기분이었다. 이것이 바로 공포의 종에서 신념의 종이 되었을 때 얻는 기적의 실현이다.

신념을 가지고 살라! 신념은 덴톤 대위가 증언하는 바와 같이 우리의 적이 아니라 우리의 협조자이기 때문이다.

공포의 노예가 되어 이리 밀리고 저리 밀리는 존재가 되지 말고 공포증이 생길 때 유감 없이 정면공격하라.

공포가 지배토록 두지 말고 신념이 지배하도록 하라.

두려운 일을 먼저 처리하라

겁나는 일이 있으면 그 일을 먼저 해치워라
그러면 더 이상 어떤 것도
두려워하지 않게 된다

예화 1. 암흑이 주는 힘

옛날 어느 노인이 겪었다는 이야기다.

노인은 인기척이 드문 외로운 산중턱 철도역에서 저녁 7시부터
아침 7시까지 근무하도록 전신기사로 발령을 받았다. 발령 첫날
근무지에 내렸을 때 그는 갑자기 외로운 역에서 공포증을 느끼기
시작했다. 그곳에는 자기밖엔 아무도 없었다. 기차의 기적 소리도
점점 멀어져 갔다. 노인은 침묵의 세계 속에 와 있었다. 너무나 고
요했다. 그때 노인은 다른 사람들로부터 수마일 떨어진 곳에 와 있

다는 생각을 했다. 불안해졌다. 그래서 그는 사무실 안으로 들어가 전깃불을 다 켠 후 문을 꼭 잠그고 커튼을 내린 후 꼼짝하지 않고 사무실 안에 틀어박혀 있었다. 암흑과 고요가 무서웠던 것이다.

밤새도록 근방에서 들리는 소리를 들을 수 있었다. 밤새 떨었다. 혹시 야생동물이나 강도가 오지 않나 하고 걱정도 했다. 좀처럼 시간이 흐르지 않았다.

"아침만 되면 당장 이 직장을 떠나겠다."

고 다짐했다. 그러나 그는 이런 공포 분위기 속에서 여러 시간을 근무하지 않으면 안 되었다. 결국 다음 날 아침 교대자가 왔을 때 이렇게 말했다.

"나는 이제 더 이상 이곳에서 근무를 할 수 없다. 무서워서 더 이상 견딜 수가 없다."

"무슨 말인지 잘 알겠습니다."

라고 교대자는 말했다.

"그러나 문제는 당신이 암흑을 잘 모르고 있기 때문입니다. 당신은 그것을 알려고 노력도 해보지 않았을 것입니다. 암흑은 당신의 적이 아닙니다. 하룻밤만 더 근무하면서 암흑이 무엇인지 알아보십시오. 놀란 토끼처럼 사무실 안에만 있지 마십시오. 무서울 것이 아무것도 없습니다."

다음 날 밤, 좀 무섭긴 했지만 그는 문을 활짝 열어 두었고 창문도 열어 두었다. 물론 커튼도 내리지 않았다. 놀랍게도 아주 흥미가 있었다. 노인은 밤의 향기를 맛볼 수 있었다. 결국 그는 밖으로 나와 하늘의 무수히 많은 별을 쳐다보았다. 달빛도 황홀했다. 그후 그는 이것이 놀라운 경험이었다고 말했다. 노인은 밤이 와도 공포증을 느끼지 않게 되었다. 암흑이 무엇인지를 알게 되자 그는 그를 괴롭히던 불안을 없앨 수 있었다.

예화 2. 공포를 두려워하면 패한다

'인간의 가장 큰 임무는 공포증을 없애는 것이다.'

공포증을 제거시키려면 적극적으로 행동해야 한다. 담대하게 행동해야 한다. 공포증에는 담대하게 다루고 행동하라. 루즈벨트 대통령도 이 행동방법을 사용한 명수였다. 루즈벨트는 이런 말을 한 적이 있다.

"나는 이따금 공포에 눌려본 적이 있다. 그러나 나는 굴하지 않았다. 그럴 때마다 나는 무섭지 않은 것처럼 행동했다. 그때마다 공포증은 사라져 버렸던 것이다."

무엇이 두려울 땐 그것에 대해 걱정을 하지 말고 담대하게 공격하라! 심하게 두들겨라. 더 힘차게 치면 칠수록 그만큼 더 빨리 공포증은 사라진다.

어느 세일즈 지배인이 한 말이다. 그는 루즈벨트를 호텔로 안내해 주었고 또 약 2천 명의 세일즈맨이 모인 장소로 그를 안내해 주었다. 루즈벨트는 그곳에서 강연을 하도록 되어 있었다.

차를 타고 가면서 지배인은 자신이 어떻게 세일즈맨으로부터 출발하여 판매 책임자가 될 수 있었는가에 대해서 말해주었다. 아마 지배인은 별로 유능하지 못한 세일즈 지배인이 근무하는 회사에서 세일즈맨 생활을 시작한 것 같았다.

지배인은 전날 밤에 본 고객 리스트를 따라 다음 날 판매를 하려고 했다. 그러나 아침이 되자 그는 방문을 연기해야 할 많은 이유들에 부딪치게 되었다. 지배인은 아직 준비가 안 됐다고 생각했다. 가망 있는 고객을 만날 방법이 최상의 것이 아니라고 생각했다. 좋은 기회가 못 된다고 생각했다. 휴일이 다가오고 있다고 생각했다. 이 핑계 저 핑계가 많이 쏟아져 나왔다.

그 다음 날도 핑계는 계속 되었다. 지배인은 판매하고 싶은 느낌이 들지 않았다. 두통증세가 있었다. 접근방법이 분명치 않았다. 지배인은 이렇게 꾀를 부렸다.

"아내에게 기분이 나빠서 판매를 못했다고 말할까? 아니면 감기 때문에 그랬다고 할까?"

지배인은 계속해서 그의 경험을 말했다.

그런데 지배인이 아내에게 이런 저런 변명을 이야기했을 때 아내는 그를 꿰뚫어보았다. 아내는 그가 방문공포증이 있다는 것을 알고 있었고 사실 그녀는 그가 겁쟁이라는 것을 안 뒤 실망하고 있었다. 그래서 그녀는 지배인을 보고 사내답게 행동하라고 충고도 해주었다.

지배인은 방문공포증이 있다는 사실을 인정해야만 했다. 특히 막 끼여 들어가기를 할 때는 더더욱 그러했다. 그때 그는 냉정하게 반성했다.

교육도 풍부하고 능력도 풍부한 내가 왜 떠돌이 판매원처럼 행동해야 하는가? 나는 언젠가 판매 책임자가 될 사람이 아닌가?

그래도 용기는 나지 않았다. 이제 회사측에서는 그에게 좋은 내직을 주겠다고 제시해 왔었다. 물론 월급은 그리 많은 편이 아니었다. 그러나 그것은 그를 생각해서 권하는 회사측의 호의였기에 그는 세일즈맨 생활을 버리고 내근 사원이 되려고 거의 승낙 단계에 있었다.

그러나 집에 와서 아내에게 그 말을 했을 때 그녀는

"아직도 공포증…… 대인공포증, 반문공포증을 가지고 있군요?"

라고 단호히 말했다.

결국 그는 공포증을 잊기로 결심한 후 밖으로 나가 세일즈를 시작했다. 최선을 다해서 고객방문을 했다. 번번이 그는 거절도 많이 당했다. 그러나 그 중에서도 몇 개의 주문을 받아낼 수 있었다. 그리고 그는 주문을 받을 때 어떤 스릴을 느낄 수 있었다. 그는 이러한 고된 판매활동 속에서 한 가지 진리를 터득하게 되었다.

무엇이든 겁이 나는 일이 있으면 그 일을 먼저 해치워야 한다. 그러면 더 이상 어떤 것도 두려워하지 않게 된다.

공포증은 스스로 물리쳐라

세상에 두려워할 건 아무것도 없다.
언제나 당당하게 살아라.

예화 1 공포증은 어디서 오는가?

공항에서 만난 어떤 사람은 공포증은 많은 사람들의 공통 문제라고 말했다. 그는 자기가 오랫동안 고심하던 공포증 문제에 대한 해결책을 발견한 사람이었다.

그는 공포증을 완전히 버린 듯 기쁨에 차 있었다.

"나에게 놀라운 사실이 일어났습니다."

라고 그는 의기양양하게 말했다.

"드디어 나는 공포증을 극복했습니다. 나는 예부터 가지고 있던 공포증을 추방시켰습니다. 아주 통쾌한 일입니다. 믿어도 됩니다."

그는 자기가 겪었던 경험을 신나게 말해 주었다. 지금은 이 사람이 행복하지만 전에는 그렇지 못했다. 그는 30세가 될 때까지 공포증으로 고통을 받았다. 그는 뚜렷한 이유도 없이 겁에 떨고 살다가 공포증 치료 전문가를 찾았다. 그때 비로소 그는 공포증의 원인을 발견하게 되었다.

그는 걱정과 공포증의 희생자인 어머니 밑에서 자란 것이다. 그의 어머니는 지나치게 걱정을 하는 버릇이 있었다. 그래서 그녀는 자신도 모르게 자기의 공포증을 아들에게 주입시켰던 것이다. 부모의 지나친 관심, 지나친 걱정은 금물이라고 그는 말했다.

그 어머니는 남편에 대한 지나친 추측을 하는 버릇이 있었는데 그것은 남편의 작은 외박 때문이었다. 아들은 그것을 알 리가 없었다. 사람들은 아들에게 아버지에 대해 말해주지 않았지만 아버지에게 뭔가 잘못이 있다는 인상을 받게 되었다. 어머니는 이렇게 말하곤 했다.

"너희 아버지는 끝이 좋지 못할 테니 두고 봐라."

그래서 아들은 아버지한테 어떤 불상사가 일어나지나 않을까 걱정을 하게 되었고 그 불안을 떨쳐버리지 못했다. 공포증과 긴장으로 심장이 나쁜 그 어머니는 아들에게 이렇게 말하곤 했다.

"나에게 언제 무슨 일이 생길지 모르니 너는 항상 준비하고 있어야 한다. 나는 건강하게 보이지만 실제로는 그렇지 못하다. 언제라도 의사가 오면 심각한 사태가 일어났다는 것을 알아야 한다. 아니면 네가 외부에 나가 있더라도 어머니가 죽었다는 전화를 받을 준비를 하고 다녀라. 항상 준비하고 있어야 한다는 뜻에서 나는 이 말을 너에게 하는 것이다."

그 후 세월이 흘러 그 소년은 거리를 누비는 세일즈맨이 되었으나 호텔 방에서 잠을 자야 할 경우 제대로 잠을 잘 수가 없었다. 무의식 중에 어머니의 사망 전보를 기다리고 있기 때문이었다.

이 연속되는 걱정과 불안은 결국 그의 신체를 허약하게 만들었고 심장병이 우려되어 의사를 찾았더니 의사는 심리적, 신앙적인 카운슬링을 받으라고 충고했다.

그 결과 그의 공포증은 자기연민·걱정·근심을 가졌던 어머니의 마음이 그대로 자기 마음 속에 들어왔기 때문이라는 사실을 깨닫게 되었다. 전문가는 그에게 신념을 갖도록 권했다. 드디어 그는 예부터 가진 공포증을 버리고 자유로운 사람이 되었다. 그는 안도의 한숨을 쉬었으며 행복을 되찾게 되었다.

대개의 고질적인 근심걱정은 어린 시절에 어른들이 심어준 공포증 때문에 생긴다. 그리고 또 한 가지는 죄의식 때문이다. 전문가들은 공포증을 가진 사람에게 공포증과 죄의식의 정체를 상세히 설명해 준 후 마음 속에서 그것을 추방시키도록 설득한다.

자각이 지혜의 근본이라는 말이 있다. 자각은 공포증이나 걱정근심의 근본적인 처방약이다. 그러나 공포증을 철저히 완치시키려면 신념을 가져야 한다.

이런 경우 신앙적인 처방이 긴요하다. 종교는 신념을 심어주고 강화시킬 수 있고 참된 신념이 나타나면 공포증은 꺾이고 힘을 상실케 된다. 아무리 공포증이 심하다 해도 신념의 힘은 그보다 더 강하다는 사실을 명심해야 한다.

어떤 사람도 공포증은 버릴 수 있다. 인간은 원래 아무 겁을 모르고 세상에 태어났기 때문이다. 그러나 주위환경에서 공포증을 얻게 되는데 어린 시절에 얻는 확률이 높다. 만일 바른 사고방식이나 전문가의 조언, 건전한 신념으로 공포증을 추방하지 않으면 이것 때문에 고통과 고민에서 벗어나지 못한다.

어느 의사는 어린이에게 공포증 면역을 주기 위해 자궁으로부터 아기를 받아내면서 이렇게 말해준다고 한다.

"여보세요, 아가씨 세상에 참 잘 오셨습니다. 당신은 오고 싶어하던 놀라운 세상에 오시게 되었습니다. 그리고 모든 사람들이 당신을 사랑하고 있습니다. 하나님이 항상 당신을 보살필 것입니다. 그러니 공포심은 절대로 갖지 마십시오."

이러한 방법, 이렇게 현명한 충고를 아기가 받아들일는지는 모르지만 만약 받아들이기만 한다면 평생 동안 신념과 자신감으로 살아갈 것이며, 절대로 공포증의 노예가 되지는 않을 것이다.

예화 2. 열등감은 무능을 초래한다

노먼 필 박사는 자기의 과거를 이렇게 말했다.

"나는 청년시절에 공포증 때문에 고민한 적이 많다. 야망도 대단했지만 동시에 자기불만도 많은 사람이었다. 열등감과 무능감을 가지고 있었다. 그리고 어떤 일도 할 줄 모르고, 머리도 나쁘고, 개성도 없는 존재라고 생각했다. 그래서 늘 소심하고 연약하고 겁이 많았다. 다른 사람들도 내가 생각한 대로 나를 그렇게 보았다. 그것은 바로 사람들이 내가 가진 이미지대로 나에게 대우한다는 이치를 깨닫게 해주었다. 내가 졸업하기 바로 전날 밤 우리는 우애관에서 송별회를 갖게 되었는데 우리 대학 총장을 초대했었다. 우리 대학 총장이었던 호프만 박사는 남자 중의 남자로 축구선수를 지낸 바 있는 멋진 체구와 멋진 인격의 소유자였다. 그는 사람을 꿰뚫어보고 약점과 단점을 가려내는 통찰력을 가지고 있었고 인정이 많은 사람이었다. 송별회가 끝나자 호프만 박사는 이렇게 말했다.

"노먼, 나와 같이 우리 집으로 가자. 할 말이 있다."

갑자기 겁이 났다. 내가 낙제라도 된단 말인가? 그럴 리는 없었다. 졸업식순은 인쇄되어 있었고 내 이름도 졸업생 명단에 올라 있었기 때문이다.

달밤에 그는 나와 걸으면서 인생에 대해 이야기했다. 그는 바르게 생각하고, 바르게 믿고, 바르게 행동하면서 인생을 살아야 한다고 말했다. 우리가 그의 집 앞에 당도했을 때 그는 잠시 침묵을 지키다가 내 어깨에 손을 얹고 이렇게 말했다.

"노먼, 너는 똑똑한 사람이다. 나는 너를 믿는다. 너는 좋은 재능을 가지고 있다. 그것을 개발시켜야 한다. 나는 네가 유명한 웅변가가 될 것이라고 믿는다."

그는 한동안 나를 쳐다본 후 말을 계속했다.

"무엇보다 자신을 믿을 줄 알아야 한다. 절대로 공포증이나 열등감으로 자기불신은 하지 말아라. 누구를 만나든지 무엇이든지 절대 무서워하지 말아라."

그러면서 나의 가슴을 강하게 쳤다.

"노먼, 나는 너를 사랑한다. 그리고 나는 언제나 너를 믿는다. 세상에 두려워할 건 아무것도 없다. 언제나 당당하게 살아라. 사는 것처럼 멋지게 살도록 하라."

나는 발걸음도 가볍게 거리를 걸어 내려왔다. 내가 무척 좋아하던 이 위대한 사람이 나를 믿었던 것이다. 갑자기 아무것도 두렵지 않고 부끄럽지도 않았다.

그때부터 나는 여유 있는 사람이 될 수 있었다. 나는 공포증 문제 때문에 언제나 고민하고 있었으나 그 날 밤 이후 공포증을 극복할 수 있었다.

그 이후부터 나는 호프만 박사를 더욱 사랑하게 되었다. 수년이 흘러간 후 그가 후두암으로 사경을 헤매고 있다는 소식을 들었다. 나는 급히 캘리포니아의 파사데나로 갔다. 상상외로 그는 여전히 웃음 띤 얼굴로 옛날처럼 큰손으로 나의 손을 힘있게 잡았다. 더 이상 말을 할 수 없었으므로 그는 글로 의사표시를 했다. 박사는 강한 신념의 사람이었고 나를 여전히 믿고 있었다.

"만나서 매우 반갑습니다."

그는 이렇게 쓴 다음

"나는 지금까지 당신을 자랑스럽게 주시해 왔다."

고 썼다. 나의 눈에서는 눈물이 흘러 내렸다. 둘은 다정하게 옛날을 회상했다. 그와의 관계는 평생 잊을 수 없는 귀한 것이었다. 나는 그를 떠날 때 그의 손을 잡으면서 이렇게 말했다.

"박사님, 그 날 밤 집 앞에서 저에게 해주신 말씀을 기억하시겠습니까? 저는 목숨이 붙어 있는 한 박사님께서 해주신 말씀과 태도를 잊지 않을 것입니다. 그 말씀을 듣고 저는 공포증을 극복하기 시작했습니다. 그 말을 꼭 알려드리고 싶었습니다. 저는 항상 박사님을 사랑할 것입니다."

"그래 나도 당신을 사랑한다. 항상 사랑할 것이다."

라고 그는 썼다. 나는 손을 박사의 머리 위에 얹었다. 그때 그는 부드럽게 내 가슴을 톡톡 쳤다.

"그리고 나는 끝까지 당신을 믿을 것이다. 하나님과 같이 동행하라. 그리고 절대로 겁내지 말고 살아라."

이것이 내가 지상에서 그와 나눈 마지막 대화였다. 그는 나에게 많은 것을 가르쳐 준 사람이었다. 그 후 나는 그의 방을 나오다가 뒤돌아보기 위해 멈추었다.

그는 손을 흔들면서 밝게 웃었다.

공포를 극복하려면 정신적인 분쟁과 갈등을 탈피해야 한다.

무서운 것은 잊어라

가장 괴롭히는 작은 문제부터
기적을 기대하면서
처리하라

필 박사가 시카고에 있는 어느 호텔 22층 객실에 앉아 있을 때였다. 그곳에서는 미시간 가도와 호수가 보였다. 그것을 보고 있는데 노크 소리가 들렸다. 그는 문을 열었다. 문 밖에 청년이 물통과 천조각, 유리창 닦는 기구를 들고 서 있었다.

"유리창을 닦아도 괜찮을까요?"

"그래요, 들어오십시오."

들어온 그는 벨트를 맨 후 한쪽 다리를 창 밖으로 내밀었다.

"이봐요. 여기는 22층이오."

"물론입니다. 걱정스럽습니까? 나는 당신이 말하지 않아도 잘 알고 있습니다. 그러나 안쪽에서 창문을 닦을 순 없습니다."

"그러나 당신은 지금 한쪽 다리를 창문 밖으로 내놓고 있지 않소?"

"염려 마십시오. 저는 일하는 방법을 압니다."

"당신은 유리창 닦는 일을 좋아하십니까?"

"그렇습니다. 저는 항상 다른 사람들 위에서 일합니다."

"그러나 어떻게 겁 없이 유리창을 닦을 수 있습니까?"

"아주 간단합니다. 먼저 벨트를 단단히 맨 후 다시 견고하게 매어졌는가를 확인합니다. 그 다음 제가 맨 벨트를 믿어야 합니다. 그것이 나를 잡아준다는 것을 믿어야 합니다. 그리고 나무를 타고 기도를 한 다음 부지런히 일을 하면 됩니다."

그 다음 그는 창문 밖으로 나가 콧노래를 부르고 웃으면서 창문을 닦고 있었다. 얼마 후 그는 안으로 들어왔다가, 다시 다른 창으로 나가 휘파람, 콧노래 그리고 큰 소리로 노래를 부르며 창문을 닦았다.

그 다음 그가 안으로 들어왔을 때 박사는 이렇게 말했다.

"행복하게 보이십니다."

"행복하지 못할 이유가 없잖습니까? 저는 아무 걱정이 없습니다. 이주 즐겁습니다."

"전혀 무섭지 않소?"

"아뇨, 무엇이 무섭습니까? 무서운 건 하나도 없습니다."

청년은 공포증을 극복하고 사는 정상적인 사람이었기 때문에 깊은 인상을 주었다. 그는 직업에 비해 보통 사람이 가질 수 없는 귀한 재산을 가지고 있었다. 그것은 바로 공포증을 모르는 정상적인 마음, 좋은 마음, 건전한 마음, 깨끗한 마음이다.

예화 2. 기적은 확신을 가지고 믿어라

어느 상점 주인이 영국인들의 포장 솜씨를 보고 감탄했다. 그들은 견고하고 멋있고 조심성 있게 다루었던 것이다.

그 소포 속에는 기적을 기대하라는 말이 적힌 카드 한 장밖엔 아무것도 없었다. 상점주인은 그 카드를 휴지통에 던지려 했다. 그러나 그 무엇인가가 그렇지 하지 못하게 했다.

도대체 기적을 기대하라는 말이 무슨 뜻인가? 라고 그는 생각해 보았다.

상점 주인은 카드를 책상 서랍에 넣어두었다. 얼마 후 그는 포장을 하다가 또 그것을 꺼내 보았다. 어떻게 해서 카드가 그 포장 속에 들어 있었을까? 하고 그는 생각하기 시작했다. 누가 그 속에 그것을 넣었을까? 잘못 들어간 것이 아닐까? 아마 그것이 다른 사람의 포켓 속에서 떨어진 것인지도 모른다. 그렇지 않으면 어떤 사람이 나에게 기쁜 소식을 주려고 그러는 것인가? 그렇다면 왜 그럴까?

상점주인은 카드를 그의 셔츠 포켓 속에 집어넣었다. 그리고 그것에 관해서 전혀 잊고 있다가 밤에 포켓을 뒤지다가 그것을 다시 발견했다.

"이것 봐요."

라고 그는 자기 아내에게 말했다.

"기적을 기대하라는 도대체 무슨 뜻이겠소?"

아내도 어리둥절했으나 곧 이렇게 말했다.

"그것은 우리가 필요한 것일 수도 있어요. 우리가 당면한 문제가 너무 심각해요. 항상 하던 식으로 최악의 순간을 기대하지 말고 위대한 것을 기대해서 어떤 일이 생기나 시험해 보면 어떻겠어요? 정말 기적이 일어날까요?"

기적을 기대하라는 말이 그들의 마음 속에 젖어들기 시작했다. 다른 사람들과 마찬가지로 그들 부부도 크고 작은 여러 문제들을 가지고 있었다. 다음날 아침 아내는 이렇게 말했다.

"우리를 괴롭히는 작은 문제부터 기적을 기대하면서 처리합시다. 기적을 기대하고 문제를 처리한다고 해도 손해될 것은 아무것도 없어요."

"어떤 신기한 결과라도 바라자는 말이오?"

"저도 제가 하는 말뜻을 모르겠어요."

라고 그녀는 말을 계속했다.

"우리는 새 아이디어를 가질 수도 있어요. 우리가 당하고 있는 문제의 해결책이 있을 거예요. 어쨌든 무슨 걱정이든 맡기고 기적을 기대합시다. 며칠이고 기적을 기대해 봐요. 그리고 무슨 일이 일어나는지 살펴봅시다."

어떤 일이 생기게 되었는가? 자, 그들 두 사람은 우선 그들의 작은 문제를 해결할 수 있다고 믿고 해결책을 찾기 시작했다. 더 한층 그들은 문제가 꼭 해결된다고 믿었다. 결국 그들은 그 문제를 해결했던 것이다. 작은 기적이 일어나기 시작했다. 우연의 일치도 발생했다. 여러 가지 새로운 경험을 하기 시작했다. 모두 생소한 것들이었다. 그들 자신들도 새 사람이 되어 있었다. 그들은 희망적이고 적극적이었다. 결국 그들은 작은 문제를 해결함으로써 점차적으로 좀더 큰 문제도 타개해 나갈 수 있었다.

누가 우리에게 기적을 기대하라는 카드를 보냈을까? 라고 상점주인은 다시 생각했다.

"도저히 알 수가 없다."

"나는 짐작이 갑니다."

라고 아내는 부드럽게 말했다.

"비록 내가 장본인이라고 생각하는 사람은 보통 그의 메시지를 글로 써서 소포 속에 넣어 보내지는 않을 분입니다."

놀라운 사실은 기적을 기대하는 사람은 기적을 가질 수 있다는 사실인 것이다. 기적을 기대하는 사람은 자기의 타고난 능력은 소극적이 아니라 적극적으로 발휘하게 된다. 그의 마음 속에서 창조적인 힘이 샘솟게 된다. 인생은 그를 배신하는 것이 아니라 그의 편이 된다. 소극적인 기대보다는 적극적인 기대를 하도록 하라.

어떤 사전에는 기적이란 말은 몇 가지 자질을 놀랍게 발휘한 것으로 정의를 내리고 있다. 그러나 기적적이란 말은 초자연적인 사건으로 보고 있으나 그것은 기적에 대한 정의가 아닌 것이다. 기적이란 말은 자기 실력을 뛰어나게 발휘하는 것이다.

누구나 가진 자질(소질)을 남다르게 발휘함으로써 기적을 창조할 수 있는 것이다.

기적을 원한다면 먼저 기적을 기대하고 문제 처리를 하나하나 해나가야 할 것이다.

제4장

부자는 생각이 건강하다

마음으로 힘으로 병을 고칠 수 있다

병든 사고방식을 버리지 않으면
신경쇠약증에 걸리게
된다

예화 1. 마음의 병을 먼저 치료하라

병으로 허약해진 30대 여자가 여러 의사들을 찾아다녔다. 의사들의 정성스런 치료에도 불구하고 그녀는 날로 쇠약하여 갔다.

그러므로 그는 새로운 치료와 건강진단을 받기 이하여 더 많은 의사들을 찾아다니게 되었고 건강은 여전히 악화일로였다. 그러던 어느 날 그녀는 아주 색다른 진찰을 받게 되었다.

그녀는 어느 연사로부터 마음의 힘으로 병을 고칠 수 있다는 말을 듣게 된 것이다. 그녀는 그때 정신적인 치료법은 사고방식을 과학적

으로 이용하는 것을 알았고 심리적인 문제뿐만 아니라 신체적인 기본
조건도 바꿀 수 있다는 것을 알게 되었다.

바꾸어 말하면 마음의 자세와 신념이 인간의 생기를 결정한다는 것
이었다. 마음가짐이 심신상태에 영향력을 끼치고 있다는 것이었다.

사실 과거에는 심신의 모든 문제를 처리하는 것을 정신치료법이라
고 해서 큰 관심을 가지고 있었다.

그녀는 마음으로 병을 고칠 수 있다는 말을 아주 신기하게 생각하
고 집회가 끝난 다음 이 방법을 몸소 실천에 옮겼다. 그리고 남편과
같이 길을 가다가 갑자기 나무가 있는 조용한 곳에서 멈추었다. 그 다
음 큰 소리로 이런 말을 했다.

"하나님이 나를 창조했다고 믿는다. 나를 창조하신 분이므로 나를
고칠 수 있다. 나는 이제 내 몸 속에 생기가 샘솟는 것을 느낀다. 나는
나쁜 생각으로 그것을 소멸시켜 왔다. 나는 지금부터 건강을 생각하
고, 건강을 믿으며, 건강한 사람처럼 행동할 것이다. 생기와 활기가
내 속에서 용솟음치고 있다. 나의 몸은 창조주가 창조하신 그대로 기
능발휘를 하고 있다. 나는 내 속에 생기가 넘친다는 것을 확신하고 믿
는다."

비록 하룻밤 사이에 큰 변화가 생기지는 않았지만 그녀는 점차적으
로 건강하고 새로운 자세를 갖기 시작했다. 그녀의 사고방식은 바뀌
었다. 그녀는 신체검사를 받았다. 그녀는 의사의 지시대로 순종했다.
변화가 생겼다. 그 후 건강하게 90세까지 살았다.

앞에서 본 실례는 만일 우리가 마음의 건강을 갖는다면 몸의 건강도

동시에 가질 수 있다는 것을 말해준다. 유명한 스위스의 의사 투어닐은 신체적인 건강은 우리의 마음 자세와 정신상태가 좌우한다고 했다.

만일 이것이 사실이라면 인간의 심리적 · 정신적인 면은 심신의 건강에 중요한 요인이 된다고 보아야 마땅하다.

종종 사람들은 이렇게 말한다.

"나는 걱정 때문에 병들었다."

사실 그렇다. 사람은 근심걱정 때문에 병드는 수도 있다. 어느 의사는 말하기를 자기를 찾아왔던 50%의 환자가 걱정 때문이었다고 했다. 그리고 브랜턴 박사는 말하기를

"근심은 현대인의 가장 큰 고질병이다."라고 했다.

분노 · 증오 · 질병은 모두가 나쁜 생각을 상상하기 때문이다. 어느 의사는 말하기를 어느 사람은 장기간에 걸친 원한 때문에 실제로 죽었다고 했다.

비록 그 의사는 이것을 공식적으로 그의 사망 원인으로 말할 수는 없었다. 그러나 그 환자를 장기간에 걸쳐 주시한 결과 원한 때문에 건강을 잃고 죽어갔다는 것을 알 수가 있었다.

이것은 분명히 극단적인 실례지만 수많은 사람들은 원기를 잃고 고통 속에서 나날을 보내고 있는데 그 주원인은 정신상태가 병들어 있기 때문이다. 정신상태가 바르지 못하면 몸이 쇠약해지고 병이 나게 된다. 그렇다고 해서 모든 질병이 감정적인 요인 때문에 생긴다는 것은 아니다. 그러나 어느 캐나다 의사가 한 이 말은 정중하게 받아들여야 할 것이다.

예화 2. 교회에서 만난 가려움증 환자

노먼 필 박사는 불건전한 마음과 정신자세를 가지면 감정적인 사람이 되고 나아가서는 몸에 병이 생긴다는 사실을 이렇게 말했다. 어느 날 그가 교회에서 설교를 마친 후였다. 한 여자가 찾아와 이런 말을 했다.

"나는 가려워서 미칠 지경입니다. 이 가려움증을 어쩌면 좋겠습니까? 약 3년간 나는 가려움증 증세가 있습니다. 어쩐 일인지는 몰라도 내가 교회에 참석하기만 하면 증세가 악화됩니다. 이 팔을 보십시오. 가려워 죽겠습니다."

"자, 부인."

하고 박사는 말했다.

"나는 설교 때문에 여러 가지 말을 들어 왔지만, 설교 때문에 가려움증이 생겼다는 말은 처음 들었습니다."

내민 팔은 약간 붉은 색이었고 아무것도 보이지 않았다. 그녀가 교회에 참석하기만 하면 가렵다는 말을 듣고 호기심이 생겼다. 그래서 그녀와 한동안 대화를 나누었는데. 그녀는 자기 언니를 증오하고 있다는 사실을 고백했다. 그녀는 언니가 아버지가 남긴 유산 중 자기에게 돌아올 상당한 액수를 가로챘다고 말했다.

그것은 그녀가 오래 전부터 교회에 참석하는 신자였기 때문에 교회에 오면 그녀의 증오심과 죄의식이 동시에 발동하기 때문이라고 생각했다. 결국 그녀의 가려움증 증세는 죄의식과 증오심의 부산물이었던 것이다. 이 사건에 호기심을 가진 그는 그녀의 담당의사와 같이 이 문제를 상의하게 되었다. 의사에게 그녀가 고백한 증오심에 대해 말했을 때 그는 대단히 흥미가 있다고 했다.

'이 여자는, 심리적 습진을 가지고 있습니다. 그녀는 속으로 끓고 있기 때문에 외부적인 가짜(意思) 가려움증을 갖게 된 것입니다. 그녀가 증오심을 버리도록 설득한다면 그녀의 가려움증 증세는 고칠 수 있을 것입니다. 어쨌든 그렇게 해볼 만한 가치가 있습니다.'

그녀의 담당 의사는 그 여자에게

"당신의 병든 사고방식을 버리지 않으면 당신은 신경쇠약증에 걸리게 될 것입니다."

라고 경고를 한 다음 다시 그 여자를 필 박사에게 보내주었다.

필 박사는 그녀에게 증오심을 버리라고 말했다. 그녀는 그 말에 순종했다. 그리고 자기 언니를 용서했다. 그 다음 그녀의 죄의식은 감소되었다. 그리고 가려움증도 감소되었다. 결국 얼마 안 가서 그녀는 정상적인 여자가 되었다. 그녀는 새 자세로 행동했기 때문에 그녀의 언니도 감명을 받았다. 그래서 언니는 상호의 만족을 위해 재산분배를 정당하게 해주었다. 물론 사고방식을 바꾼다는 것은 쉬운 일이 아니다. 병든 생각, 소극적인 생각, 분노의 감정, 열등감은 우리를 해치는 것이다. 이러한 정신적인 질병을 가지고 있는 사람이 치료약을 찾는 사람들이 많다.

그러나 스스로 자세를 바꾸지 않는 한 심신의 건강을 찾기가 힘든 것이다.

건강한 몸은 건강한 마음에서

예수는 철학·신학·도덕·사회학만 취급한 것이 아니라
병 고치는 의학에 대해서도 복된 소식을
주었던 것이다

예화 1. 건강한 몸을 원한다면 온화하게 살아라

N. V 필 박사는 또 이렇게 말했다.

"나는 실제로 몸에 병은 없었지만 허약한 몸을 가졌던 사람을 알고 있다. 그의 담당의사는 건강이 좋지 못한 그에게 괴상한 처방을 해주었던 것이다. 그 처방이란 '건강한 몸을 원한다면 온화하게 살아라.'라는 것이었다."

그 의사는 이 처방에 대해 전혀 설명을 해주지 않았다고 한다.

필 박사는 다음과 같이 강조했다.

"건강·원기·활기를 되찾으려면, 하루쯤 건전한 사고방식에 대해서 생각해 보라."

"하루 동안 소극적인 말도 하지말고 분노의 표시도 하지 말라. 그 대신 나는 건강하고 행복한 사람이라고만 생각하라. 하루 동안 실천해 보고 그것이 생기와 활기를 주는가를 확인해 보라."

필 박사는 사람이 80세까지 산다면 윤년을 포함해서 총 701,280시간을 살게 된다는 것을 알았다. 그러므로 24시간 중에서 2시간을 내어 심신의 건강을 되찾도록 하라고 권했다.

그러나 환자는 무뚝뚝하게 이런 식으로 대답한다.

"언젠가는 해보겠습니다."

그 때 필 박사는 강조한다.

"안 됩니다. 언젠가라는 말은 아니 됩니다. 만일 당신이 심신의 건강을 원한다면 지시대로 하십시오. 내일 당장 실시하십시오."

어느 환자는 그 말을 지켰다. 그는 실제로 하루종일 나쁜 생각도 하지 않았고, 나쁜 말도 듣지 않았고, 나쁜 말도 하지 않았다.

"처음에는 과거처럼 절망적이고 소극적인 생각이 떠올랐지만 나는 즉시 그것을 추방시켰습니다. 그 다음부터 나는 적극적으로 생각하고 말할 수 있었습니다. 나는 생각나는 것마다 칭찬을 해줄 수 있었습니다."

라고 말했다.

"나는 과거와는 전연 다른 사람이 되어 있었습니다. 기분이 좋았습니다. 나는 새 사람이 된 나를 보고 깜짝 놀랐습니다."

　실제로 그 다음부터 그는 적극적이고 긍정적으로 살게 되었다. 물론 이렇게 하기란 쉬운 일이 아니었다.
　"나는 좋은 일만 한다는 것이 지겨웠습니다."
　라고 그는 말한 다음 다시 나쁜 사고방식을 가지고 살았다. 그러나 오래 가진 않았다. 왜냐하면 그는 올바른 사고방식의 가치성을 알고 있기 때문이었다. 그 다음부터 그는 다시 적극적인 자세로 살려고 노력했다. 몸부림 끝에 그는 완벽하게 소극적인 사고방식을 버릴 수 있었다. 그는 다시는 불건전한 생각들을 염두에 두지 않았다. 결국 그는 심신의 상태가 개선되는 것을 알 수 있었다.
　"내가 왜 허약하게 산단 말입니까?"
　라고 그는 외쳤다.
　"당신이 건강과 원기 그리고 활기를 찾게 되면 다른 생각을 할 시간이 없을 것입니다."

일화 2. 건강을 생각한 결과

　건강하고 원기 있고 활기 있는 사람이 되려면 자신의 사고방식을 조정할 줄 알아야 한다. 자기의 건강은 자신의 사고방식(생각)이 결정한다. "인간은 자기가 생각한 대로 된다"
　아우렐리우스는 이런 말을 했다.
　"사람은 생각의 색깔대로 물들게 된다."
　불건전한 생각을 하게 되면 결국 허약한 모습이 된다. 마찬가지로 건전한 생각을 하게 되면 건강한 모습이 된다.

유명한 의사요, 「사람의 위대성」이란 책의 저자인 크림스키 박사는 이렇게 말했다.

"병균의 침투를 막는 방파제는 정신력이다. 이러한 문제는 몸과 마음을 다루는 정신치료학에서 취급한다. 감정적인 건강·초조·불안은 몸의 피로를 초래하고 병균의 침투를 용이하게 해준다. 장기간의 근심 걱정과 못된 성질, 현대생활 속에서 맛볼 수 있는 강박관념 등은 심장·간 등의 기타 조직에 영향을 끼친다. 증오와 공포심은 독약과 같이 몸을 해치는 것이다."

건전한 생활은 활기를 일으킨다. 그러한 생각은 몸이 정상적으로 기능발휘를 하도록 돕는다. 패배를 생각하면 패배의 분위기를 조성하게 되고 결국 패배한다. 무능감을 가지면 무능한 인간이 된다. 그러나 승리와 성공을 생각하면 그러한 것을 얻을 수 있다. 몸과 마음이 건강하다고 생각하면 그렇게 된다. 이 원리를 적용하는 어느 흑인 소년이 있었다.

어느 추운 날 아침 시카고에 있는 한 호텔 문지기가 영하의 날씨라고 말했다. 일기예보에 의하면 바람 때문에 영하 30도의 날씨같이 춥다고 했다.

"분명히 밖에는 추운 모양이다."

라고 필 박사는 아내에게 말했다.

"그런 모양입니다."

라고 그녀는 대답했다.

"그러나 우리는 떠나야 합니다. 그리고 우리는 건강합니다. 그렇죠?"

차가 왔다. 그 다음 젊은 흑인 운전사가 차에서 내리면서 이렇게 말했다.

"좋은 아침입니다."

그는 명랑하게 인사를 해주었다.

"지독하게 추운 아침이지요?"

바람이 얼굴을 쳤기 때문에 박사는 이렇게 어물거리면서 말했다.

"약간 춥습니다."

"좋은 아침이에요."

라고 그는 대답했다.

"그렇지만 아름다운 추위입니다. 나는 당신들이 우리 호텔에서 편히 쉬셨으리라고 믿습니다."

"예, 물론입니다."

박사는 대답했다.

"오늘 아침 기분은 어떻습니까?"

그는 물었다.

"참 좋습니다."

"참 좋다구요?"

그는 소리쳤다.

"그것 가지고는 안 됩니다."

"어떻게 하면 됩니까?"

라고 박사가 물었다.

"나는 위대한 존재입니다. 나는 정열이 넘치고 있습니다. 나는 건강하다고 생각하고 또 나는 건강합니다."

그는 실제로 그랬다. 차를 타고 가면서 박사는 이런 말을 했다.

"여보, 나는 당신을 만나서 매우 반갑습니다. 나는 내일이 주말이므로 건강·원기·활기에 대한 강연을 해야 하기 때문입니다."

"어디서 강연을 하시나요?"

라고 운전사가 물었다.

"당신은 알아듣기 쉬운 말로 하시는 분입니다. 나는 주일마다 쉽니다. 당신이 강연하는 곳에 갈 수가 있습니다."

"여기서 얼마 안 되는 곳에 있는 뉴욕에서 합니다."

그는 뒤를 돌아다보고 웃었다.

"나는 당신이 누구인지 알겠습니다. 당신은 필 박사님이시죠. 그렇죠? 그리고 당신은 종종 사람들에게 건강하려면 건강한 생각을 가지라고 외치고 있는 분입니다. 당신 말씀이 옳습니다. 나는 원기와 활기 있는 생각을 하기로 결심한 결과 오늘과 같이 건강하게 지내고 있습니다."

건강한 생각을 하면 건강한 느낌을 가질 수 있다고 말하면 어떤 이들은 반기를 들기도 한다. 다시 말해서 그들은 이런 식으로 말한다.

"그러나 나는 무엇인가 잘못 되어 있다."

그러나 그 때문에 그들은 정말 잘못되어 있는 것이다. 우리의 몸에 생기는 조짐적인 질병을 과소평가 하는 것은 아니다. 그러나 만일 어떤 일이 잘못되어 있다고 해도 우리가 원기와 활기를 가지고 대한다면 그것을 개선시킬 수 있는 것이다.

아무리 심한 질병이라고 하더라도 생각과 신념을 응용하면 좋은 결과를 보게 될 것이다.

예를 들면 뉴욕에 있는 메모리얼 병원에 입원해 있던 어느 여자를 병문안 간 적이 있다. 그녀의 남편은 병실을 떠나고 없었다.

남편 부재시에 그녀는 혼자 이렇게 생각했다.

'나는 암증세가 있습니다. 그러나 나는 이것을 고칠 수 있다고 봅니다. 그러나 문제는 나의 남편이에요. 그는 언제나 비관적인 생각을 가지고 있습니다. 항상 최악의 순간만을 생각하고 있어요. 그가 건전한 생각을 할 수 있도록 만들어 주십시오. 나의 남편이 나를 암의 희생자나 사망자로 보지말고 나를 건강한 사람으로 보아주기를 원하고 있습니다. 왜냐하면 나는 죽지 않는다는 것을 알고 있기 때문입니다.'

어떤 이는 이것을 보고 캄캄한 밤에 휘파람을 불거나 큰 소리로 말하는 것처럼 여길지도 모른다. 그러나 그녀는 강한 신념과 강한 사고방식을 가지고 있었다.

"나를 믿으세요."

라고 그녀는 말했다.

"나는 아무 이상이 없습니다. 그러나 나의 남편을 위해서 기도해주십시오. 정상적인 사고방식을 가지고 살도록 도와 주십시오."

몇 주가 지난 후 그녀는 필 박사를 찾아갔다.

"나를 기억하시겠습니까?"

라고 그녀는 말했다.

"물론입니다."

"당신의 신념과 건전한 마음 때문에 깊은 인상을 받았습니다."

그리고 그는 이런 말을 했다.

"건강하게 보입니다."

"그래요?"

라고 그녀는 기뻐하면서 소리쳤다.

"물론, 나는 건강합니다. 나는 하나님의 도움으로 건강한 사람이 될 수 있다고 다짐했었습니다."

그 후 그녀는 건강하게 살아가는 것을 볼 수 있었다. 이것이 바로 신념과 올바른 사고방식이 병을 고친다는 산 증거이다.

건전한 생각을 하면 건전하게 살게 된다. 수년 전에는 의사들의 약으로만 사람의 병을 고칠 수 있다고 생각해 왔다. 그러나 인간은 몸·마음·정신의 소유이고, 또 몸과 마음이 상호간에 깊은 관계가 있기 때문에 과학적인 치료를 하면 병을 효과적으로 완치시킬 수 있다는 것을 발견하여 정신으로 병 치료를 하기 시작했다.

예화 3. 고민 정복이 감기증세를 고친다

앞에서 말한 여자의 경우와는 비교가 안 될지 모르지만 필 박사에게는 이런 일이 있다. 매년 겨울이 오면 감기에 걸린 나머지 성대가 나빠져 강연을 할 수가 없었다. 이것 때문에 그는 종종 당황하기도 했다. 왜냐하면 그는 강연 약속을 지켜야 하기 때문이다.

어느 날 그는 감기에도 불구하고 한 집회에 가겠다고 했다. 계약이

되어 있기 때문이었다. 그러나 그가 약속된 도시에 도착했을 때 그는
작은 목소리밖에는 낼 수 없었으나 1,700명의 사람들 앞에서 강연을
해야만 했다. 하는 수 없이 그는 감기를 고치기 위해서 약방을 전전하
다가 결국 의사를 찾아갔다. 그는 나이가 많고 여유가 있는 사람이었
다.

"선생님, 고쳐주십시오. 그래야 오늘밤에 강연을 할 수 있습니다.
나는 프로그램에 따라 45분간 강연을 해야 합니다. 사실 오늘밤의 연
사는 나 하나뿐입니다. 어떻게 하면 좋겠습니까?"

라고 물었다.

"어떻게 하다니요? 내가 어떻게 압니까? 의사는 당신입니다. 평상
시처럼 목을 좀 고쳐주십시오."

"그렇게 하면 상태가 좋아질 것 같습니까?"

하고 물었다.

"좋습니다. 치료를 해드리지요."

의사는 자기가 할 수 있는 최선을 다해 주었다.

"자, 이제 되었습니다."

라고 그는 말했다.

"곧 회복이 될 것입니다. 그러나 나는 또 한 가지 처방이 있습니다.
바로 이것입니다. 지금부터 이렇게 당신 자신에게 말하십시오. 〈나는
강연할 수 있는 충분한 성대를 갖게 된다. 그리고 나의 적극적인 생각
들이 상태를 조직적으로 개선해주고 있다〉고. 그리고 오후에는 푹 쉬
면서 긴장을 버리도록 하십시오. 당신은 초긴장 상태에 있습니다. 오

늘 저녁 일에 대해서 걱정하지 마십시오. 그러면 당신은 잘할 수가 있습니다. 당신의 음성을 들어보면 당신이 긴장되어 있다는 것을 알 수 있습니다. 호텔로 가서 옷을 벗고 침대에서 푹 쉬도록 하십시오. 7시에 깨워달라고 한 후 주무십시오. 당신은 8시 반에 강연을 하기로 되어 있다니 방에서 커피와 토스트를 시켜 드십시오. 성대가 회복될 것입니다. 분명히 당신이 그렇게 하면 회복됩니다."

그 다음 그는 이렇게 결론적으로 말했다.

"그리고 감사의 기도를 드리세요. 그 다음 약속된 강연 장소로 가서 정열적인 강연을 하면 됩니다."

어쨌든 그 의사의 여유 있는 자세와 침대 속의 휴식과, 새 자세와, 신념과 기도는 박사가 정상적 강연을 할 수 있도록 했던 것이다.

강연 도중 그는 청중 속에서 그를 보고 미소짓는 얼굴을 발견했는데 그건 바로 의사였다. 그는 만사가 잘 되어간다는 표시로 그의 손을 들었던 것이다.

그 다음부터 그는 매년 2월경이면 왜 감기가 걸리는지 조사해 보았다. 그 이유는 마음 속으로 그것을 기대했기 때문이었다. 으레 갖는 생각과 기대 때문에 감기가 걸린다는 사실을 믿지 않았다. 그러나 정규적으로 감기에 걸렸던 관계로 살펴보았던 것이다.

그래서 그는 그 다음 2월부터는 감기에 걸리지 않기로 작정했다. 그리고 의사들의 충고를 참작했다. 가능한 한 나는 거의 입버릇처럼 이렇게 했다. 즉 일찍 자고 긴장을 풀고 휴식을 취했다. 신문잡지에 나쁜 뉴스나 감기의 종류가 나열되어 있어도 그는 소극주의를 따르지 않았다.

그 결과 그는 수년 동안 심한 감기에 걸리지 않았던 것이다. 성대를 상하게 하는 감기는 절대로 걸리지 않았다. 그는 언제 어디서나 강의를 감행할 수 있었다. 그때 그 의사는 그에게 건강과 원기 그리고 활기를 가질 수 있는 좋은 교훈을 가르쳐 주었던 것이다.

이 한 가지 사실은 진리이다. 그리고 다른 사람이 다 애용해야 할 것이다. 바로 이것이다. 무엇보다도 그리스도 예수의 가르침(교훈)은 사람들이 정신적으로 뿐만 아니라 신체적(몸)으로 활기 있게 살도록 말해주고 있다.

그의 교훈을 따르면 당신도 건강하고, 원기 있고, 활기 있게 살 수 있다.

필 박사의 친구요 급우인 브랙번은 복음서(마태·마가·누가·요한복음) 속에는 병을 고칠 수 있는 힘을 가진 문장이 들어 있다고 말했다.

복음서 속에 그리스도 예수가 개인적으로 병을 고쳐준 예는 48번이고 대중의 병을 고쳐준 예는 18번 기록되어 있다고 했다. 이것을 볼 때 그리스도 예수는 철학·신학·도덕·사회학만 취급한 것이 아니라 병 고치는 의학에 대해서도 복된 소식을 주었던 것이다.

적극적인 사고방식만 갖는다고 해서 병으로부터 해방된다는 말은 물론 아니다. 그러나 그것을 가지면 건강상태가 양호하게 된다는 것은 사실이다.

건강을 원한다면 아래 3가지 원리들을 실천하라.

1. 언제나 활기가 넘치는 건강만을 생각하라.

2. 언제나 활기가 넘치는 건강을 연습하라.

3. 언제나 활기가 넘치도록 건강에 대해 기도하라.

건강한 활기를 가지려면 신앙적인 신념과 자세 속에 병 고치는 힘이 있다는 사실을 믿고 건강하지 않다고 느낄 때, 아프다고 느낄 때는 우선 건강을 생각하라.

건강 회복의 기적

*만일 당신도 하나님과 친분을 갖는다면
당신의 소원대로 건강해지는 것을
알게 될 것입니다*

예화 1. 봉사하고 베푸는 삶이 주는 효과

큰 업체의 사장과 필 박사가 어느 대회 상석에 앉아 대화를 나누게 되었다. 그들은 수많은 회사의 운영자들과 중역들을 내려다볼 수 있었는데, 그때 박사는 사장의 병 고친 이야기를 듣게 되었다. 그의 음성은 아주 좋지 못했다. 그래서 25피트 내에서나 그의 말소리를 들을 수 있을 정도였다.

이런 대회에서 이런 이야기를 듣게 될 것이라고는 예기치 못했을 것이다. 그러나 사장도 같은 인간이 아닌가. 그 사람은 좀 무뚝뚝한 친구였다. 그는 이렇게 물었다.

"당신은 그리스도 예수가 사람의 병을 고칠 수 있다고 믿습니까?"

그런 식의 사람이었다. 그러한 분위기 속에서 이러한 질문이 나올 줄은 아무도 몰랐던 것이다.

"물론입니다."

라고 박사는 대답했다.

"의심해 본 적은 없습니까?"

라고 그는 또 물었다.

"전연 없습니다."

"그런 말을 들으니 반갑습니다."

라고 그는 말했다. 그리고 덧붙였다.

"왜냐하면 나는 다른 목사들에게 이런 질문을 해보았으나 시원한 대답을 해주지 않았기 때문입니다. 나는 당신이 솔직하게 당신의 믿음을 말해 주신데 대해서 기쁘게 생각합니다."

"나는 굳게 믿습니다."

"나도 그렇습니다."

라고 그는 말했다.

자연히 박사는 그에게 병 고친 이야기를 해주도록 권했다. 그러자 그는 자발적으로 자기의 경험담을 말하기 시작했다. 그는 몹시 아파서 사경을 헤매었다고 하면서 자기의 생을 포기했었다고 한다. 이런 상태에서 그가 자기 집에 있는 침대에 누워 있을 때 갑자기 묘안이 생각났다. 그는 자기 아내를 불러 이렇게 물었다.

"우리 집에 성경이 있소? 나는 본 기업이 없는데."

"있어요."

하고 아내는 대답했다.

"그래요, 나는 우리 어머니가 애독하시던 성경을 가지고 있어요. 이층 다락 속에 있을 거예요."

"갖다 주시겠소?"

"그런데 성경은 왜요?"

그녀는 말하고 의아해하며 반문했다.

"당신은 평생에 성경을 한 번도 읽지 않았잖아요."

"나는 모르겠소. 그러나 나는 당장 성경을 읽고 싶소. 가서 가져오시오. 부탁이오."

그래서 그녀는 성경을 갖다 주었다.

"나는 어디를 읽어야 할지 몰랐습니다."

라고 그는 말했다.

"그러나 나는 어쨌든 그것을 펴서 읽었습니다. 어떤 것은 재미가 있었습니다. 그러나 나는 결국 마태·마가·누가·요한복음의 여기저기를 읽었습니다. 그것이 내 마음에 꼭 들었습니다. 나는 성경이 위대한 것임을 알 수 있었습니다. 나를 끌었습니다. 아주 이상하기도 하고 재미있었습니다. 나는 성경을 읽고 또 읽었습니다. 그리스도 예수가 사람들을 고쳐준 이야기를 다 읽었습니다. 중병환자도 있었습니다. 의사들이 포기한 환자도 있었습니다. 그래서 나는 생각하게 되었습니다."

그는 이렇게 말을 이었다.

"그리스도 예수는 특별한 분이다 라고 혼자서 외쳤습니다."

그리고 그가 들려준 이야기는 내가 버리지 않으며 그분은 나를 소생시킬 수 있다. 만일 그가 병을 고칠 수 있다고 말한다면 나는 그를 믿는다. 만일 성경에 이 사람이 병을 고쳤다고 말한다면 나는 그것을 믿는다. 그리고 나는 그리스도 예수가 어제나 오늘이나 영원토록 불변하신다는 것을 믿는다. 그러므로 나는 이렇게 생각했다. 만일 그 당시 그가 사람들을 고칠 수 있었다면 그는 지금 나의 병도 고칠 수 있다. 그래서 나는 이렇게 기도했다.

〈사랑하는 주님, 의사들은 나의 병을 고칠 수 없다고 포기했습니다. 지금 나를 주님께 맡깁니다. 나는 주님이 나를 고칠 수 있다고 믿습니다〉

이렇게 기도한 후 그는 주님을 믿고 의심치 않았다고 했다.

"헌데, 요즘은 어떻습니까?"

라고 박사가 물었다.

"나를 잘 보십시오. 어떻게 보입니까?"

라고 그는 말했다.

"당신은 아주 건강하게 보입니다."

이렇게 대답해 주었다.

"나는 건강합니다. 그러나 그것보다 더 중요한 것이 있었습니다. 나는 병 고치는 것보다 더 중요한 것이 있다는 것을 알고 계속해서 성경을 읽었습니다. 그 결과 나는 이 사실을 알았습니다. 누구든지 자기 목숨을 아끼는 자는 잃을 것이요, 누구든지 자기 목숨을 주는 자는 찾을 것이다. 그래서 나는 이 말을 토대로 살기로 한 것입니다. 나는 지금까지 사람들에게 아무것도 준 것이 없었습니다. 교회를 위해서 아무 일도 하지 않았습니다. 지역 사회에도 별 공헌한 일이 없습니다. 돈만 알고 주는 것은 몰랐습니다. 그러나 지금은 그것이 어떤 결과를 초래했는지 알 수 있었습니다. 나는 목숨을 잃어가고 있었습니다. 나는 돈이나 시간을 나 자신에게 않았기 때문입니다. 내가 병이 다 완쾌되고 난 후 근처에 있는 교회 목사를 찾아가서 믿겠다고 말을 했습니다. 그때부터 나는 시간·생각·정력·돈을 나의 교회와 지역사회를 위해 바쳤던 것입니다. 나는 여러 행사에도 참여했습니다. 그래서 나는 이 업체에 사장이 될 수 있었습니다. 나는 내 인생을 다시 찾게 되었습니다. 나는 나 자신을 주고 헌신함으로써 보다 더 강인한 나를 갖게 된 것입니다."

"아주 훌륭한 일입니다."

라고 박사는 말했다. 사장은 이렇게 결론을 내렸다.

"어쨌든, 나는 신앙적인 원리대로 살기 때문에 건강하고 사업에 성공할 수 있었습니다."

사람은 누구나 건강하게 살도록 노력해야 한다. 건강하지 못할 이유가 하나도 없지 않는가? 왜냐하면 당신이 건강을 잃는다면 문제가 심각하기 때문이다. 원기도 활기도 사라진다. 열심도 사라진다.

환자 때문에 병원과 같은 업체가 전 세계적으로 번창하는 것이다. 그러나 병원에서는 병자만 치료하는 것이 아니라 건강한 사람이 계속해서 건강하게 살도록 도와주고 있는 것이다.

예화 2. 신념이 불타는 집회

필 박사가 호주에 갔을 때 그는 몰턴 박사로부터 병 고치는 집회에 와서 강연을 해달라는 부탁을 받은 적이 있었다. 놀랍게도 그곳에 모인 사람들은 신념의 불길이 치솟는 분위기를 조성하고 있었다. 실제로 그도 감화력을 느낄 수 있었다.

그가 청중들을 훑어보았을 때 그는 청중들이 병 없이 건강하게 잘 살 수 있는 묘안을 갈망하고 있다는 것을 직감할 수 있었다. 그때 박사가 한 말의 일부를 여기 소개한다.

이 말 속에는 우리가 건강하고 원기 있고 생기 있는 사람이 될 수 있는 방법이 들어있다. 우리는 건강하게 살아야 할 권리가 있다. 하나님이 인간을 창조하실 때 그는 사람 속에 생기를 넣어주었다. 그리고 그 생기는 곧 살아 있다는 증거였다. 성경에는 이렇게 기록되어 있다.

"우리가 그를 힘입어 살며 기동하며 있느니라."

인간이 생기가 없는 나약하고 병든 자처럼 사는 이유는 생기를 자신이 소멸시키고 있기 때문이다. 누구든지 성경대로 믿고 산다면 건강하고 원기 있고 생기 있는 생활을 할 수 있다.

"오직 야훼를 앙망하는 자는 새 힘을 얻으리니 독수리의 날개 치며 올라감 같을 것이요, 달음박질하여도 곤비치 아니하겠고 걸어가도 피곤치 아니하리로다."

하고 성경에 기록되어 있다.

창조주는 인간 속에 힘을 넣어 주었고 생기를 넣어 주었다. 그리고 참 신념을 가진 자만이 이 생기를 최대로 활용할 수 있는 것이다.

어떤 사람이 진찰 결과를 알기 위해서 담당 의사를 찾아갔을 때 그 의사는 이렇게 말했다.

"결과는 아주 심각합니다. 당신의 인생은 한정되어 있다고 말씀드려야겠습니다."

"그래요?"

쇼크를 받은 환자가 물었다.

"얼마나 살 수 있단 말입니까?"

"정확하게 말할 수는 없지만, 아마 몇 개월밖에는 살지 못하실 것입니다."

그 사람은 이렇게 물었다.

"어떤 희망이 없겠습니까?"

그는 현명한 의사였다. 그는 이렇게 말했다.

"있습니다. 만일 당신이 희망을 갖는다면 희망은 있습니다. 자, 내 말을 귀담아 들으십시오. 나는 하나님과 같이 일하는 유일한 사람입니다. 하나님과 나는 같이 환자를 돌봅니다. 하나님이 환자를 고치십니다. 만일 당신도 하나님과 친분을 갖는다면 내 말이 사실이라는 것을 알게 될 것입니다."

그는 봄날 길을 걸어가면서 곰곰이 생각했다. 봄이었고 꽃들이 피기 시작했다. 나무에서는 새 순이 돋아나고 있었다. 그는 이런 생각을 하였다.

'참으로 이상하지 않는가? 나무와 꽃들은 봄이 왔다는 것을 알고 새

출발을 하고 있는데…… 나도 이들처럼 새 출발을 하여 소생할 수 있다면……'

그래서 그는 길가에 선 채 앞에서 읽은 그 여자처럼 큰 소리로 말했다.

"나는 이제 생기를 갖게 되었다. 자연계에서 본 새 출발의 모습을 내 몸 속에서도 볼 수 있다."

그 후 그는 이런 생각을 마음 속 깊이 간직하고 있었다. 그 다음 그가 의사를 찾아갔을 때 의사가 그를 보고 웃었다. 그리고 수개월 후 의사는 이렇게 말했다.

"몇 달 전에 가졌던 증세는 이제 없어졌소. 내가 볼 때 당신은 이제 건강한 사람이오."

그때 그 사람은 자기가 지금까지 해온 일을 의사에게 말했다. 그 의사는 이렇게 말했다.

"분명히 당신은 건강을 되찾기 위해 생각하고, 기도하고, 일했을 것입니다."

나쁜 생각을 마음 속에서 씻어내고 건강하게 살아가려면 보스턴에 있는 레이병원에 근무하는 졸단 박사가 한 말을 기억하라.

"매일 마음을 깨끗이 씻어내라. 그렇게 한다면 우리 병원에는 환자가 없게 될 것이다."

대부분의 경우 옳지 못한 생각 때문에 우리는 건강을 상실하게 된다.

정신 경화증 환자

건강하려면 건강에 유익한 사고를 가져야 하며
고민을 격파하고 약한 마음
자세를 고쳐야 한다

예화 1. 당신은 정신 경화증 환자요

필 박사가 다른 세 사람과 함께 뉴욕에서 택시를 탔을 때 이야기다.
화창한 날씨였으므로 그는 택시에 오르자마자 운전수에게 이렇게 말
했다.

"참 좋은 날씨죠, 그렇죠?"

그러나 그는 달랐다.

"뭐라구요? 지금은 좋지만 해가 지기 전에 비나 눈이 올 것 같습니
다."

일행이 차를 타고 가는 동안 동료들은 필에게 박사라고 불렀다. 결

국 택시 운전사는 그를 쳐다본 후 상대가 의사라고 생각했고 그래서 어떤 의학적인 비결이라도 공짜로 듣기 위해 눈치를 살폈다.

"박사님."

하고 그도 박사라 불렀다.

"나는 언제나 등에 통증을 느낍니다. 도대체 왜 그런 증상이 생기는 겁니까? 어떻게 하면 좋겠습니까?"

"왜 그럴까요. 당신은 그럴 필요가 없습니다. 당신 같은 젊은이가 그런 증상이 있다니 말도 안 됩니다. 나이가 얼마나 되십니까?"

"37세입니다."

그는 대답한 다음 또 이렇게 말했다.

"나는 전신에 고통을 느끼고 있습니다. 음식도 잘 먹지 못합니다. 위장에 고통을 느끼기 때문입니다. 기분도 상쾌하지 못합니다. 무엇 때문에 그런지요?"

박사는 의사처럼 이렇게 말했다.

"여보, 택시 안에서 치료법을 가르쳐 준다는 것은 원칙에 어긋나는 일입니다. 그러나 당신이 좋은 사람같이 보이므로 당신의 병에 대한 처방을 해드리겠습니다. 내 생각으로는 당신이 정신 경화증인 것 같습니다."

이 말에 그는 너무 쇼크를 받아 자칫 잘못했다가는 도로변으로 차를 들이받을 뻔했다.

"정신경화증이라구요?"

그는 소리를 높여 재차 물었다.

"도대체 그게 무슨 말입니까?"

그때 박사는 이렇게 말했다.

"당신은 동맥경화증이 무엇인지를 아시죠?"

"모릅니다. 그것이 무엇인지 모릅니다."

라고 그는 말했다.

"그것은 동맥이 굳어지는 것입니다. 그건 아주 나쁜 병입니다. 그러나 정신경화증은 더 나쁜 것입니다. 그것은 고정관념을 의미합니다. 이 택시에 타는 순간부터 당신은 정신경화증 증세를 폭로했던 것입니다. 만일 당신이 정신경화증을 치료하지 않는다면 다음 번에는 동맥경화증에 걸리게 됩니다."

그는 초조한 모습으로 물었다.

"그럼 어떻게 하면 됩니까?"

"내가 방법을 말씀드리시지요. 당신이 우리 사무실로 오시면 치료해 드리겠습니다."

운전사는 그가 누군지 전연 모르고 있었다. 박사가 그에게 명함을 주었을 때 그는 이렇게 말했다.

"당신은 일반의사가 아니고 정신병 의사로군요."

"당신에게는 그런 의사가 필요할 것입니다."

라고 말한 박사는

"당신은 몸을 치료하는 의사보다 정신적으로 치료하는 의사가 필요한 것입니다."

그 후 그는 박사 사무실로 찾아왔다. 그래서 박사는 이 책 속에 나오는 대로 방법을 가르쳐 주었다. 그 후 그는 자신의 정신경화증을 고칠 수 있었다. 병든 생각들을 마음 속에서 몰아냈기 때문에 돈은 하나도 들이지 않고 병을 고친 것이다.

불건전한 사고 때문에 사람들은 병자가 된다. 그러므로 건강하게 살려면 야비한 생각을 버리고, 미움을 버리고, 사랑을 실천해야 한다. 세상에서 가장 큰 치료의 힘은 사랑이다.

매사를 좋게 생각하라. 마음 속에 있는 열등의식과 소극적인 생각을 버리고 적극적인 생각으로 채운 건전한 마음은 건강과 원기, 그리고 활기를 준다.

하루만이라도 나쁜 생각을 하지말고 살아 보라. 새 사람이 되는 것을 느낄 수 있을 것이다. 그러나 둘째 날은 그렇게 하기 힘들지도 모른다. 그래도 셋째 날 역시 나쁜 생각 · 말 · 행동을 하지 않고 살아 보라. 이것이 버릇이 되면 건강하고, 원기 있고 활기 있는 생활을 할 수 있을 것이다.

예화 2. 심장이 강한 인간

건강과 원기 그리고 생기를 가지고 사람답게 살 수 있는 과학적인 근거를 살펴보자.

맥세리는 「왜 어떤 사람은 오래 살 수 있는가」라는 기사 속에서 이런 말을 했다.

하버드 대학 영양학부와 트리니티 대학 의대팀으로 구성된 19명의 연구원들이 심장에 관해 연구를 했다. 하버드 대학의 영양학자 스테어 박사가 지휘했던 이 팀은 9년 동안 아일랜드에서 태어난 575쌍을 대상으로 연구했다.

그 결과 아일랜드 사람과 미국 사람의 심장은 차이가 있다는 사실을 밝혀냈다.

이 사람들은 모두 아일랜드에서 자랐기 때문에 동일한 신체적 그리고 심리적인 유산을 갖게 되었다. 그들은 환경이 비슷한 집에서 살았고, 비슷한 음식을 먹었고, 비슷한 생활방식 속에서 자랐고, 비슷한 위로와 애정을 받고 자랐다. 그러다가 그 후 20세쯤 될 때 그들 575명은 미국으로 이민을 왔고 거의 다 보스턴에서 살게 되었다. 나머지 575명은 아일랜드에서 그대로 살았다.

일반적으로 미국 사람보다 이일랜드 사람의 심장이 더 강하다고 생각했다. 그래서 이러한 연구조사는 해볼 만한 가치가 있는 것이었다. 연구과제 속에는 영양문제가 있었는데 심장병은 부자병(富者病)이었던 것이다.

잘 먹을 수 있는 돈을 가지고 있다면 누구나 기름진 음식을 먹게 된다. 그러다 보면 비만증이 생긴다. 그 다음 심장 속에 있는 피의 통로가 좁아진다. 그래서 결국 심장마비 상태가 생긴다. 이러한 이유 때문에 미국인들은 계란이나 고기 등을 먹을 때도 조심을 하거나 신경을 쓰게 되는 것이다.

아일랜드 사람들이 먹는 음식을 조사해본 결과 그들은 야채와 샐러드 그리고 과일 등등이었다. 고기·감자·밀크·크림·버터를 바른 밀떡 등도 그들은 먹고 있었다. 아일랜드 사람들의 심장은 미국에 사는 아일랜드 사람들보다 훨씬 건강하였다. 조사에 의하면 아일랜드인들은 많이 걷지만 보스턴에 정착하고 있는 아일랜드인들은 다리를 잘 사용하지 않았다. 그래서 잘 걷지도 못했다. 아일랜드인들은 시간에 늘 쫓기고 살아가면서도 이렇게 말했다.

"오늘 못하면 내일 하면 된다."

보스턴에 있는 아일랜드인들은 근심·걱정을 가지고 있었으나 아일랜드인들은 신념을 가지고 있었다.

보스턴에 있는 사람들은 소극적인 자세를 가지고 있었으나 아일랜드인들은 적극적인 자세를 가지고 있었다.

보스턴에 있는 자들은 모든 것을 자신이 좌우한다고 느꼈으나 아일랜드인들은 모든 것을 하나님이 좌우한다고 믿었다. 그래서 아일랜드인들은 보스턴에 이민해서 사는 아일랜드인보다 장수하는 것이었다.

맥세리는 자기의 기사 속에서 이 아일랜드인들의 차이점을 잘 말해 주고 있다.

결국 스테어 박사는 미국인들은 아일랜드인들로부터 한 가지는 배워야 한다고 생각하게 되었다.

「몸무게가 얼마나 나가는지가 문제가 아니다. 당신이 짐작했든 하지 못했든 간에 꼭 한 가지 사실은 배워야 한다. 그것은 바로 아일랜드의 자세이다. 아일랜드 사람들을 관찰해 보라. 그러면 당신은 신을 신뢰하는 자세 때문에 생기는 희망과 용기를 그들 속에서 찾아볼 수 있을 것이다. 나는 이것이 그들이 건강한 원인이라고 생각한다. 아일랜드인들은 불평불만을 하지 않고 언제나 촛불을 밝히고, 장점만을 보는 자세를 가지고 사는데 그것이 그들이 가진 하나님에 대한 신념 속에서 나왔다고 단정할 수는 없다. 그러나 그들은 분명히 적극적인 자세를 가지고 있는 것만은 사실이다. 그들이 가진 그러한 자세가 심장에 영향을 주고 있다고 생각한다. 미국인들이 아일랜드의 자세를 본받을 만하다고 본다.」

결론적으로 말해 건강하려면 건강에 유익한 사고를 가져야 하며 고민을 격파하고 약한 마음 자세를 고쳐야 한다.

나의 건강·원기·활기는 나만의 것이다. 나는 행복하고 건강하게 살 권리가 있다.

나의 강적은 고민이다

일어나지 않은 일, 또 없을지도 모르는 일을
가지고 고민하다니
자네는 큰 바볼세

잭 템프시는 오랜 링 생활에서 그가 싸운 최대의 강적은 '번민옹(煩
悶翁)'이었다고 하면서 이렇게 고백했다.

나는 고민을 저지하는 것을 배우지 않고는 내 활력이 악화되며 나
의 성공이 무너지게 된다는 것을 깨달았다. 그래서 차츰 독특한 시스
템을 안출했다. 그것을 설명하기로 한다.

① 링에서 용기를 지속하기 위하여 시합하는 동안 격려의 말을 자
신에게 들려주었다.

"무슨 일이 있더라도 해치우는 거다. 적에게 터져서야 될 말인
가. 그 타격쯤이냐 아무것도 아니다. 무슨 일이 있어도 기어이

이겨야 한다."

이렇듯 적극적인 말을 자신에게 들려줌으로써 굳건한 의지를 지속하는 것은 여간 큰 도움이 아니었다. 그것은 확실히 상대방의 타격을 못 느낄 만큼 내 마음을 굳혀 주었던 것이다. 누구나 오랜 링 생활을 하면 입술이 찢기고 눈이 찢기고 늑골이 부러지는 어려움을 당한다.

한번은 얻어맞아 밖으로 나가 떨어져 신문 기자의 타이프라이터 위로 굴러 타자기를 부순 일도 있었다. 그러나 나는 조금도 타격을 느끼지 못했다.

솔직히 말해 내가 상대방의 강타를 느껴본 것은 한 번뿐이다. 그것은 레스터 존슨이 내 늑골을 세 개나 부러뜨린 시합에서 일이었다. 펀치는 대수롭지 않았으나 숨이 막힐 것 같았다. 전무후무하게도 내가 상대방의 권위를 느낀 것은 그 때뿐이다.

② 스스로 일깨운 사항은 고민을 해도 소용이 없다는 것이다.

내 고민은 대체로 큰 시합에 앞서 트레이닝 중에 생긴다. 밤에 잠이 오질 않아 이리저리 뒤척이며 걱정했던 것이다. 손을 다치게 되지나 않을까, 발을 삐면 어쩌나, 눈알을 얻어맞아 상대방에게 펀치를 먹이지 못하게 되면 어쩌나 하는 조바심을 했다.

이런 신경 상태에 빠지면, 나는 언제나 자리에서 일어나 거울을 보며 자신에게 타일렀다.

"일어나지 않은 일, 또 없을지도 모르는 일을 가지고 고민하다니, 자네는 큰 바볼세. 인생은 짧네. 앞으로 살면 얼마나 살겠다고, 사는 동안이 유쾌한 일이 아니겠나. 그러자면 건강이 제일이야. 아무렴, 건강이 제일이지."

그리고 수면 부족과 번민만큼 건강에 해로운 것이 없다고 자신에게 들려준다. 이렇게 말하다 보니 그것이 내 몸에 온통 배어들어 나는 온갖 번민을 물처럼 씻어 버릴 수 있게 되었다.

③ 이상의 두 가지보다 더 중요한 것은 기도였다.

시합 전의 트레이닝 중에서 나는 하루에 여러 번 기도를 드렸다. 링 위에서도 각 라운드의 벨이 울리기 전에 기도했다. 기도는 나에게 용기와 자신을 가지고 싸우게 해주었다. 기도를 드리지 않고 베드에 들어본 적이 없다. 또 먼저 신에게 감사하지 않고 식사를 한 일도 없다.

……진정 나의 기도는 이루어진 것을 추후에 알았다.

시간은 고민을 해결한다

많은 사람을 절망케 하고 자살에까지 이끄는 고난도
그에게는 오리 등에 떨어지는
물 같은 정도였다

루이스·T·몬탄트는 이런 고백을 했다.

"나는 고민으로 인하여 내 생애의 10년은 상실했다. 그런데 그 10년간이란 가장 결실이 많고 풍요한 시기인 청년 시절인 18세부터 28세까지였다. 지금에 와서야 깨달은 사실이지만 그 시기를 잃은 것은 어느 다른 사람들의 과오가 아니라 바로 나 자신의 잘못이었던 것이다. 나는 자신의 직업·건강·가족·열등감 등 온갖 것에 대하여 번민을 했다. 일종의 공포감에서 길을 횡단할 때도 아는 사람을 만나도

모르는 척할 때가 많았다. 혹 상대방이 나를 냉대할까 두려웠기 때문
이었다.

나는 전혀 모르는 사람을 만나면 말이 제대로 나오질 않아, 2주일
동안 세 번이나 취직에 실패하였다. 나를 채용해 줄지도 모르는 세 사
람의 고용주에게 자신이 할 수 있는 일을 말할 만한 용기가 없기 때문
이었다.

그런데 8년 전 어느 날 오후, 나는 고민을 극복하는 데에 성공하였
다. 그리고 그때부터는 번민해 본 일이 없었다. 그 날 나보다 더 많은
고민을 가진 사람이 사무실에 있었는데, 그 사람은 실로 쾌활했다. 그
는 1929년에 큰 재산을 모았으나 다시 무일푼 신세가 되었다. 그리고
나서 1933년에는 다시 치부를 하였지만 그것도 잃고 말았다. 이로부
터 3년 후에 그는 세 번째로 부자가 되었으나 그때도 역시 실패하였
다. 그는 파산 선고를 받고 적과 채권자들에게 쫓겨다녔다.

많은 사람을 절망케 하고 자살에까지 이끄는 고난도 그에게는 오리
등에 떨어지는 물 같은 정도였다. 그는 어떤 상황에서도 명랑하고 쾌
활했다.

그런데 지금으로부터 8년 전 어느 날, 그의 사무실에 앉아 그를 부
러운 듯이 바라보았다. 하나님께서 나도 그 사람처럼 만들어 주셨으
면 하고 생각했던 것이다. 그 날 우리들이 잡담을 하던 중에 그는 아
침에 받았다는 한 통의 편지를 나한테 주면서 읽어보라는 것이었다.
그 편지에는 노기가 가득 차 있었다. 귀찮은 문제도 포함되어 있었다.
만일 내가 이런 편지를 받았다면 얼굴이 새파랗게 질렸을 것이다.

'빌, 자네는 어떻게 회답할 작정인가?'

'내가 자네에게 하나의 비결을 이야기하겠네. 이제부터 자네에게 어떤 걱정거리가 생긴다면 우선 종이와 연필을 준비하고 조용히 앉아서 도대체 무엇이 고민이 되는가를 종이에 써 보는 것일세. 그리고서 그 종이 조각을 책상의 맨 아래 서랍에 넣어 두게. 그런 다음에 두 주일 후에 그것을 꺼내어 읽어보게. 그래도 아직 고민이 계속된다면 또다시 서랍에 넣어 두게나. 2,3주일을 그대로 내버려두어도 아무 탈이 없을 터이니 말일세. 그러나 자세를 괴롭히고 있는 문제엔 커다란 이상이 생길 걸세. 내 경험으로 보아서는 끈기 있게 기다리기만 하면 대개의 고민은 구멍이 뚫어진 풍선처럼 터지고 말 테니까.'

나는 이 충고에 탄복했다. 그 후 나는 빌의 충고에 따르고 있는 것이다. 그 결과 어떠한 문제에도 고민하는 일이 없어졌다.

고민은 산 사람의 몫이다

시합이 끝난 24시간 후가 아니면 선수에
대해 그가 저지른 과오를
말하지 않기로 한다

코니아 마아크(야구계의 대원로)는 이런 간증을 했다.

"나는 여러 해 프로 야구계에 있었다.

1880년대에 처음으로 프로 야구를 시작했을 때는 보수 같은 것을 받지 않았다. 우리들은 빈터에서 시합을 했다. 그러다가 빈깡통이라던가 헌 양말 목줄에 걸려 넘어지곤 했다. 시합이 끝나면 구경꾼 드렝게 모자를 돌렸었는데, 이렇게 하여 얻은 배당금은 과부이신 어머니나 동생들을 볼봐야 할 나에게 불충분한 것이었다.

때로는 야구팀도 딸기라든가 구운 조개로 저녁을 때우는 수가 있었다. 그런가 하면 나에게는 고민해야 할 구실이 많았다. 7년 동안이나 팀의 감독은 나 한 사람뿐이었다. 그리고 8년간 8백 회의 게임이 실패한 감독도 나 하나뿐이었다. 이렇듯 연전 연패를 계속한 나는 밥도 먹지 못하고 잠도 잘 수 없을 만큼 번민을 했다. 그러나 2년 전에 고민하는 것을 멈추었다.

내가 고민을 극복한 방법은 이랬다.

① 고민한다는 것은 전혀 무익한 것이다. 괴로워해도 아무 소용이 없을 뿐만 아니라 생을 망치게 될 뿐이다.

② 번민은 내 건강에 해가 된다.

③ 다음 시합에 승리할 것을 연구해야 한다. 이미 끝나 버린 패전을 괴로워할 틈을 주어서는 안 된다.

④ 시합이 끝난 24시간 후가 아니면 선수에 대해 그가 저지른 과오를 말하지 않기로 한다.

초기에는 그들과 함께 기거하면서, 시합에서 패배했을 경우에는 아무래도 선수들을 꾸짖고 패전한 원인에 대하여 결론짓지 않을 수 없었으나, 이것이 도리어 고민을 증가시키고 있음을 깨달았다. 다른 사람 앞에서 선수를 비평하는 것은 협동심을 잃게 하고 만다. 나는 선수를 가혹하게 비평했던 것이다. 그래서 시합에 졌을 때엔 말하고 싶은 것도 극력 억제하고 될 수 있는 대로 선수들의 얼굴을 보지 않기로 했다. 그리하여 이튿날까지는 그들과 진 것에 대하여 논의하지 않기로 했다.

다음 날이 되면 나도 마음이 가라앉아서 과오를 대수롭지 않은 것처럼 생각하게 되어, 서로 이야기를 나눌 수 있기 때문이다.

⑤ 될 수 있는 대로 선수들을 칭찬하고 그들을 격려하는 한편, 과오를 캐내어 실망시키도록 하지 않았다. 그리고 한 사람 한 사람에게 무엇이나 칭찬의 말을 하려고 노력하였다.

⑥ 피로하면 한층 더 고민하게 된다는 것을 알았다. 그래서 나는 매일 밤 열 시간을 침대에서 보냈다. 또 날마다 오후에는 낮잠을 잤다. 불과 5분간의 낮잠이라도 그것은 매우 효과가 있었다.

⑦ 끊임없이 활동함으로써 번민을 방지하고 장수를 누릴 수 있다고 믿는다.

록펠러의 고백

입을 다물고
사업을 경영하라

존·D 록펠러는 서른 세 살 때 이미 백만 달러를 저축하고 있었다. 43세 때에는 세계 최대의 독점 사업 스탠다드 석유 회사를 설립했다. 그러나 53세 때 그는 어떻게 되었는가? 53세의 그는 고민에 싸여 있었다. 고민과 극도의 긴장된 생활이 그의 건강을 파괴하였다.

53세 때 그는 '산송장 그대로였다'고 그의 전기 작가의 한 사람인 존 윙클러는 기록하고 있다. 53세 때, 록펠러는 이상한 소화불량성 질환에 걸려 머리털은 말할 것 없고 가느다란 눈썹만을 남기고 속눈썹까지 다 빠져 버렸다. 윙클러는 다음과 같이 기록하고 있다.

"그의 병세는 악화될 따름이어서, 한때는 사람의 젖을 마시고 지내도록 명령을 받기도 했었다."

의사의 설에 의하면 그는 알로페시아에 걸려 있었다고 한다. 그것은 일종의 신경성 대머리병이었다. 그는 머리가 너무 벗어졌기 때문에 한때는 두 시간을 썼다가, 후에는 하나에 5백 달러나 하는 은색 가발을 만들어 죽을 때까지 쓰고 살았다.

록펠러는 원래 건장한 체격을 타고났다. 농가에서 자란 그는 떡 벌어진 어깨, 곧은 허리, 힘있는 걸음걸이를 갖고 있었다. 그런데 53세란 한창 정력이 왕성한 시기에 어깨가 처지고, 걸음걸이는 힘이 없었다. '거울에 비치는 그의 얼굴은 마치 늙은이와 같았다'고, 또 한 사람의 전기 작가 존 프린은 기록하였다.

쉴 새 없는 일, 끝없는 번민, 헤아릴 수 없는 비난, 공격, 잠을 자지 못하는 밤, 운동과 휴양 부족……

이러한 것들이 그에게 벌을 가하여 그를 굴복케 한 것이다. 그는 세계 제일의 부호였으나 극빈자도 먹지 않는다는 음식을 취하지 않으면 안 되었다. 그의 수입은 한 주일에 백만 달러를 넘고 있으나, 그의 1주간의 식비는 2달러도 들지 않았다. 소화의 산화 밀크와 두세 개의 크래커가 의사가 허락한 전부였다. 그의 피부는 광택을 잃고 마치 낡은 양피지로 뼈를 싼 것과 같았다. 그런데도 그가 98세까지 죽지 않았던 것은 큰돈으로 하는 치료에 의한 것이 아니었다.

고혈압, 극도의 긴장 생활, 번민 등에 의해 그는 문자 그대로 자신을 무덤으로 향해 한 발자국씩 좇고 있었다. 그는 23세 때만 하더라도 목적을 향하여 매진하고 있었다. 그를 아는 사람들의 말에 의하면,

'좋은 돈벌이가 있다는 뉴스를 들을 때 이외에는 결코 웃는 것을 보인 적이 없었다'고 한다. 큰 벌이를 했을 때는 모자를 마룻바닥에 집어 던지고 춤을 추었으나 손해를 보면 곧 앓아 누웠다.

한번은 그가 4만 달러의 곡물을 일리호 경유로 실어낸 적이 있었다. 그러나 보험에 들지 않았다. 보험료 백 50만 달러가 비싸다고 생각했기 때문이었다. 그러나 그 날 밤 폭풍이 일리호 위에 불어닥쳤다.

록펠러는 짐을 잃지 않을까 하는 고민으로 그 날 밤을 새운 듯 이튿날 아침에 협동사업가 조오지 가드너가 사무실에 들어서자 방안을 왔다갔다 안절부절못하고 있었다.

그는 가드너를 보자 떨리는 음성으로 재촉했다.

"빨리 가 보게. 지금이라도 보험에 들 수 있는지. 급히 가서 알아보게나!"

가드너가 뛰어가 보험에 들고 사무실에 돌아와 보니 그는 이전보다 더 악화되어 있었다. 그것은 가드너가 없는 사이 뱃짐이 아무 피해 없이 목적지에 도착했다는 전보가 도착했기 때문이었다. 록펠러는 공연히 백 5십 달러만 허비하였다고 하면서 가슴을 태우고 있었다. 그는 집에 돌아가 침상에 누워 버렸다. 당시 그의 회사는 1년에 5십만 달러 이상의 큰 사업 실적을 올리고 있었다. 그러면서도 그 자신은 불과 백 5십 달러의 손해로 생병이 나서 침상에 누웠다.

그는 운동이나 오락에 허비할 시간이 없었다. 오직 돈벌이와 주일 학교에서 가르치는 시간을 낼 수 있을 뿐이었다. 한번은 그의 협동 사업자인 조오지 가드너가 친구 세 사람과 공동으로 중고품 요트를 2천 달러에 샀을 때, 록펠러는 기분이 언짢아서 요트에 탈 것을 거부했다.

가드너가 사무실에서 일하고 있는 록펠러를 보고,

"여보게, 존, 요트를 갈아 타 보세 틀림없이 기분 전환이 되네. 일을 잊어버리게 좀 즐겨 보게."

라고 말하자 록펠러는 화를 내면서,

"조오지 가드너, 자네같이 사치스러운 사람은 처음 보겠네. 자네는 은행에 대한 자네 신용뿐만 아니라, 나의 신용까지 손상시키려 하고 있네. 무엇보다도 자네가 알아야 할 것은 자네가 우리의 사업을 망치려 한다는 것일세. 싫네. 자네의 요트엔 안 타겠네. 보기도 싫네!"

그는 그 날 하루 종일 사무실에서 꼬박 일하였다.

이러한 유머와 가치 판단의 결핍이 그의 사업가로서 생애를 통한 특징이었다. 만년에 그는 다음과 같이 술회하였다.

"나는 밤마다 침상에 누워서 내 성공이 다만 일시적인 것이 아닌가 하고 생각지 않은 날이 없었다."

몇 백만에 달하는 부를 누리고 있으면서 밤낮 그것을 잃어버리지 않을까 하고 불안을 느끼고 있었으므로, 그 번민으로 인하여 그의 건강이 상했던 것은 조금도 이상한 일이 아니다. 그에게는 운동도 오락도 없었다. 극장에도 가지 않고, 카드놀이도 하지 않으며, 파티에도 가 본 일이 없었다. 그는 마아크 하나가 말한 대로 〈돈에 미친 사람〉이었다.

"다른 점에는 분별이 있었으나 돈에는 미친 사람이었다."

록펠러는 일찍이 오하이오 주 클리블랜드와 이웃 사람에게 〈나는 사랑 받기를 원한다)고 고백한 일이 있었지만, 그는 너무나 냉혹하고 이기심이 강하기 때문에 아무도 그에게 호감을 갖지 않았다. 모오건 씨도 그와 거래하는 것을 피하였다.

"나는 그 사나이가 싫다. 그와는 거래하고 싶지 않다."

심지어 록펠러의 친형조차도 그를 극단으로 싫어하였다. 그래서 자기 아들 유골을 록펠러가의 묘지에서 다른 곳으로 옮기면서,

"존·D의 지배하에 있는 땅에서는 아이들도 편안히 잘 수 없을 것이다."라고 말하였다. 록펠러의 고용인들이나 동료들도 늘 그를 두려워하고 있었다. 역설적인 사실은 록펠러는 록펠러대로의 고용인이나 동료들을 두려워하고 있었다. 그들의 외부 사람들에게 사업상의 비밀을 누설하지나 않을까, 불안하였던 것이다. 그는 인간이라는 것을 전혀 신용치 않았다. 한번은 독립된 제유업체와 십년간의 계약을 체결한 일이 있었는데 그때 그는 이 사실을 아내에게도 이야기하지 못하게 약속케 하였다.

"입을 다물고 사업을 경영하라."

이것이 그의 신조다. 황금이 베수비어스의 분화구에서 흘러나오는 용암처럼 그의 금고에 들어오고 있을 때 그의 왕국이 붕괴되었다. 신문, 잡지, 모두가 일제히 붓을 들어 스탠다드 석유 회사의 강도 정책을 탄핵하였다. 철도 회사와의 비밀협약과 경쟁자에 대한 가혹한 조치를 폭로하고 비난하였다.

펜실바니아 지방의 유전 지대에서 록펠러만큼 미움을 받은 사람은 없었다. 그의 인형은 그 때문에 파멸된 사람들의 손에 의하여 교수되

었다. 그들의 대부분은 진짜 록펠러의 목에 밧줄을 걸어 나무에 매달고 싶다고 생각하고 있었다. 그의 사무소에는 증오와 저주에 찬 무수한 협박장이 날아들었다. 그는 살해되지 않으려고 신변에 호위대를 거느리고 있었고 증오의 선풍에 대하여 태연함을 가장하고 있었다. 그는 냉소적인 말투로 호언하였다.

"사업에 방해만 하지 않으면 나를 차든지 욕을 하든지 마음대로 해도 좋다."

그러나 그는 마침내 자기도 보잘것없는 한 인간임을 깨닫게 되었다. 그는 증오와 번민에 대하여 무관심할 수 있었다. 그의 건강은 차차 쇠약해졌다. 그에게는 이 새로운 적, 내부에서 그를 습격하는 적 즉, 병이 이해할 수 없는 이상한 것으로 생각되었다. 처음에는 그도 때때로 일어나는 신체의 이상을 다른 사람들에게 감추려고 노력하면서 애써 잊어버리려고 하였다. 그러나 불면증, 소화불량, 고민과 붕괴의 온갖 신체적 징후를 부정할 수는 없었다.

마침내 의사들은 그에게 무서운 진실을 통고하였다. 돈이냐, 고민이냐, 생명이냐 중의 어느 하나를 선택하라는 것이었다. 의사는 그에게 은퇴하든 죽든 둘 중의 하나밖에 길이 없다고 경고한 것이다. 그래서 그는 은퇴하였다. 그러나 은퇴 전에 이미 고민·탐욕·공포가 그의 건강을 파괴해 버리고 말았다. 미국의 유명한 여류 전기작가 아이다 타아벨이 그를 만나 보고서 깜짝 놀랐다.

"그의 얼굴에는 무서운 그늘이 깃들어 있었다. 그는 내가 만난 사람들 중에서 가장 노쇠한 사람이었다."

라고 그녀는 기록하고 있다. 록펠러는 그 당시 필리핀을 탈환한 맥아더 원수보다 4,5세 젊었었다. 그러나 그는 아이다 타아벨의 동정을 살만큼 폐인에 가까운 상태였던 것이다.

그때 그녀는 스탠다드 석유회사와 그것이 대표하는 독점 기업을 탄핵하기 위한 저서의 재료를 모으고 있었으므로, 이 거대한 낙지 기업을 세운 사나이에게 호의를 가졌을 리가 없다. 더구나 그녀는 록펠러가 주위 사람들의 안색을 살피면서 주일학교에서 가르치고 있는 모습을 바라보았을 때,

"나는 자신도 뜻하지 못했던 감정을 품게 되어, 그것이 점점 깊어졌다. 나는 그가 불쌍하게 여겨졌다. 이 세상에 공포만큼 무서운 적이 없다는 것을 알았다."

라고 고백하고 있다.

의사들은 록펠러의 생명을 구하는 일에 착수하였을 때 세 가지 규칙을 부과하였다. 그는 이 세 가지 규칙을 일생 동안 문자 그대로 엄수하였다. 그것은 다음과 같은 것이다.

① 고민을 피할 것 : 어떠한 경우에도 어떠한 일에 관해서도 결코 고민하지 말 것.

② 쉴 것 : 옥외에서 될 수 있는 대로 가벼운 운동을 할 것.

③ 식사에 조심할 것 : 조금 더 먹고 싶다는 정도에서 그칠 것.

존. D. 록펠러는 이들 규칙을 지켰다. 그것이 그의 생명을 지속시킬 수 있었던 것이다.

그는 은퇴하였다. 골프를 배웠다. 원예를 시작하였다. 이웃 사람들

과 잡담을 하였다. 카드놀이도 하고 노래도 불렀다. 하지만 그가 한 일은 그것뿐이 아니었다. 윙클러에 의하면,

"고민의 날과 불면의 사이에, 그는 반성의 시간을 가졌다."

그는 다른 사람의 일을 생각하게 되었다. 그는 그 생애 처음으로 얼마만큼 돈을 벌 수 있는가의 생각을 그치고, 돈이 인간의 행복에 얼마만큼 소용되는 것인가를 생각하기 시작하였다. 결국 록펠러는 그 막대한 재보를 다른 사람에게 주기 시작하였다. 처음에는 그것도 용이한 일이 아니었다. 그가 교회에 기부할 것을 신청했을 때 전국 설교단에서 부정한 돈에 손을 대지 말라는 부르짖음이 거절했다.

그러나 그는 계속하여 주었다. 미시간 호반의 조그만 대학이 빚 때문에 곤경에 빠져 차압을 당하고 폐쇄 직전에 있다는 소식을 듣고, 수백만 달러를 들여서 지금은 세계적인 명성을 떨치고 있는 시카고 대학의 기초를 확립케 하였다. 그는 또 흑인들에게도 구조의 손을 뻗쳤다. 조오지 워싱턴 카아버의 사업을 계속하기 위하여, 흑인 대학인 터스크기 대학에 거금을 기부하였고, 다른 흑인 대학에도 기금을 기부하였다. 그는 또 십이지장충의 박멸을 위해서도 노력하였다. 십이지장충병의 권위자 차알스. W. 타일즈 박사가,

"남부의 재액(災厄)인 십이지장충병은 한 사람에게 5십 센트의 약만 쓰면 치료할 수 있다. 5십 센트를 낼 사람은 없는가?"

라고 말한 데 대하여 록펠러는 그에 응하였다. 그는 수백만 달러를 희사하여, 남부 여러 주의 고질병이었던 질병을 박멸케 하고 나아가서는 록펠러재단을 전세계의 질병과 무지의 소탕에 기여케 하였다.

이 재단에 관하여 이야기할 때에, 어떤 감동을 느끼지 않을 수가 없다. 1932년, 중국 북경에 콜레라가 유행하였다. 중국 농민들은 파리처럼 죽어 갔다. 그러나 그 공포의 한가운데서도, 록펠러 의과대학은 콜레라의 면역 주사를 시행하고 있었다. 중국인도 외국인도 그것을 맞을 수가 있었다. 그때의 록펠러의 재정 지원이 얼마나 전 세계에 크게 기여하고 있는가를 알았다.

유사 이래 록펠러 재보에 어깨를 겨눌 수 있는 것은 일찍이 존재하지 않았다. 이는 실로 유일 무이한 것이다. 록펠러는 세계 방방곡곡에 이상으로 불타는 사람들에 의해 시작된 가지가지의 운동이 있는 것을 잘 알고 있었다. 연구가 진행되고, 대학이 설립되었다. 의사는 질병의 박멸에 노력하고 있다.

그러나 그러한 유망한 사업은 자금 부족으로 인하여 중단되고 있었다. 그래서 록펠러는 이들 인도주의의 개척자들을 도우려고 결심하였던 것이다. 그들의 사업을 접수하는 것이 아니라, 자금을 지원하여 그들로 하여금 자립케 하려는 것이다.

오늘날 우리들은 그의 재보의 원호에 의하여 발견된 페니실린을 비롯한 많은 공로에 대해서 감사해야 할 것이다. 병에 걸린 아이들의 5분의 4까지가 생명을 빼앗긴 무서운 질병 척수염도 나을 수 있게 된 사실에 대하여 세상의 부모들은 그에게 감사해야 한다. 말라리아, 결핵, 유행성 감기, 디프테리아 등 많은 질병 치료법의 진보에 대하여 그에게 힘입은 바는 실로 큰 것이다.

욕심쟁이 록펠러 자신은 어떻게 되었는가. 그는 재산을 기부함으로써 마음의 평화를 얻고 마침내 만족하게 되었다.

"만일 세상 사람들이 1900년 이후에 그가 스탠다드 석유에 대한 비난 공격에 마음을 쓰고 있었다고 생각한다면, 그것은 큰 잘못이다."

라고 알란 네빈즈는 말하였다.

록펠러는 행복하였다. 그는 아주 새 사람이 되었고, 전혀 고민하는 일이 없게 되었다. 그의 생애에 있어서 최대의 패배를 감수해야 할 때 조차도 하룻밤의 수면은 방해되지 않았다. 패배란 그가 키워낸 거대한 스탠다드 석유 회사에 대하여 역사상 최대의 벌금형이 과하여진 것을 말한다. 합중국 정부의 견해에 의하면 스탠다드 석유 회사는 반트러스트법에 저촉되는 독점기업이라는 것이다.

법정 투쟁은 5년간 계속되었다. 전국에서 우수한 법률가들이 전력을 다해 싸운 이 투쟁은 역사상 최장기 사건이었으나 끝내 스탠다드 석유 회사는 패소하였다.

판사 킨소 마운틴 랜디스가 판결을 언도했을 때, 피고측의 변호인들은 록펠러가 충격을 받았을 것이라고 염려하였다. 그러나 그들은 록펠러가 얼마나 변하였는가를 알지 못했다.

그 날밤, 변호사들 중의 한 사람이 록펠러에게 전화를 걸었다. 그는 될 수 있는 대로 부드럽게 사건의 결과를 보고한 후, 염려스러운 어조로 말하였다.

"록펠러 씨, 이 결과에 대하여 너무 상심 마시기 바랍니다. 오늘밤도 편안히 주무시기를 빕니다."

그때, 록펠러는 한바탕 껄껄 웃고는 대답하였다.

"염려 마십시오, 존슨 씨. 나는 편안히 자려고 합니다. 당신도 염려 마시고 잘 쉬십시오!"

이것이 일찍이 불과 5십 달러의 손해로 병석에 누운 인간의 대답이었다. 록펠러가 고민을 극복하기 위해서는 오랜 세월이 걸렸다. 그는 53세 때 빈사 상태에 있었으나 그 후 98세까지 살았고 말년을 스스로 만든 운명으로 행복하게 지냈다.

기적은 있다

*불가능한 일이라고 생각되는
것부터 해치워라*

존 버저 부인은 다음과 같이 고백했다.

"나는 완전히 번민에 사로잡히고 말았다. 내 마음은 고민으로 산산이 흩어졌으며, 생활에서 아무런 즐거움도 발견할 수 없었다. 신경이 극도로 긴장해 낮에는 편히 쉴 수가 없고, 밤에는 잘 수도 없었다. 아이들 셋은 먼 데 사는 친척집에 맡겼다. 남편은 최근에 군대에서 돌아와 딴 도시에서 변호사업을 개업하려고 준비하고 있었다. 나는 전후의 재정 위기를 불안이나 위험한 기분을 깊이 느끼고 있었다. 남편의 장래나 아이들에게 당연히 주어야 할 정상적인 가정 생활을 위험한 상태로 빠뜨리려 하고 있었을 뿐만 아니라 나 자신의 생활도 위험한 상태에 몰아넣고 있었다.

남편은 마땅한 집을 구할 수 없어서 신축할 도리밖에 없었다. 모든 일의 성패가 나의 건강 회복에 달려 있었다. 나는 그것을 통절히 느끼고 더 힘껏 노력하려 했지만, 그것은 도리어 실패에 대한 공포감을 증가시킬 뿐이었다. 그래서 점점 책임 있는 온갖 일에 대하여 계획하기를 피하게 되었다. 나 자신을 믿을 수 없게 되었다. 나는 완전히 패배자라고 느낀 것이다.

눈앞이 캄캄해서 아무런 구제책도 없다고 단념하고 있을 때에, 어머니가 나를 위해 어떤 일을 해 주었다. 나는 그것을 평생 두고 잊지 않으며 감사하고 있다. 어머니는 내게 다시 싸울 수 있는 힘을 회복시켜 준 것이다. 어머니는 나를 꾸짖었다. 굴복해서 자신의 신경과 마음에의 지배력을 상실한 내가 연약한 바보라고, 베드에서 일어나 남편과 아이를 위하여 왜 싸우지 않느냐고, 어머니는 나를 꾸짖었다. 현실에 패배하여, 그것에 직면하려 하지 않고 생활에서 도피하려는 게 아니냐고.

이 말에 격려된 나는 그때부터 싸우기 시작하였다. 그 주말에는 지금부터는 내가 모든 일을 맡아서 해 나갈 테니 부모님은 집으로 돌아가시도록 했다. 그리고 불가능한 일이라고 생각되던 것부터 해치웠다. 나 혼자서 아이들 둘을 돌봐주어야 했으나, 밤에는 잘 자고 식사도 더 잘하게 되어 나는 점차 힘을 회복하게 되었다. 1주일 후에 양친이 다시 방문했을 때 나는 다리미질을 하면서 노래를 부르고 있었다. 나는 생활과 싸워서 그 싸움에서 승리를 거두어 가고 있었기에 행복감에 넘쳐 있었다.

'나는 이 교훈을 결코 잊어서는 안 된다. 어떤 상황이 극복될 수 없을 듯이 보일지라도 그것에 과감히 대처하라! 싸워야 한다! 결코 굴복해서는 안 된다.'

그때부터 나는 힘써 일하기 시작하여 일에 자신을 내던졌다.

폐병환자 쇼팽

*환상곡 왈츠 전주곡 발라드 등은 파리한 음악가가
고생하면서 생명의 조수가 빠져나가는
것을 바라보면서 써낸 것이다*

프레데릭 쇼팽은 결핵환자 특유의 가냘픈 소리로 일을 얼마나 많이 성취할 수 있는가를 결정하는 것은 외부적인 환경이 아니라 내부에 있는 인간이란 점을 강조한다.

20세 시절에는 지나치게 작은 몸집이었으므로 그를 만난 부인네들이 가엾게 생각할 정도였다. 그는 오랜 폐병을 앓았으며 담배 연기에도 금방 쿨룩거리는 형편이었다.

당시 폴란드는 동란에 빠져 있었다. 그의 친구들은 앞을 다투어 군대로 들어갔지만 이 창백한 청년은 그런 무리에 뛰어 들기에는 너무도 약질이었다. 그는 폴란드의 흙을 담은 컵 하나를 들고 병원으로 망명하였다.

그 후 원시로부터 파리 시로 옮겼으나 그의 병세는 더욱 악화되었다. 요양하기 위해 갔던 마죠르카섬에서 위생 당국은 그에게 퇴거를 명하고 그가 살던 집을 소독하였다.

그는 진찰 받은 여러 의사들의 보고를 이렇게 기록하였다.

"어느 의사는 내가 죽을 거라고 말하였다."

신문은 여러 번 그의 죽음을 보도하였다.

죽음이 다가온 몸이면서도 자기의 죽음에 대해 농담을 하며 그리고 54의 마주르카와 11의 폴로네이즈와 17의 폴란드 가곡을 자곡해 내었던 쇼팽은 그의 이름을 영원히 빛냈으며 또한 폴란드의 애국심을 복돋아 주었다.

환상곡 왈츠 전주곡 발라드 등은 파리한 음악가가 고생하면서 생명의 조수가 빠져나가는 것을 바라보면서 써낸 것이다.

그는 멀리 고국을 떠나 있지만 그의 애국적인 작품은 폴란드 정신을 통일시켰으며 그것에 영광을 가져왔다. 그는 40세에 죽었다. 그리고 고국을 떠날 때 간직했던 한 줌의 흙은 그의 주검 위에 뿌려졌다.

운은 없지만 노력으로 성공한다

사람은 일함으로써
살며 일함에 따라
굳세어진다

"나는 운이 나쁘다."

이렇게 생각하는 사람은 다음 이야기를 읽어 보라.

요하네스 케플러는 세계적으로 성공한 사람이다. 그는 자기가 소비한 것 이상을 생산하였다. 그는 죽는 날까지 빈곤에 시달렸으나 그래도 태어났을 때보다 부유한 업적을 남기고 갔다.

그는 태어날 때부터 복을 받지 못했다. 그는 크리스마스 2일 후에 남보다 2개월이나 일찍 태어났는데 당시 조산아는 거의 살지 못하였다고 한다. 그래서 케플러는 병약한 소년 시절을 그럭저럭 넘기고, 마침내 허약한 청년이 되고 어른이 되었으나 항상 반 병자의 신세를 면치 못하였다.

그의 양친은 둘 다 괴상한 사람이었으며 끝내 미쳐 버리고 말았다. 그리고 그의 첫 아내는 두 번이나 결혼한 경험이 있는 손위의 부인으로 이 여인은 잔소리가 굉장히 많고 싸움을 잘하는 여자였다.

그의 둘째 아내는, 남편 봉급이 신통치 못해서 갖고 싶은 장신구를 사지 못한다고 투덜거리기만 하는 식모 출신 여자였다.

그의 불행은 이런 것만이 아니었다. 그의 주인인 황제 루돌프는 에누리 없는 정신병자로 어느 때는 케플러에게 점성으로서 전쟁을 일으키기에 가장 적합한 시기를 예언시켜 보려던 적도 있었다.

괴팍한 임금과 아내를 만족시키기 위해 노력해야 했던 그의 근시와 허약한 신체는 더욱 나빠져 갔다.

케플러는 밤을 거의 새다시피 하면서 연구에 골몰하였는데 한번은 근시안으로 불에 종이 숫자를 너무 가까이 한 바람에 하마터면 눈썹을 태울 뻔하였다. 신병인 악성의 오한도 그를 괴롭혔다.

그래도 그의 시력은 유성과 혹성에 대한 매력적인 환상을 그의 숫자표 속에서 찾아내고 있었다. 케플러는 종이 위의 숫자만이 아니라 우주의 열쇠를 보고 있었다.

건강하지는 못했으나 그는 굳센 정신력의 소유자로 다음 해도 연구는 계속하였다. 시간은 유수와 같이 흘러갔다. 그는 산 같은 부피의 종이를 관측과 계산으로 메워 갔다. 천연두가 가족을 습격하여 그의 귀여운 아들을 빼앗아갔다. 그러나 그의 연구는 중단되지 않았다.

페스트가 퍼졌다. 케플러는 낡은 외투를 걸친 채 원고로 가득 찬 가방을 들고 가족과 더불어 피난하였다.

고약한 질병도 악성의 신병도 빈털터리의 주머니도 그의 연구를 방해하지는 못하였다.

그는 자기 일에만 매달렸다. 그리하여 몇 해를 두고 밤마다 써넣은 숫자로 가득해진 산같이 쌓인 원고에서 마침내 선원들이 항해할 때 안전하게 항로를 잡는 데 지표가 되는 1,000개의 성좌를 정확한 도표로 완성하였다.

그는 현대의 천체망원경에 기초를 준 바 있는 두 개의 볼록렌즈와 측량용의 교차점을 사용하는 방법을 알아내기도 했다.

"케플러의 법칙"이라 불리는 유성운행에 관한 세 가지 법칙을 발견한 이 사람은 이와 같은 반 병자였던 것이다.

가지각색의 역경과 고난에 시달리면서도 그는 미적분학을 위한 기초를 이룩하였다.

낙망했을 때와 장애와 역경으로 말미암아 일을 중도에서 포기하고 싶어졌을 때가 있었다. 그를 도와 일을 완성시킨 표어가 있다.

"사람은 일함으로써 살며 일함에 따라 굳세어진다."

케플러야말로 역경을 이겨낸 세계 최대의 성공자의 한 사람이었다.

건전한 자기 관리

*경우에 따라서 기분이 썩 좋지 않더라도
기분 좋은 것처럼 말하는
습관이 필요하다*

누구에게나 좋은 인상을 주는 방법은 매사를 낙천적으로 웃으며 처리하는 것이다.

예를 들면 어떤 사람으로부터 전화가 걸려 왔을 때 대부분의 사람들은 마치 무슨 죄인이라도 대하듯 퉁명스런 목소리로 "여보세요" 아니면 "예"라고 한다.

이런 경우 부드러운 목소리로 노래라도 부르는 것처럼

"오! 안녕하세요?" 혹은 "잘 주무셨어요. 오늘 아침은 굉장히 좋은 날씨군요. 매우 좋은 하루가 될 것 같습니다."

라고 말한다면 상대의 기분이 어떠할까? 이와 같이 밝고 다정하게 하자면, 평소 느끼는 기분대로 자연스럽게 말한다. 경우에 따라서 기분이 썩 좋지 않더라도 기분 좋은 것처럼 말하는 습관이 필요하다. 그러면 즉시 좋은 기분으로 돌아오고 행동도 그렇게 되기 때문이다.

어떤 회사에 전화를 했을 때 비서의 목소리가 생기 발랄하고 열성적으로 "안녕하세요, 참 좋은 아침이지요"라고 말하면 매우 희망적이고 멋있는 하루가 될 것 같은 기분이 된다.

사람들이 즐거움에 넘치는 명랑한 낙천성을 보여줄 때 기분은 자연적으로 좋게 향상되는 것이다. 그 결과 매사에 적극적이고 일의 능률도 향상되며 남에게도 좋은 이미지를 주며 훌륭한 영향력을 주게 된다.

예화 1. 생산적인 사람을 사귀어라

동료들에 관해서 한번 생각해 보라. 좋은 동료인가, 나쁜 동료인가? 인생의 밝은 면을 보고 살아가는 인격자들과 교제하라. 끼리끼리 모인다는 사실을 알라. 나쁜 사람은 나쁜 사람끼리, 좋은 사람은 좋은 사람끼리 모인다는 말이다.

인격자와 사귀지 않는 한 비인격자와 사귀게 된다는 것이다. 만일 모든 의사·선생·변호사·정치가·대중 봉사원, 군인 등이 3개월간만이라도 판매 분야에 종사하면서 매주 판매 집회에 참석한다면 우리나라가 더 위대하게 발전하게 되리라고 본다.

각계 각층에서 종사하던 소심한 남자와 여자들이 판매계에 들어와 종사한 후 생산적인 인성으로 변하는 모습을 많이 본다. 판매계에 들어와 정상적으로 판매 훈련을 받은 사람은 인품이 소극적인 심성에서 적극적인 상태로 변한다는 사실을 세일에 종사해본 세일즈맨은 다 알고 있을 것이다.

어떤 집단에서 말도 제대로 못하고 침묵으로 일관하던 지도자가 활동적이고 적극적인 신념에 넘치는 활동가로 변하는 것을 보았다. 그 이유는 여기에 있다. 여러 면으로 이러한 사람들은 지금까지 주위 환경에서 부정적인 면만 보고 살아 왔다는 점이고, 그 마음 속에 쓰레기더미 같은 부정적인 면만 쌓여 있는 사람들과 생활해 왔기 때문이다.

지금까지 그런 사람들의 생활은 할 수 없다는 말로만 생활해 왔던 것이다. 그들이 세일즈 세계에 들어온다는 것은 환경과 사회 생활의 교제를 바꾼다는 것을 의미한다. 그러면 그들은 자신이 할 수 있는 것이 무엇인가라고 말할 것이다.

그들은 지도자로부터, 훈련 교사로부터, 동료로부터 매사에 긍정적인 말을 듣게 될 것이고, 매일 나타나는 성과와 결과를 보게 될 것이다. 그 결과보다 큰 흥미와 더 많은 이익을 얻게 됨을 알게 될 것이며, 자기 이미지 변화의 개선에 노력하려고 할 것이다.

만약 모든 사람들이 이와 같은 환경과 그것을 좋아하도록 규칙적인 습관이 되었다면 그들은 자기 이미지와 자세에 대해서 고쳐야 할 것이 무엇인가를 생각해야 한다는 점이다. 그러나 문제는 지금까지의 불건전한 자기 이미지의 동료이지만 쉽게 바꿀 수는 없다는 데에 어려움이 있다. 그러나 매사를 긍정적으로 보는 건전한 동료를 선택할 수 있는 것이다.

삶에 대해서 고무적이고 활동적인 사람들을 선택하고 그들과 사귀면 부정적인 사고 방식의 잔재는 사라진다.

인간성과 삶의 자세가 확립된 친구들과 어울렸을 때 얻는 것은 많을 것이고, 그렇지 못한 친구를 사귀었을 때에는 잃는 것이 많을 것이다. 만약 인생을 즐기면서 살아가는 사람들과 사귄다면 주어지는 이로움은 더욱 커질 것이다.

예화 2. 메모하는 습관

친구들에게 부탁하여 그들이 당신의 어떤 점들을 좋아하는지 물어 보라. 그러면 그들이 당신에게 그것을 가르쳐 줄 것이다. 그것을 메모하여 편리하게 볼 수 있도록 붙여 두라. 그리고 그것을 자주 꺼내어 보라. 그러면 자신의 약점만을 강조하고 남의 약점만을 보는 미련한 사람이 되지 않을 것이다.

자기를 과소 평가하는 사람은 사업을 성공시키지 못한다. 그러나 자기의 장점에 자부심을 갖는 사람은 그것을 성공으로 연결시킬 수 있다. 과거에 이룬 성공 사례들에 대한 목록을 메모해 보라.

큰 만족과 자신감을 안겨 준 일들도 이 목록 속에 포함시켜라.

그리고 어린 시절부터 지금까지 있었던 성공담을 간직하라. (학교시절에 수우미양가 중에서 수를 맞았던 학과에 대한 기록도 포함시킬 수 있을 것이다) 일단 과거의 성공들이 어떤 것인가를 안다면 자신감이 생길 것이다. 또 이러한 자신감 때문에 건전한 자기 이미지를 갖게 된다.

예화 3. 건전한 자기 이미지 관리

첫째로 외설물(섹스물)은 절대로 보지 말라. 외설물을 보면 그것의 영향을 받게 되고 영구히 기억에 그것이 남게 된다. 그것은 당신을 파괴시킬 수도 있다.

심리학자들에 의하면 《목구멍 깊숙이》, 《파리의 마지막 탱고》, 《무당》 등등 이와 비슷한 외설물은 신체적인 경험과 똑같이 마음에 심리적, 정서적으로 파괴적인 영향을 남긴다고 한다. 이러한 외설 쇼를 본 사람은 공통적으로 이런 말을 하고 있다. 즉 그런 것을 본 결과 존경심이 약화되고 심지어는 불쾌감을 느꼈다고. 이유는 간단하다. 이러한 외설물은 인류에게 가장 천한 것을 보여주기 때문이다.

인간에게 단점만 있다고 보는 견해는 잘못이다. 단점만 강조한다면 가치관도 별것이 아니라는 것을 느끼게 된다. 간단히 말해 외설물을 보게 되면 자신을 혐오하게 되고, 자기 본성을 제대로 발휘할 수 없다. 실험 결혼이나 아내 교환과 같은 음란 행위가 인류에게 도움을 줄 리 없고 음화와 마약 사용은 시간만 낭비하게 하고 스스로의 인격을 저질로 만들어 의지를 후퇴시킬 뿐이다.

둘째로는 점술을 경계해야 한다. 많은 사람들이 점술을 예사로 생각한다. 점술을 즐기면 운명론자가 되어 의지가 약해진다.

점술의 가르침 때문에 어떤 사람은 어떤 일의 결정을 못하고 여행도 하지 않는다. 성경에 의하면 점술은 사탄의 술책이라는 것을 알 수 있다. 매일 점술 책자를 읽는다면 그것은 당신이 사탄의 책을 읽는 것과 같다. 만약 당신이 하나님이나 성경을 믿지 않는 사람이라면 이것만은 분명히 알아야 한다.

점성학은 지구가 태양을 도는 것이 아니라 태양이 지구 주위를 돌고 있다는 비과학을 전제로 한다는 것을.

결 어

부자는 미신을 거부하고 소신을 가지고 투쟁한다. 그리고 단점보다는 장점을 찾고 마음의 여유를 가지고 생각하며 긍정적인 평가를 좋아한다. 심리적으로 피하고 싶은 장벽을 두려워하면 어떤 일도 해 낼 수 없다. 그러므로 하기 싫고 두려운 일을 먼저 해치우는 용단만이 당신을 성공으로 이끈다는 것을 명심하기 바란다. 그러면 당신은 부자가 될 것을 믿는다.

부록

소크라테스의 죽음과 플라톤의 변명

(플라톤의 변명에서)

소크라테스는 다음 두 가지 이유 때문에 고발당하였다.

1. 국교(國敎)를 인정하지 않은 것.
2. 국교(國敎)를 믿어서는 안 된다고 강연하여 청년들을 교사
   (敎唆)한 것.

소크라테스는 그 때문에 예수가 겪은 고통과 많은 선지자, 선각
자, 스승들이 경험한 것과 같은 고난을 겪었던 것이다. 소크라테스
는 사람들에게 그의 인식 속에 트인 삶의 이지적인 길을 가르쳤다.
그 시대의 사회생활의 기초가 되어 있던 거짓된 가르침을 부정하
지 않을 수 없었던 것이다. 국가의 장로(長老)들은 대부분 소크라
테스의 사상을 받아들일 수 없는 자들이었다. 그의 사상이 참된
것인 줄 알면서도 그들이 신성시하는 신에 대한 비난(非難)을 받
아들일 수 없었던 것이다. 그 때문에 예정된 판결은 사형선고였다.
소크라테스는 그렇게 되리라는 것을 알고 있었다. 그러나 항변하
지 않았다. 도리어 그 기회를 이용하여 장로들에게 자기가 왜 그렇
게 말하였는가를 설명했고 또 자신이 살아 있으면 그와 같은 철학

을 추종하는 사람들이 같은 행위를 계속하리라는 것도 예견했다. 재판관은 소크라테스의 유죄를 인정하고 그에게 사형을 언도했다. 그 언도를 듣고 소크라테스는 재판관석을 향하여 이렇게 응수했다.

"장로들이여 들으시오! 민중은 어리석게도 나를 그대들이 사형에 처한다고 믿고 있소. 민중은 나를 성자라 말하지만 나는 그들이 말하는 그러한 성자가 아니오. 민중은 그대들이 나를 처형한다고 하지만 참으로 어리석은 말이오. 만약 그대들이 기다려 준다면 나는 저절로 나이 먹어 죽을 것이오. 나에게 사형을 언도한 그대들에게 말하고 싶소. 그대들은 나에게 사형을 선고하며 내가 형장에서 달아날 수 없을 것이라고 생각하겠지만 그것은 헛수고요. 나는 방법을 알고 있으나 그 방법이 적당치 못하다고 생각하므로 그것을 택하지 않았을 뿐이오. 내가 울부짖으며 살려 달라고 애원한다면 크게 기뻐할 것도 알고 있소. 법정이나 전쟁터에서 비겁한 방법으로 죽음을 피하려 하는 것은 당당한 방법이 못 되오. 누구도 그렇게 해서는 안 되오. 어떤 위험이 있어도 살길만을 도모하지 않는다면 죽음을 피할 방법은 있는 법이오. 죽음을 피하는 것은 어렵지 않으나 악을 피하는 것이 더 어렵소. 악은 언제나 죽음보다 먼저 사람을 사로잡지만 나는 이미 쇠약하고 늙어서 죽음이 나를 사로잡고 있소. 그러나 나를 고발한 그대들은 기운이 좋고 날쌔나 그대들 이상으로 날쌘 악이 그대들을 사로잡고 있소. 그대들에 의하여 언도 받은 나는 죽음에 이르렀지만 내게 언도한 그대들은 악과 수치를 얻게 될 것이오. 악과 수치에 대한 선고는 진리가 내리는 것이오. 지금 나는 내게 내린 선고를 눈앞에 맞고 있으며 그대들은 형벌을 눈앞에 보고 있는 것이오."

그리고 이런 요지의 말을 계속했다.

— 그 외에 나를 고발한 그대들에게 이렇게 말하고 싶다. 죽음을 앞에 둔 인간은 미래를 볼 수 있다. 예언하건대 내가 죽고 나면 그대들은 곧 벌을 받게 될 것이다. 그 벌은 아마 그대들이 내게 준 형벌 이상으로 고통이 심할 것이다. 그리고 그대들에게는 생각조차 못했던 일이 생기리라. 나를 죽임으로써 내가 제지해 오던 그대들의 반대자들을 격분시키게 되리라. 그들은 젊음으로 노령의 그대들이 그들의 공격을 받기가 쉽지는 않을 것이다. 나를 죽인다 해도 그대들의 잘못된 생활 습관은 버리지 못한다. 또 사람을 죽이면 자기도 악에 대한 죄과를 피하지 못한다. 그것을 피하려면 한 가지 방법밖에 없다. 그것은 선하게 사는 것인데 이 말은 일찍이 나를 비방하는 그대들에게 해 두고 싶었던 것이다.

— 다음은 이 법정에서 나를 변호해 주신 분들에게 말한다. 우리가 이야기할 수 있는 마지막 기회이리라. 나는 일생을 통하여 중요한 때나 어려울 때 언제나 마음속에서 들려오는 비밀스러운 소리를 들을 수 있었다. 그것은 내게 경고를 하여 내가 불행에 처하는 것을 막아 주었다. 지금은 여러분도 보시다시피 누가 보아도 불행

하다고 생각할 정도로 궁지에 몰렸다. 그러나 그 동안 내게 경고해 주던 마음의 소리도 들리지 않고 내 행위를 제지해 주지도 않는다. 이것은 무엇을 의미하는가? 나는 이렇게 생각한다. 지금 내가 당하고 있는 이 상황은 불행한 것이 아니라 다만 다음과 같은 두 가지 생각 중에서 그 어느 하나를 택하여야 할 처지에 있을 뿐이다. 즉 죽음이란 의식의 완전한 소멸이라는 주장과 그렇지 않고 영혼이 이 세상에서 다른 세상으로 옮겨간다는 주장 중 하나를 택하는 것이다. 만약 죽음이 의식의 완전한 소멸이고 꿈도 꾸지 않고 아무 것에도 시달리지 않는 단잠이라면 죽음이란 매우 행복한 것이리라. 아무 꿈도 안 꾸고 단잠을 자던 밤과, 밤새도록 오만가지 공포와 걱정과 불만 속에서 단잠을 이루지 못하고 보내던 밤을 비교해 본다면 단잠을 자던 밤 이상으로 행복한 낮이나 밤은 찾아 볼 수도 없다. 그러므로 죽음이 단잠을 이루는 밤 같은 것이라면 나는 그러한 행복을 택할 것이다. 그러나 죽음이 이 세상에서 다른 세상으로 옮겨가는 것이 사실이고 거기서 나보다 앞서 죽은 성자나 현인을 만나서 그 사람들과 함께 사는 것이라면 그보다 더한 행복이 어디 있겠는가? 그러한 세계로 갈 수만 있다면 나는 한 번이 아니라 백 번이라도 죽기를 원한다.

　— 재판관과 변호인에게. 나는 죽음이 조금도 두려워 할 바가 아니라고 생각한다. 선한 인간은 이 세상에서나 사후에나 두려울 것이 없는 것이다. 그간 나를 비방하던 자들이 목적이 있어서 그렇게

했다 할지라도 나는 그들을 미워하거나 저주하지 않을 것이다. 이제 내 때가 왔다. 나는 죽고 여러분은 여전히 전처럼 살아갈 것이다. 누가 선한 사람이었는가는 신만이 알고 계시다.

이러한 요지의 말이 끝나자 법관은 소크라테스에게 사형을 언도했고 그는 사약(死藥)을 마시고 조용히 제자들 앞에서 눈을 감았다. 그의 임종에 관한 이야기는 그 제자 플라톤에 의하여 회화 《페돈》 속에 상세히 적혀 있다.

— 플라톤

소크라테스의 죽음

소크라테스가 죽고 얼마 안 되어 그의 제자의 한 사람이었던 에피크레스가 역시 제자였던 페돈을 만났다. 페돈은 소크라테스의 임종에 때마침 있었던 제자였다. 그래서 에페크레스는 페돈에게 그 날 일어난 모든 일을, 소크라테스가 무엇을 말하고 무엇을 하고 어떻게 죽어갔는가를 이야기해 달라고 부탁했다.

페돈은 이렇게 이야기했다.

그 날 우리들은 모두 평상시대로 감옥과 나란히 서 있는 재판소 안으로 들어갔다. 그러자 늘 우리들을 감옥 안에 넣어주던 문지기가 나와서 지금 소크라테스의 재판이 진행되고 있으니 잠깐 기다리라고 했다. 그들은 소크라테스의 쇠사슬을 풀어주고 독을 마시라고 명령하고 있었던 것이다. 약간 시간이 흘렀다. 문지기는 다시 나와서 들어가도 좋다고 말했다. 우리가 들어가자 소크라테스 곁에는 크산티페 부인이 아이를 껴안고 있었다. 그녀는 침대 위에 소크라테스와 나란히 걸터앉아 있었다.

크산티페 부인은 우리를 보자 곧 그런 경우라면 어떤 여자라도 그러하듯이 목을 놓아 울며 투덜대기 시작했다.

"이것이 최후의 면회입니다. 이제는 서로 이야기할 수 없습니다."

소크라테스는 그녀를 달랬다. 그리고 잠깐 자리를 비켜달라고 말했다. 크산티페 부인이 나가자 소크라테스는 다리를 굽히고 두 손으로 문지르기 시작했다. 그리고 우리 쪽을 향해 말했다.

"만족이란 고통과 결부되어 있는 것이다. 이것은 놀라운 일이다. 나는 쇠사슬에 묶여 있는 것이 고통이었으나 지금 풀리고 보니 말할 수 없을 만큼 만족을 느낀다. 이것은 틀림없이 신이 인간의 마음에 두 개의 상반되는 것을 함께 두려는 생각이다. 고통과 만족을 결부시켜서 그 중 하나가 없어진다면 다른 것을 경험할 수가 없을 것이다."

소크라테스는 더 말하고 싶은 것 같았으나 문 저쪽에서 누구하고 나지막한 소리로 이야기하고 있는 것을 보자 그가 무슨 이야기를 하고 있는가 물었다.

"스승에게 독을 마시도록 하라고 명령받은 사나이가 있습니다. 그 사나이가 될 수 있으면 이야기를 삼가해 달라고 말하고 있습니다. 독사(毒死)의 선고를 받은 인간이 흥분하면 독의 효과가 약해져서 두 번 세 번 마셔야 한다고 합니다."

하고 크리튼이 대답했다.

"그래. 그렇다면 두 번 세 번이라도 마시지. 나는 너희들과 이야기할 기회를 놓칠 수는 없다. 그리고 일생 동안 성현의 길을 밟아 온 인간에게는 죽음이 도리어 기쁜 것이란 것을 보여 줄 기회를 잃고 싶지 않다."

"그러나 우리를 남겨 두고 죽어버리는 것이 아닙니까? 그래도 기쁘다는 말씀입니까?"

하고 우리 중 누군가가 물었다. 소크라테스는 말했다.

"그렇기는 하다. 그러나 만약 네가 나의 입장에 있다면 일생을 통하여 방해물이었던 육체의 정욕을 억제하려고 노력해 오던 인간이 그 육체로부터 해방되는 것을 기뻐하지 않을 수 있겠는가? 죽음은 육체로부터의 해방에 지나지 않는 것이다. 내가 너희에게 누차 강조했던 완성이란 것도 알고 보면 육체와 영혼의 구별을 똑똑히 하며 영혼을 육체 밖의 자기 자신 속에 집중시키는 데 있는 것이다. 죽음은 그 때문에 가장 아름다운 자유이다. 일생 동안 언제 죽음이 다가와도 좋을 만큼 준비가 되어 있게 살아온 인간이 막상 그때가 되어 이러쿵저러쿵 불평을 하는 것은 우스운 일이 아닌가? 그러므로 나는 너희와 헤어져 너희에게 슬픈 꼴을 보게 하는 것은 차마 안됐으나 죽음을 환영하지 않을 수 없다. 죽음은 내가 일생 동안 구했던 실현에 지나지 않는 것이다. 이것이 너희를 뒤에 남겨두는 것을 슬피 생각하지 않는다고 말하는 것에 대한 나의 변명이다. 이 변명을 내가 법정에서 했던 변명보다도 믿어준다면 기쁘게 생각한다."

소크라테스는 그렇게 말하고 나서 미소를 지었다.

"그러나 그 때문에는……"

하고 게으위스가 받아서 말했다.

"육체를 떠난 후의 영혼이 먼지나 연기처럼 없어지거나 부서지는 것이 아니라는 것을 믿어야 합니다. 그런 것을 알고 그것을 믿고 있다면 모든 것은 말씀대로도 좋을 것입니다. 그러나 그것을 믿을 수 없다면 불행하지 않겠습니까?"

"네 말대로다."

하고 소크라테스는 계속했다.

"그것을 전연 믿을 수 없다고 말하는 자도 있을 것이다. 그러나 그것을 믿지 않으면 안 될 중요한 이유가 있다. 옛 가르침은 죽은 인간들의 넋은 황천에 갔다가 다시 이 세상으로 돌아와 다시 거기에서 삶을 계속한다고 가르친다. 그 가르침을 믿을 수 있건 없건 인간은 죽음으로부터 살아난다는 점을 믿을 만한 커다란 이유가 있다. 그러니 살아 있는 자는 죽음을 두려워할 필요가 없다. 죽음은 단지 새로운 삶으로의 이동에 불과하기 때문이다."

그리고 소크라테스는 우리들이 이전에도 많이 들었던 논증, 즉 우리들이 가지고 있는 모든 지식은 다만 기억에 지나지 않는다는 것을 들어서 이야기를 계속했다.

"그리고 만약 영혼이 현세 이전에 살지 않았더라면 기억이라는 것은 있을 수도 없다. 그러므로 비록 인간의 육체는 필멸적인 것일지라도 사물을 알며 기억하는 능력이 있는 이상 영혼은 육체와 더불어 멸망하는 것이 아니다. 따라서 모든 지식이 영혼의 임시적 삶에 대한 기억으로만 생각하는 것으로는 아직 충분하지 못하다. 우리 속에 육체로부터 독립한 것, 불멸의 영혼이 존재한다는 것에 대한 중요한 증거는 영혼에 대하여 가장 본연적인 것은 미·선·정의나 진리의 영원에 속하는 관념뿐 아니라 참으로 그 관념이 우리 영혼의 본질을 형성한다는 점에 있다. 그리고 그 관념이 죽음에 속하는 것이 아니므로 우리의 영혼도 마찬가지로 죽음에 속하는 것이 아니다."

소크라테스는 이야기를 멈췄다. 우리는 잠자코 있었다. 오직 데우위스와 시미리가 작은 목소리로 무엇인가 속삭이고 있었다.

"너희는 무슨 이야기를 하고 있느냐?" 하고 소크라테스가 물었다.

"만약 지금 이야기한 문제에 대하여 말한다면 너희가 생각하는 바도 이야기하라. 만약 내가 하는 말에 이해가 되지 않고 좀더 나은 설명을 알거든 숨김없이 말해다오."

"저는 숨김없이 말하겠습니다"

시미리가 입을 열었다.

"저는 지금 하신 말씀에 동의할 수 없습니다. 그리고 질문하고 싶습니다. 그러나 이런 질문을 해서 기분을 상하지나 않을까 걱정입니다."

소크라테스는 웃으면서 말했다.

"내게 어떤 일이 있더라도 나는 그것을 결코 불행이라고는 생각하지 않는다. 너희에게조차 그것이 믿어지지 않는다면 어찌 다른 사람들이 믿을 수 있겠는가? 나는 지금 여느 때나 다름없는 평화로운 상태에 있다. 쓸데없는 걱정은 말고 너희의 의문을 솔직히 말하라."

"그럼 저의 의견을 솔직히 여쭙겠습니다."

"어떤 점이 충분하지 않으냐?"

하고 소크라테스가 물었다. 시미리는 말했다.

"육체와 영혼에 대하여 말씀하신 것은 악기와 악기의 가락과의 관계와 같지 않다고 생각합니다. 악기는 그 줄만 생각하면 육체와 마찬가지로 일시적인 것이라고 할 수 있지만 악기가 내는 소리는 육체적인 것도 아니고 죽음에 속하는 것도 아닐 것입니다. 설사 악기가 부서진 후라도 어딘가 남아 있습니다. 악기의 가락은 줄에 어떤 탄력을 줌으로써 생기는 것으로 알고 있습니다. 마찬가지로 우리 영혼도 육체의 여려 요소를 어떤 관계에 둠으로써 결합되어 생겨나는 것입니다. 그러므로 악기가 그 형성하는 일부가 부서짐으로써 소리가 깨어지는 것과 같이 우리의 영혼도 육체를 형성하는 일정한 관계가 부서지면 깨지는 것이 아닐까요? 즉 각종 병이나 노쇠나 일부분에 대한 편중에 의하여 육체가 파괴되는 결과로 부서지는 것이 아닐까요?"

시미리가 말을 그쳤을 때 나중에 서로 이야기한 일이었으나 우리는 모두 불안을 느꼈다. 영혼의 불멸에 대한 소크라테스의 말을 믿는 둥 마는 둥 할 사이에 강력한 논증이 나와서 우리를 혼란시켰던 것이다. 우리는 그 문제에 관하여 이야기된 모든 것에 대하여서뿐만 아니라 그 문제 밖의 것까지 말할 수 있는 불안을 느끼기 시작했다.

우리가 본 바와 같이 소크라테스에게는 놀라운 일이 있었다. 그때처럼 몹시 놀랐던 일은 없다. 소크라테스가 아무렇지도 않게 그 반대자에 대하여 대답할 수 있었던 것은 놀라운 일이 아닐지 모른다. 그러나 소크라테스가 시미리가 말하는 것을 친절하게 고개를 끄덕거리면서 듣고 있던 과단성과 평온은 참으로 놀라운 것이었다. 그리고 소크라테스는 시미리가 이야기한 내용을 간추려서 참으로 놀라운 기교로써 우리를 의혹으로부터 끄집어내 주었다.

나는 그때 소크라테스의 오른쪽에 앉아 있었다. 그의 침대 곁에 있던 낮은 의자에 걸터앉아 있었다. 소크라테스도 침대에 걸터앉아 있었으므로 나보다 위치가 높았다. 소크라테스는 나의 머리카락을 만지작거리는 버릇이 있었다. 그래서 그때도 나의 머리를 손으로 어루만지면서 머리카락을 감아쥐고 말했다.

"패돈, 너는 내일 이 아름다운 머리카락을 베어 버려도 괜찮겠나?"

"예."

하고 나는 대답했다.

"잠깐 기다려. 우리 내기를 걸자."

"무엇입니까?"

하고 나는 물었다.

"너는 내일 머리를 깎겠다고 약속하는 것이다. 단 내가 나의 말한 것에 훌륭히 답변할 수 없으면 말이다. 만약 할 수 없다면 내가 나의 머리를 깎아 버리겠다."

나는 웃으면서 알겠습니다 라고 대답했다. 그러자 소크라테스는 시미리를 향하여 말했다.

"좋아, 시미리, 영혼은 악기의 가락과 비슷하다. 그리고 악기의 가락은 악기에 있는 줄을 통하여 생겨나듯이 영혼도 육체의 요소와의 관계에서 존재한다. 그렇다면 조금 전에 우리가 이야기하던 일, 그리고 너도 동의하던 일, 즉 우리의 모든 지식은 우리의 선재(先在)에서 알고 있던 기억이라는 점에 모순되지 않는가? 만약 영혼이 육체보다 먼저 존재했다면 영혼이 육체와의 일정한 관계에서 나왔다고 어찌 말할 수 있겠는가? 우리가 스스로의 모든 자아가 선재에서의 기억이라는 것을 인정한다면 우리는 영혼이 육체로부터 독립된 그 스스로의 실체를 가지고 있다는 것을 인정하여야 한다. 그래서 악기의 가락과 영혼은 이러한 점이 다르다. 즉 가락은 자기 자체를 갖지 못하지만 영혼은 자기 자체의 존재를 가질 뿐만 아니라 그 자체의 인도자이기도 하다. 가락은 악기의 형태를 스스로 바꾸지 못 한다. 그리고 악기에만 의존하여 소리를 내지만 영혼은 육체의 모든 요소와 상호 협조관계에 있다. 그리고 영혼은 육체와의 관계를 당장이라도 파괴하려고 하면 할 수 있다. 왜냐하면 너도 알다시피 만약 내가 크리튼의 권유에 동의하여 이 감옥에서 탈출해 버렸다면 지금 여기에서 이렇게 형 집행을 기다리면서 너희들과 이야기를 주고받을 수 없을 것이 아니냐. 내가 크리튼의 권유에 동의하지 않은 것은 공화국의 판결에 따르는 편이 도망치는 것보다 옳은 일이라고 생각하였기 때문이다. 이것은 결국 악기의 가락이 악기의 파괴를 선언한 셈이 되지만 내 속에는 나의 불멸의 본질을 알고 있는 그 무엇이 존재하고 있는 까닭이다. 그리고 설사 내가 충분히 명확하게 설명할 수는 없다 하더라도 내 자신 속에 육체의 덮개를 넘은 자유스러운 본연적인 것이 존재하고 있음을 인정하지 않을 수 없다. 그래서 내 영혼이 불멸이라는 점을 믿지 않을 수 없다."

소크라테스는 이어서 말했다.

"만약 영혼의 불멸을 인정한다면 우리는 육체적인 삶 이상으로 영혼을 사랑하고 육체가 죽은 후에는 영혼을 지켜야 한다. 영혼 불멸로 인하여 이 세상에서 얻은 모든 영적인 짐을 다른 삶 속으로 가져가는 것이라면 그것을 어떻게 감당할 것인가. 가급적 선하고 바로 살기에 힘쓰지 않으면 안 되는 이유가 바로 그 때문이 아닐까?"

그리고 잠깐 말이 없다가 소크라테스는 다시 덧붙였다.

"그러나 이제 목욕을 해야 할 시간이 된 것 같다. 목욕한 후에 독을 마시는 편이 좋을 거야. 여자들이 시체를 씻어야 하는 수고를 덜어주기 위하여."

소크라테스가 이렇게 말했을 때 크리튼은 장차 소크라테스의 아들을 어떻게 할 것이냐고 물었다.

"크리튼! 내가 늘 말하던 대로 하면 그만이다."

소크라테스는 그렇게 대답했다.

"아무 것도 새로운 것은 없다. 자기 자신을 그리고 자기 자신의 영혼을 지키는 일이다. 그저 그렇게 함으로써만이 너희는 나를 위해서도 나의 자식을 위해서도 또 너희 자신을 위해서도 좋은 것이다. 다시 약속하지 않더라도 그렇게 해주기만 하면 된다."

크리튼이 대답했다.

"장례식은 어떻게 할까요?"

"아무렇게 해도 괜찮아."

소크라테스는 웃으면서 대답했다. 그리고 이렇게 덧붙였다.

"나는 아직도 크리튼에게 지금 너희와 이야기하는 것이 나이고 조금 후면 차가운 시체가 될 육신이 내가 아니라는 것을 믿게 할 수가 없구나."

이와 같이 말하고 소크라테스는 일어나서 목욕실로 갔다. 크리튼이 그 뒤를 따랐다. 소크라테스는 우리에게 기다리라고 했다. 그래서 우리는 서로 이야기하던 것, 우리의 기둥이며 스승이며 지도자였던 사람을 잃어야 할 불행에 대하여 이야기하면서 기다리고 있었다.

소크라테스가 목욕을 다 마쳤을 때 그의 아이들을 데려왔다. 작은 두 아이와 다 자라서 큰 사내아이가 있었다. 하녀들도 함께 왔다. 소크라테스는 아이들과 하녀에게 이야기하고 나서 우리 쪽으로 왔다. 그때는 벌써 저녁때가 가까웠다. 그러자 조금 있노라니 형무관이 들어왔다. 그리고 소크라테스에게 다가가서 말했다.

"소크라테스여, 당신은 조금도 나에게 화를 내던가 욕지거리를 하던가 고함을 치던가 하지 않았습니다. 다른 사형수들은 내가 독약을 마실 시간이 되었다고 통고하러 오면 어떠한 죄수라도 내게 화를 내고 욕지거리와 고함을 쳤습니다. 저는 지금에야 당신의 참모습을 알게 되었습니다. 나는 당신을 이곳에 있던 사람들 중에서 가장 고귀하고 선량한 사람이라고 생각합니다. 부디 나를 나쁘게 생각하지 마시오. 당신은 당신에게 이러한 벌을 선고한 자들을 알고 있을 것입니다. 그들을 미워하시오. 저는 단지 독약을 마실 시간이 되었다고 통고하기 위하여 온 것뿐입니다. 용서해 주십시오. 그리고 될 수 있으면 쉽게 견딜 수 있도록 준비하여 주십시오."

이렇게 말하고 형리는 울음을 터뜨리면서 얼굴을 옆으로 돌린 채 나가 버렸다.

"그럼 안녕히."

하고 소크라테스는 이렇게 말했다.

"우리는 할 일을 하자."

그리고는 우리 쪽으로 얼굴을 돌리고 덧붙여 말했다.

"저 형리는 참으로 착한 사람이다. 요전에도 내게 와서 여러 가지 이야기를 했다. 그때 나는 저 형리가 아주 선량한 인간임을 알았다. 아까는 또 얼마나 마음 깊이 나의 죽음을 슬퍼해 주었던가! 어서 크리튼, 명령대로 해주게. 준비가 되었거든 독약을 가져오도록 전하게."

크리튼은 말했다.

"소크라테스 님, 아직 해는 많이 남았습니다. 훨씬 더 저물어서도 괜찮으리라고 생각합니다. 대개는 밤을 즐겁게 지내고 사랑의 만족을 즐긴 후에야 독약을 마신다고들 합니다. 서두를 필요는 없습니다. 아직 시간이 많습니다."

"무슨 소리냐? 크리튼!"

하고 소크라테스가 엄숙히 말했다.

"그런 사람들은 그렇게 하는 것이 좋다고 생각하기 때문에 그렇게 한 것이다. 그들이 그렇게 한 것은 각기 자신의 생각에서 그런 것이지만 나는 그들처럼 생각하지 않는다. 조금 독을 늦게 마신다 해도 내 눈으로 보면 그것은 우스운 꼴을 자기에게 보이는 것밖에는 아무 것도 아니다. 어서 독약을 가져오도록 전하게."

크리튼은 그 말을 듣고 문간에 서 있는 하인에게 눈짓을 했다. 하인이 나갔다. 그러자 곧 소크라테스에게 독약을 마시게 할 형리가 들어왔다.

"어떻게 하는지 잘 모르겠으니 가르쳐 주시오."

하고 소크라테스는 형리에게 물었다.

"그저 이렇게 하면 됩니다. 우선 이것을 마시고 나서 다리가 무거워질 때까지 걸어다니는 겁니다. 그러다 다리가 무거워지면 눕는 겁니다. 그 때면 독약이 듣기 시작하게 된 것입니다."

하고 형리가 대답했다. 형리가 소크라테스에게 독약 사발을 내밀었다. 소크라테스는 그것을 받았다. 그리고 밝은 얼굴에 조금도 공포를 느끼지 않는 표정으로 안색이나 눈도 보통 때처럼 형리를 보면서 물었다.

"당신은 이렇게 사람에게 독약을 마시게 하는 것이 신의 마음에 어긋나는 것이라고 생각하지 않습니까?"

형리는 대답했다.

"저희는 하라고 명령받은 일을 할 뿐입니다."

"좋아."

소크라테스는 또 입을 열었다.

"어쨌든 나는 이 세상에서 저 세상으로 옮아가는 것이 지체되지 않도록 신에게 기도하여야 합니다. 이제 기도를 시작합시다."

그렇게 말하고 나서 소크라테스는 약사발을 입가에까지 가져갔다. 공포도 주저도 없이 단숨에 들이켰다. 그때까지 우리는 억지로 눈물을 참고 있었다. 소크라테스가 들이켜는 것을 보았을 때 그 이상 참을 수 없었다. 나는 울지 않으려 해도 눈물이 쏟아져 외투자락에 머리를 파묻고 울었다.

나는 소크라테스의 불행이 아니라 그와 같은 스승을 잃어버리는 나 자신의 불행으로 울었던 것이다. 견디다 못해 나보다 먼저 울고 있던 크리튼은 마침내 그 자리를 물러나고 말았다. 내내 울고 있던 아포로돌은 엉엉 소리를 내어 울었다.

"너희는 그게 무슨 짓이냐?"

하고 소크라테스가 꾸짖었다.

"나는 여자들을 울리지 않으려고 여기에 들어오지 못하게 했는데……. 죽음을 장엄한 침묵으로 맞아야 한다. 조용히 하라. 사내다워라!"

우리는 이를 악물고 울음을 참았다. 소크라테스는 잠깐 동안 아무 말 없이 거닐고 있더니 이윽고 침대 곁으로 가서 다리가 무거워졌다고 했다. 그리고 바로 드러누웠다. 독약을 가져온 형리가 말한 대로였다. 소크라테스의 다리를 만져보았다. 이윽고 한쪽 다리를 누르고는 감각이 느껴지는가 어떤가를 물었다. 소크라테스는 느껴지지 않는다고 대답했다. 이윽고 형리는 다시 손으로 소크라테스의 발을 눌러 보고 이제 차가워졌다며 죽음이 오는 것을 우리에게 알렸다.

"이 냉기가 심장까지 퍼지면 그때가 최후입니다."

하고 형리가 말했다. 냉기가 배 아래까지 왔을 때 소크라테스는 갑자기 자기 몸에 덮여 있던 헝겊을 젖히고 말했다. 그것이 최후의 말이었다.

"아스크레비아에게 닭을 바치는 일을 잊지 말아다오."

그는 분명히 이와 같은 방법으로 자기를 이 세상의 삶에서 구원해 준 의술의 신에게 감사의 뜻을 표시했다.

"그렇게 하겠습니다."

하고 크리튼이 더 물었다.

"더 할 말씀은 없습니까?"

그 물음에는 대답이 없었다. 조금 있자 소크라테스는 경련하듯 몸을 움직였다. 그의 눈은 이미 움직이지 않았다.

크리튼은 소크라테스의 곁으로 가서 뜨고 있는 그의 눈을 가만히 감겨주었다.

— 플라톤

* 이 책을 끝까지 읽어주신 독자님 감사합니다. 꼭 부자 되세요.(한글)

부자의 습관

2016년 9월 5일 1판 1쇄 인쇄
2016년 9월 10일 1판 1쇄 발행

지은이 이하연
펴낸이 심혁창
디자인 홍영민
마케팅 정기영

펴낸곳 도서출판 한글
서울특별시 서대문구 신촌로 27길 4호
☎ 02) 363-0301 / FAX 02) 362-8635
E-mail : simsazang@hanmail.net
등록 1980. 2. 20 제312-1980-000009

GOD BLESS YOU

정가 12,000원

*

ISBN 97889-7073-518-4-13330